英汉跨文化交际翻译教程

陈 敏 主编

中国纺织出版社有限公司

图书在版编目（CIP）数据

英汉跨文化交际翻译教程 / 陈敏主编. -- 北京：
中国纺织出版社有限公司，2023.11
ISBN 978-7-5229-0939-4

Ⅰ.①英… Ⅱ.①陈… Ⅲ.①英语—翻译—高等学校
—教材 Ⅳ.①H315.9

中国国家版本馆CIP数据核字（2023）第208283号

责任编辑：赵晓红　　　　　责任校对：江思飞
责任设计：晏子茹　　　　　责任印制：储志伟

中国纺织出版社有限公司出版发行
地址：北京市朝阳区百子湾东里A407号楼　邮政编码：100124
销售电话：010—67004422　传真：010—87155801
http://www.c-textilep.com
中国纺织出版社天猫旗舰店
官方微博 http://weibo.com/2119887771
天津千鹤文化传播有限公司印刷　各地新华书店经销
2023年11月第1版第1次印刷
开本：710×1000　1/16　印张：19
字数：280千字　定价：99.90元

凡购本书，如有缺页、倒页、脱页，由本社图书营销中心调换

前　言

随着我国和世界其他各国在越来越多的领域中的联系日益密切，跨文化交际下的英语翻译活动也日益增多。由于和外国人在思维和表达方式上的不同，翻译时常出现一些问题。无论采取何种方式处理这些问题，都要先有跨文化意识。通过总结现实生活和翻译实践中的种种文化现象可以发现，跨文化意识在促进双方沟通交流方面起着越来越重要的作用。

语言是文化的载体，是文化的重要组成部分，文化要通过语言来交流和传承，语言只能依附于某种特定的文化而存在。在对语言与文化二者关系的研究过程中逐渐产生了一门新的学科——跨文化交际学。讨论翻译必须探讨语言与文化的关系，必须研究不同文化之间的差异。既然任何语言文本都不可能脱离文化背景而存在，翻译就必然和语言有关，也和文化有关。从本质上看，翻译是以一种语言为载体的文化内涵转换为另一种文化形式的广义的文化翻译。因此，翻译可以被视为一种跨文化交际的行为，是不同国度、不同种族或不同文化背景下的人们之间进行的交流与交往。

本书属于英汉跨文化交际翻译方面的教材，由英语翻译基础理论、英语翻译方法、跨文化交际中的言语交际与非言语交际、英汉翻译策略、翻译能力、英语文体翻译等部分构成，全书是提高英语语言综合素质的核心书籍，它既是英语学习的目的，又是英语学习的手段，对学生提高翻译修养和语言技能具有双重的作用。本书的撰写力求达到通俗、易懂、全面、实用，对英语学习者提高自身的翻译技能和翻译水平，以及提高跨文化交际的质量有着学习和参考价值。

在本书的策划和编写过程中，编者曾参阅了国内外有关的部分文献和资料，从其中得到启示；同时得到了有关领导、同事、朋友及学生的大力支持与帮助，在此致以衷心的感谢！本书的选材和编写还有一些不尽如人意的地方，加上编者学识水平和时间所限，书中难免存在缺点和谬误，敬请同行专家及读者指正，以便进一步完善提高。

怀化学院　陈敏

2023年8月

目 录

第一章

翻译基础理论

第一节 翻译的性质与分类

一、翻译的定义

随着经济全球化进程的不断加快，国与国之间的交流日益频繁，翻译作为交际的媒介和信息转换的手段，其重要性也日益凸显。事实上，自翻译活动诞生以来，人们对翻译的各种研究就没有停止过。

翻译工作至今已经走过了千百年的历程。可以说，无论在东方还是西方，翻译工作都源远流长、历史悠久。但对于到底什么是翻译的问题，学界一直众说纷纭，下面从国内和国外两个视角来看一下不同学者对翻译的界定。

（一）国内较有代表性的翻译定义

（1）文学翻译是用一种语言把原作的艺术意境传达出来，使读者在读译文的时候能够像读原作一样获得启发、感动和美的感受。

（2）翻译是一种跨文化的信息交流与交换活动，其本质是传播，是传播学中一个有特殊性质的领域。

（3）翻译是语言活动的重要组成部分，是指把一种语言或语言变体的内容变为另一种语言或语言变体的过程或结果，或者是把一种语言材料构成的文本用另一种语言准确而完整地再现出来。

（4）翻译是把具有某一文化背景的发送者用某种语言（文字）所表达的内容尽可能充分、有效地传达给使用另一种语言（文字）、具有另一种文化背景的接受者。

（5）翻译是将一种语言文字所蕴含的意思用另一种语言文字表达出来的文化活动。

（6）翻译是把一种语言表达的意义用另一种语言传达出来，以达到沟通思想情感、传播文化知识、促进社会文明、推动译语文化兴旺昌盛的目的。

（7）正确的翻译就是尽可能地按照汉语的习惯，忠实地表达原文的意思。

（8）好的翻译绝不是把原文的一字一句硬搬过来，而是要传达原文的神韵。

（9）翻译是人类在思想交流过程中沟通不同语言的桥梁，能使通晓不同语言的人通过原文的重新表达而进行思想交流，翻译是把一种语言（源语）的信息用另一种语言（译语）表达出来，使译文读者感受到原文作者所表达的思想，获得与原文读者大致相同的感受。

（10）翻译是把一种语言文字的意义用另一种语言文字表达出来的过程，它主要是一门技术，也具有艺术特征，如创造性特征，但绝不是科学。谭载喜主要强调了翻译的技术性和艺术性。

（11）翻译是运用一种语言把另一种语言所表达的思想内容准确而完整地重新表达出来的语言活动。

（12）翻译是以符号转换为手段、意义再生为任务的一项跨文化交际活动。

可以把翻译视作一种文字之间的转换活动。这种转换过程主要包括以下特征：第一，在信息和风格上，力求使翻译作品与原语言作品等值；第二，这种等值应是尽可能地接近，而不是机械地生搬硬套，即一味地追求形式上的对等，从而牺牲某些更重要的东西；第三，要注意不同体裁的作品在各个方面的诸多不同，不能千篇一律，也就是要注意各种文体在个性上的差别。

还需要注意的是，在翻译这一转换过程中，译者的任务只是转换文字而不是改变其意思。翻译有两个要素：准确性和表达性。准确性是翻译的首要条件，即译者必须谨慎地遵循原作者的意思，所选用的字词和句式结构必须如实地传达原文的思想。表达性是为了让译文易于理解。也就是说，译者必须尽可能地将原文的思想清楚有力地表达出来，准确性使译文的思想明确无误，表达性则使译文生动而有魅力。

（二）国外较有代表性的翻译定义

（1）翻译就是将一种语言转换成另一种语言，并保持原文意思不变。

（2）所谓翻译，是指从语义到文体，在译语中用最接近、最自然的对等语再现源语的信息。这是国外比较有代表性的翻译定义。

（3）翻译是把第一种语言（源语）语篇所表达的东西用第二种语言（目的语）重新表达出来，尽量保持语义与语体方面的等值。

（4）翻译是一种语言（源语）的话语材料被另一种语言（目标语）中的对等的话语材料替代。约翰·卡特福德（John Catford）认为，翻译主要有两种存在状态：一是源语，即译出语；二是目标语，即译入语。

（5）翻译就是把一个文本的意义按原作者所臆想的方式移入另一种文字。

（6）翻译是译者依靠解释所提供的目的语中的能指链替代构成源语文本的能指链的过程。

（7）在任何情况下，译文都表现为或被认为是目的语文化中的一种目的语文本。这一定义提出了目的语文化，并使翻译研究的范畴从语言层面向文化层面拓展。

（8）翻译就是用一种语言把另一种语言在内容与形式不可分割的统一中所已经表达出来的东西准确而完全地表达出来。

（9）翻译是把一种语言的言语产物在保持内容方面（也就是意义）不变的情况下改变为另外一种语言的言语产物的过程。

（10）翻译是一种用其他语言为不同背景的读者提供创作的艺术。

（11）翻译是由外力激发，以信息科技为依托，随交际方式的变化而变化的一种产业活动。这种定义进一步扩大了翻译的外延，将翻译视为一种产业活动，其动力来自外部，并以信息科技为辅助手段。

（12）翻译是从源语言文本到目的语言文本，两者尽可能接近等值，并且对源文本的风格和内容提前理解。

（13）将翻译定义为翻译产生于目标语文本，并且和源语言文本有一定的关联，源语言文本是根据目标语文本的预期和要求设定的。

（14）翻译是一种信息模仿过程，"翻译是用Z语言模仿A文化的A语言所提供的信息来提供信息，以实现所希望实现的功能。翻译不是通过换码的方式把词语或句子从一种语言转换成另一种语言，而是某人在新的功能、文化和语言等条件下，在新的环境中，通过尽可能模仿原文的形式特点来提供某文本信息的复杂活动"。

二、翻译的性质

翻译是什么？不同的人对此问题有不同的看法，不同的看法会产生不同的翻译方法和策略，先来看看持不同翻译观的学者是如何解释翻译的。

当代语言学翻译观主要受当代语言学的影响，把研究的观点从语言本身扩展到交际语境、语域、语用等领域，他们认为翻译是一种交际活动，是从语言的功能和交际的角度来研究翻译，一般注重的是翻译信息而不是文字，目的是与接受者沟通。

文艺学翻译规则从文艺学的角度来解释翻译，认为翻译是艺术创作的一种形式，强调语言的创造功能，讲究译品的艺术效果。

文化学翻译规则以文化为重点来研究翻译。持文化翻译观的学者认为，翻译不仅是语言符号的转换，而且是一种思想文化的交流，翻译是将一种语言所蕴含的意思用另一种语言文字表达出来的文化活动，翻译是跨语言、跨文化的交流。

从以上持不同翻译观的学者和翻译理论家对翻译的定义或解释来看，翻译过程不但涉及两种语言，还涉及两种文化。由此可见，翻译既是一种语言活动，也是一种文化活动，语言是文化的载体。翻译是通过语言机制的转换连接或沟通自身文化与异国文化的桥梁。实际上，翻译是两个语言社会之间的交际过程和交际工具，它的目的是促进本语言社会的政治、经济或文化进步，任务是把原作中包含的现实世界的逻辑映象或艺术映象完好无损地从一种语言中移注到另一种语言中去。

三、翻译的分类

（一）不同视角下的分类

"翻译"这个术语是一个笼统的概念。广义地讲，翻译包括语言和非语言符号之间的转换。本书要讨论的翻译一般集中在语言上，就是将某一语言活动的言语产物转换到另一种语言中，整个翻译活动可以按照不同的处理方法把翻译分为若干类型。

就翻译所使用的源出语和目的语而言，翻译可分为语内翻译、语际翻译和符际翻译。语内翻译指在同一种语言内部的不同语言变体之间进行翻译。例如，将古代汉语译为现代汉语、上海话译为普通话、四川话译为广东话等；语际翻译就是把本族语（native language）译为外族语（foreign language），或者将外族语译为本族语。例如，将汉语译为英语、将德语译为汉语等。符际翻译指各种非语言符号之间的转换。例如，当人们处在一个陌生的语言环境中，即使自己不懂该环境的语言，但当人们看到公路上红绿灯亮了时，仍能解读出其含义。

就翻译的活动方式而言，翻译可分为口译（interpreting）、笔译（translation）、机器翻译（machine translation）和网络翻译（online translation）。口译多用于外交会晤、经贸谈判、学术研讨和参观游览等场合。笔译多用于公文往来、商务信息、科学著作和文学翻译等活动。机器翻译主要利用计算机和其他设备进行，人工只起辅助作用。网络翻译则是随着计算机网络的普及而发展起来的一种新兴、快捷的翻译方式，主要依靠网络进行。

就翻译材料的文体而言，翻译可分为新闻文体、科技文体、应用文体、文学文体和论述文体。新闻文体包括新闻报道、新闻评论等。科技文体包括科学著作、实验报告、情报资料、设备和产品说明等。应用文体包括广告、启事、通知、契约、合同、公函、私信等。文学文体包括小说、散文、诗歌、戏剧等。论述文体包括社会科学著作、政治文献、演说报告等。

就翻译活动的处理方式而言，翻译可分为全译、节译、摘译、编译。全译就是把原文原封不动地照译出来，译者不得任意增删或自行改动，但必要时可加注说明或加序评论。节译就是根据原文内容把原文的全部或部分进行节缩译出，但应保持原作内容相对完整。摘译就是译者根据实际需要摘取原文的中心内容或个别章节进行翻译，内容一般是原作的核心部分或内容概要。编译指译者在译出原文的基础上以译文为材料进行编辑加工。

按译文文字的表达方式而言，翻译可分为直译和意译。

（二）雅各布逊的分类

美国语言学家、翻译理论家罗曼·雅各布逊（Roman Jakobson）认为，翻译是用另一种语言解释原文的语言符号。他在《论翻译的语言学问题》中，从语言学和符号学的角度，即按所涉及的两种代码的性质，将翻译分为语内翻译、语际翻译和符际翻译。可以说，这三种类型的翻译几乎包括了一切语言的交际活动，这种翻译分类也打破了翻译的传统框架，开阔了人们对翻译认识的视野，此后，翻译的领域作为一个概念得到了扩展，翻译方法的研究也进入了一个崭新的阶段，下面就详细分析这三种翻译类型。

1. 语内翻译

语内翻译是用同一语言的另一符号来阐释其言语符号。换言之，语内翻译是同一语言间不同语言变体的翻译，如把用古英语写的《贝奥武甫》译成现代英语，把用古汉语写的《史记》译成汉语，把客家话译成普通话，把行话译成普通语言等。或者说，语内翻译就是把一种语言材料用同一种语言换一种说法，即重新解释一遍。语内翻译包括古代语与现代语、方言与民族共同语、方言与方言之间的转换；英语学习中解释疑难句子常常用到的paraphrase其实也是一种语内翻译，即同一种语言内部的翻译。

语内翻译不一定要指向某个预设的真理，它还可以沿着不同的路线导向到达不同的目的地，唯一能够确定的是，对同一文本的阐释有着共同的出发点。在某种程度上，语内翻译不需要将意指对象完整真实地显现出来，它仅是一种表现形式，体现着人类精神的相互沟通和相互阐发的过程，人类精神文化的不断创造过程，使人类文化不断地丰富起来。下面是有关语内翻译的几个例句，通过前后两个句子的对比可以从中理解语内翻译的基本内涵。例如：

① Radiating from the earth, heat causes air currents to rise.

Heat causes air currents to rise when it is radiating from the earth.

② 余闻而愈悲。孔子曰："苛政猛于虎也。" 吾尝疑乎是，今以蒋氏观之，犹信。

我听了（这些话）更加感到悲伤。孔子说："苛酷的统治比猛虎还要凶啊！"我曾经怀疑这句话，现在从姓蒋的遭遇看来，这是可信的。

③子曰："学而不思则罔，思而不学则殆。"

孔子说："只读书而不思考，会迷惘；只思考而不读书，会危险。"

2. 语际翻译

语际翻译是运用另外一门语言的符号来阐释言语符号。换言之，语际翻译是一种语言的符号与另一种语言的符号之间的口头或笔头的转换，如英译汉、汉译英等。实际上，语际翻译也就是人们通常所指的真正意义上的翻译，可以说是狭义的翻译。

可见，语际翻译是对原文符号在另一种文化中的解读，原文本中所有的符号都置身于一个宏观的文化背景或"非语言符号体系"中。要想达到语际翻译层面的对等，就要使处于源语文化中的符号在目的语文化中进行正确的解读与传译，从符号学的角度来讲，一个语言符号的指示意义由三种意义共同构成：语义意义、句法意义和语用意义。如何正确传达这三种意义便是实现语际翻译的重点所在。例如：

① His criticisms were enough to make anyone see red.

他那些批评任谁都得火冒三丈。

② 空山不见人，但闻人语响。

返景入深林，复照青苔上。

No wight is seen in the lonely hills round here.

But whence is wafting the human voice I hear.

So deep in the forest the sunset glow can cross,

That it seems to choose to linger on the moss.

③子曰：学而不思则罔，思而不学则殆。

Confucius said: "Reading without thinking results in bewilderment; thinking without reading results in peril. "

3. 符际翻译

符际翻译就是运用非言语符号系统来阐释言语符号。也就是说，符际翻译是语言与非语言符号或非语言符号间的翻译、语言与手势语间的翻译、英语与计算机代码间的翻译，数学符号、音乐符号、美术符号、手势语与旗语间的翻译等都属于语符翻译。例如，"$s=vt$"，即路程等于速度乘以时间。

所谓符际翻译，就是人类掌握的语言文字、音乐、绘画、舞蹈几种符号之间的翻译。这需要通过感知领悟音乐、绘画、文字和数理等符号系统。一般来说，掌握的符号越多，符号之间的翻译能力越强，感知世界的能力也就越强。可见，符际翻译是指原文符号在非言语层面上的解读：它并不传递原文的意义，而是传递对原文的直接感觉，是对作为基于图像符号意义本身特性的翻译。具体来说，符际翻译对等表明了原文与译文的一些相关的物理特征，英汉差异使译文在长度、标点符号使用上难以达到对等，但在符际层面上至少要达到外观结构上的大致对等。

（三）卡特福德的分类

根据翻译的范围、层次和等级对翻译进行了分类，具体如下。

1. 根据翻译的范围

可将其分为全文翻译和部分翻译。全文翻译是指源语文本的每一部分都要用译语文本的材料来替代。部分翻译是指源语文本的某一部分或某些部分是未翻译的，只需要把它们简单移植到译语文本中。部分翻译并非节译，而是某些词因为种种原因不可译或不译，只能原封不动地搬入译文中。

2. 根据翻译的层次

即语法、词汇、语音、词形等，翻译可分为完全翻译和有限翻译。完全翻译是指源语的语法和词汇被等值的译语的语法和词汇替换，有限翻译则是指源语的文本材料仅在一个层次上被等值的译语文本材料替换。

3. 根据语言的等级

即词素、词、短语或意群、分句或句子，可将翻译分为逐词翻译、直译和意译，逐词翻译是建立在单词级上的等值关系；意译"不受限制，可以在上下级之间变动，总是趋于向较高级的等级变动……甚至超过句子的层次"。直译则是介于逐词翻译和意译之间的翻译。

第二节　翻译的基本原则

一、翻译的基本原则

翻译的基本原则是翻译实践的准绳和衡量译文优劣的尺度，国内外对翻译标准的讨论一直都没有停止过，正是在这场对翻译标准的讨论中，翻译理论的研究得到了不断的完善。因此，人们借用前人的研究成果来指导翻译的实践，即在翻译实践过程中应遵守翻译的两条基本原则：忠实（faithfulness）和通顺（smoothness）。

所谓忠实，是指译文要准确地表达出原文的思想、内容和文体风格，再现出原文的特色。翻译不是译者的独立创作，而是把原作用另一种语言表达出来，译者不得对原文进行任何篡改、歪曲、遗漏或任意增删，如果译文与原作不符，那就不能称为翻译。对译者来说，要实现译文忠实于原作，便要先对原文有正确的理解，并且吃透原文的词义、语法关系和逻辑关系。例如：

① Scientists defined the temperature requirements necessary for the survival of black carp.

原译：科学家们规定了青鱼生存的必需温度。

改译：科学家们查明了青鱼生存所需的温度。

② Such a system must be tailored quite closely to the machines it monitors.

原译：这样的系统必须对监视的机器十分接近的配置。

改译：这种系统的配置必须十分接近被它监控的机器。

综上所述，翻译离不开"忠实、通顺"这两条目前翻译界公认的原则。实际上，忠实和通顺相辅相成。忠实而不通顺，读者就会看不懂译文，失去了翻译的意义；通顺而不忠实，则脱离了原文的内容和风格，译还不如不译。

二、翻译工作者的基本原则和要求

（一）翻译工作者在翻译教学中的基本原则

翻译教学涉及两种相互联系又各有目的的教学模式，即教学翻译和翻译教学。根据我国目前的实际情况和社会需要，在我国的外语教学中，无论是非外语专业，还是外语专业，教学翻译和翻译教学这两种教学模式都是不能脱离出来的，它们是相辅相成的。

我国各级英语教学中对翻译的基本教学要求正是从翻译的基本原则出发而制定的：从我国英语专业和非英语专业英语教学大纲来看，甚至在各级英语过级考试中，都可以看出翻译的"忠实和通顺"始终贯穿于英语教学中。

1. 我国高等院校英语专业对翻译的教学要求是分级的

（1）入学要求。能将内容不超过高三课文难度的短语和句子翻译成汉语，要求理解正确、语言通顺。

（2）二级。能独立完成课程中的各种翻译练习，要求理解准确、语言通顺。

（3）四级。能独立完成课程中的各种翻译练习，要求译文忠实于原文，表达流畅。

（4）六级。初步了解翻译基础理论和英、汉两种语言的异同，并掌握常用的翻译技巧，能将中等难度的英语篇章或段落译成汉语。译文忠实原文，语言通顺，速度为每小时250～300个英文单词。另外，能将中等难度的汉语篇章或段落译成英语，速度和译文要求与英译汉相同，并且还能担任外宾日常生活的口译。

（5）八级。能运用翻译的理论和技巧，将英美报刊上的文章及文学原著译成汉语，或将我国报纸、杂志上的文章和一般文学作品译成英语，速度为每小时250～300个英文单词。译文要求忠实原意，语言流畅。另外，还要能担任一般外事活动的口译。

2. 高等院校英语专业四级、八级考试对翻译的测试要求

（1）汉译英项目。要求应试者运用汉译英的理论和技巧，翻译我国报纸、杂志上的论述文和国情介绍，以及一般文学作品的节录。速度为每小时250~300字。译文必须忠实原意，语言通顺。

（2）英译汉项目。要求应试者运用英译汉的理论和技巧，翻译英、美报纸和杂志上有关政治、经济、历史、文化等方面的论述文，以及文学原著的节录。速度为每小时250~300词。译文要求忠实原意，语言流畅。

3. 我国高等院校非英语专业大学英语教学对翻译的教学要求也是分级的

由于大学英语教学分为基础阶段（一至二年级）和应用提高阶段（三至四年级），因此全国高等院校非英语专业英语教学大纲对翻译的教学要求也分为两个阶段。

（1）基础阶段对翻译的基本要求（达到四级）。能借助词典将难度略低于课文的英语短文译成汉语，要求理解正确、译文达意，译速为每小时300个英语单词；能借助词典将内容熟悉的汉语文字材料译成英语，要求译文达意、无重大语言错误，译速为每小时250个英语单词。

（2）基础阶段对翻译的较高要求（达到六级）。能借助词典将难度略低于课文的英语短文译成汉语，要求理解正确、译文达意，译速为每小时350个英语单词；能借助词典将内容熟悉的汉语文字材料译成英语，要求译文达意、无重大语言错误，译速为每小时300个英语单词。

（3）应用提高阶段的专业英语对翻译的教学要求。能借助词典将有关专业的英语文章译成汉语，要求理解正确、译文达意，译速为每小时350个英语单词；能借助词典将内容熟悉的有关专业的汉语文字材料译成英语，要求译文达意、无重大语言错误，译速为每小时300~350个英语单词。

（4）应用提高阶段的高级英语对翻译的教学要求。能借助词典将有一定难度的英语文章译成汉语，要求理解正确、译文达意、语言通顺，译速为每小时400个英语单词；能借助词典将题材熟悉的汉语文章译成英语，要求内容完整、译文达意、语言通顺，译速为每小时350个英语单词。

英语自学考试大纲对翻译的基本要求：能将阅读的材料译成汉语，要求译文基本正确、文字通顺，笔译速度达到每小时300个英语单词；能把结构不

太复杂、由常用词构成的汉语句子译成英语，译文基本正确。

可见，忠实和通顺是翻译实践中必须遵守的原则。要达到上述原则，就必须不断提高英、汉两种语言的水平，掌握丰富的知识，熟悉使用英语的国家和中国的社会风俗，了解它们的政治、经济、历史、文化等各方面情况，并掌握一定的翻译方法和技巧

（二）翻译工作者的基本要求

首先，翻译人员应具备良好的知识水平，包括扎实的汉语和英语功底在内的基础知识和专业知识，这是翻译工作对译者的基本要求。通晓和掌握汉语与英语的基础知识是从事英汉互译的起码条件。专门知识对译者来说也是很重要的，译者必须懂新闻才能译好新闻文章，懂文学才能翻译出优秀的文学作品。

其次，译者需要具备包括自然科学和社会科学在内的百科知识，这类知识并无固定的专业范围。另外，译者还需了解有关国家历史、地理、政治、经济、外交、科技、风俗习惯、民族心理、文化传统等方面的基本情况。

再次，译者应力戒在两种语言转换过程中的狭隘对等意识，虽然在翻译过程中两种语言的确存在对等现象，但由于各个民族在自然环境、历史传统、风俗习惯、民族心理和文化传统等方面存在着巨大差异，这种差异必然会体现在语言上，即两个民族必然会采用不同的词语或表达方式来描述同一事物或现象，如果一味地追求对等，必然导致译文让读者困惑难懂，无法理解。例如，一旦将英语中的"level"与汉语中的"水平"机械地对等起来，那么汉语的"英语水平""生活水平""游泳水平"就很可能译为"English level""living level""swimming level"，而实际上，它们在英语中的对应词是"English proficiency""living standard""swimming skill"。又如：

① We are here today and gone tomorrow.

译文：我们今天在这儿，明天就到别处去了。

改译：人生朝露。

② The scientific and the metaphysical tempers still pursue their opposite courses.

译文：科学和形而上学的性质仍然遵循着对立的路程。

改译：科学和形而上学仍然分道扬镳，大异其趣。

③ The pines on top the of the mountain above us looked as if the fingers of their long boughs were folding a white cloud.

译文：山顶上高高的松树看上去好像是它们长长的粗大的树枝用手指抚摸着白云。

改译：我们头顶的山巅之上，苍松挺立，一眼望去，修长的枝条宛如手指在轻轻地抚摸着白色的云朵。

因此，在翻译实践中切忌望文生义，译者应在准确理解原文的基础上，采用适当的翻译技巧和手段，做到忠实、通顺，用贴切的词语或句子来表达原文的意思，下面再看几个直译与意译的例子。

① For my father know and I know that if you only dig enough, a pasture can be made free.

直译：因为我父亲知道，我也知道，只要挖到一定程度，早晚可以在这里辟出一个牧场。

意译：因为我父亲知道，我也知道，功到自然成。

② I gave my youth to the sea and I came home arid gave her（my wife）my old age.

直译：我把青春献给了海洋，我回家的时候便把老年给了我的妻子。

意译：我把青春献给了海洋，等我回到家里与妻子团聚的时候，已经是白发苍苍了。

最后，译者应具有爱国主义意识。一方面，根据我国的国情，选择好的作品进行译介，运用正确的立场、观点和方法来分析、研究和深入理解原作的内容；另一方面，译者应本着让世界各国人民了解中国的原则，积极对外宣传我党的路线、方针、政策，宣传我国的社会主义建设成就，宣传社会主义道德、风尚和文化，积极推动对外交流，促进中国人民同世界各国人民之间的友谊。

第三节　中西翻译理论

一、中国翻译理论研究

（一）中国近代翻译理论

1. 徐寿、傅兰雅的翻译理论

徐寿（洋务运动时期著名的化学家、科技翻译家）与约翰·傅兰雅（John Fryer，英国翻译家）合译或自译西方书籍13种，代表作有《化学鉴原》《化学术数》《化学考质》等，并首创了一套化学元素的中文名称。傅兰雅结合自己丰富的翻译经验，提出了翻译应"不失原文要旨""易于领会"的翻译标准。这一时期的翻译大家对翻译理论的最大贡献是对科学技术术语的统一工作，从译名统一的原则到科学术语词典的编纂都在翻译史上留下了宝贵的财富。

2. 马建忠的翻译理论

马建忠（洋务运动时期的语言学家）关于翻译的论述主要见于其1894年写的《拟设翻译书院议》，在这篇文章中他创设翻译书院、展开翻译活动、培养翻译人才的紧迫性。在马建忠看来，翻译是很难的事情，我们应该怎么翻译呢？平时在翻译训练中就应该培养自己对两种语言的浓厚兴趣，用心思考，一定要先将所要翻译的语言和用来翻译的语言进行仔细的研究和比较，以考察两种语言文字产生的渊源，领悟两种语言相同或相异的缘由。对两种语言相当的意义应加以反复推敲，务必探究其语调的高低，分析其字句的繁简，弄清其文体的变异，了解其内涵细微差异的由来。由此可以看出，拿到一本书必须反复阅读，掌握它的精神实质，并且揣摩出它的风格，体会到它的语气，才能消化、吸收，写起来得心应手，使译文和原文一模一样，没有丝毫的差别，读者能从中得到与看原文相同的收获，这样的翻译可称得上好翻译。

3. 梁启超的翻译理论

梁启超（我国近代史上著名的思想家和文学家）把翻译当作强国之道，目的在于推行维新变法。梁启超在其长篇巨著《变法通议》的第七章（论译书）中指出了译书的两个弊端："一曰徇华文而失西义，二曰徇西文而梗华读"，即一是由于遵循汉语的表达习惯而失去了原文的文化内涵等，二是由于遵循英语的表达习惯而造成汉语译文的晦涩难懂。

4. 林纾的翻译理论

林纾（中国近代翻译史上的翻译大师，也是中国文学翻译事业的先行者和奠基人，被公认为中国近代文学翻译的开山鼻祖）不懂外语，但他仍然和朋友共同翻译了十几个国家的几十位作家的作品。尽管其译文难免出现一些错误，但这并不能否认他对中国翻译事业所做出的贡献。

5. 鲁迅的翻译理论

鲁迅（中国著名的思想家、革命家、文学家、评论家）在《为翻译辩护》中指出，翻译作品不好的主要责任虽在于译者，但读书界、出版界、批评家也有一定的责任。要改变、整顿现在翻译的恶劣风气，正确的翻译批评是必须通过翻译批评指出坏的，奖励好的；如果没有好的，则较好的也可以；如果连较好的也没有，则要在指出译本坏的地方之余还要指出其好的地方。

6. 严复的翻译理论

严复（中国近代翻译史上学贯中西、划时代意义的翻译家，也是我国首创完整翻译标准的先驱者）吸收了中国古代佛经翻译思想的精髓、并结合自己的翻译实践经验，在《天演论》译例言里鲜明地提出了"信、达、雅"的翻译原则和标准。

（二）中国现代翻译理论

1. 胡适的翻译理论

胡适（我国现代著名学者、诗人、历史学家、文学家和哲学家）陆续翻译了居伊·德·莫泊桑（Henri René Albert Guy de Maupassant)、安东·巴甫洛维奇·契诃夫（Anton Pavlovich Chekhov）等人的短篇小说，乔治·戈登·拜伦（George Gordon Byron）的长诗《哀希腊》，亨利克·易卜生（Henrik Ibsen）的剧本《娜拉》（与罗家伦合译）等西方著作。

胡适也是中国白话新诗翻译的领军人物，他认为，用文言文字译诗，无论做得怎样好，"究竟只够供少数人的赏玩，不能行远，不能普及"。诗歌必须为贫民大众所理解和接受，因此翻译应该做到明白流畅。胡适的诗歌翻译无论在语言、格律还是意境上，都极大地促进了白话的开创和发展。

2. 郭沫若的翻译理论

郭沫若（中国现代著名的诗人、文学家、戏剧家和翻译家）的翻译理论主要表现在以下几个方面。

（1）风韵译理论。郭沫若认为翻译的过程是两种文化融合的过程，不仅是两种语言的转换，更是译者对原文审美风格的再创造。

（2）生活体验论。对于译者的素质，郭沫若认为主体性、责任心是译者必须具备的。他认为，翻译工作要求译者具有正确的出发点和高度的责任感，一方面要慎重选择作品，另一方面要以严肃的态度进行翻译。除了责任心，郭沫若认为译者主观感情的投入对翻译工作也十分重要。

（3）好的翻译等于创作。郭沫若早期认为翻译是一种附属事业，贬低了翻译的作用。而随着文学思想转变，郭沫若端正了对翻译的态度，认识到了翻译的重要作用，并指出"好的翻译等于创作，甚至可以超过创作"，翻译有时比创作还困难，因为创作需要一定的生活体验，而翻译需要体验别人体验的生活。

3. 茅盾的翻译理论

茅盾（中国现代著名小说家、文学评论家、文化活动家）所倡导的是"神韵"与"形貌"辩证统一的文学翻译批评理论，对中国的文学翻译批评产生了极大的影响。

茅盾在大量翻译外国文学作品的同时，十分注重中国古代文论中的精华，对于当时文学翻译批评界争论不下的"直译"和"意译"问题，茅盾提出了符合中国传统文化思想的文学翻译批评主张，即"形貌"和"神韵"相结合的辩证统一的翻译批评理论。

4. 叶君健的翻译理论

叶君健（著名翻译家、儿童文学家）擅长用世界语、英语写作，他曾翻译了毛泽东的《论持久战》和其他一些论著，并在菲律宾马尼拉出版，这是毛泽东著作第一次在国外以英译本形式正式出版流传。叶君健通晓英文、法文、丹麦文、瑞典文等多种语言文字，一生翻译了大量外国文学著作，尤以翻译安徒生的童话而闻名于世。其他主要译著有《亚格曼农王》《乔娜娜》《总建筑师》《幸福的家庭》《卡尔曼》《南斯拉夫当代童话选》等，主要论著有《读书与欣赏》《西楼集》等。

叶君健自翻译《安徒生童话全集》以来，一贯关注译者在翻译中的主体性和创造性。传统翻译观念认为，译者应充当"隐形人"，彻底"隐身"，完全忽略了译者客观存在的介入行为。叶君健认为，文学翻译不是简单的符码转化，不是单纯的翻译技巧问题，翻译有再创造的一面，因而也是一种文学创作。译作的倾向和功能要受到译者的文化身份、修养、意识形态、立场等因素的影响。

5. 傅雷的翻译理论

傅雷（中国著名的文学翻译家、文艺评论家）在《高老头》译序中提出了"神似论"的翻译标准。具体来说，对翻译理论的贡献主要表现在两个方面。

（1）传神达意。傅雷曾说，领悟原文是一回事，而将原文含义用汉语表达出来又是另外一回事，他认为翻译时做到"传神达意"必须把握好以下三点。

第一，中文写作。傅雷认为，好的译文要给人一种原作者在用汉语写作的感觉，这样原文的精神、意义以及译文的完整性和流畅性都能够得以保全，也不会产生以辞害意或以意害辞的问题。

第二，反复修改。傅雷对待翻译的态度极其严肃，并以"文章千古事，得失寸心知"为座右铭，傅雷指出，好的翻译离不开反复的锤炼和修改，做文字工作不能只想着一劳永逸，而应该不断地推敲、完善。

第三，重视译文的附属部分。所谓译文的附属部分，即注解、索引、后记、译文序等内容，这些内容都对译文能否"传神达意"有着重大影响。妥善处理这些内容有助于读者更好地理解原文的形式和内容。

（2）神形和谐。傅雷认为，翻译要像临画，重点求神似，形似在次。他将中国古典美学理论运用于翻译之中，用绘画中"形神论"的观点来对待翻译。傅雷指出，要做到传神达意，仅按照原文句法拼凑堆砌是不行的，更重要的是要和原文神似，但这并不是说译者可以抛弃原文的形式，而是要在和原文神似的基础上追求形似，不能求形而忘神，神和形是语篇的两个方面，二者紧密联系。神依附于形而存在，神又是形的根本意图。因此，二者是一个和谐的整体，其各自的轻重无法简单衡量。

6. 钱锺书的翻译理论

钱锺书（我国著名的作家、文学研究家）对翻译也有很多发人深省的论述。"化境说"是钱锺书对翻译理论的主要观点，也是最大贡献。"化境"和中国传统文论一脉相承，原指艺术造诣达到精妙的境界，被钱锺书引入翻译领域中则指原作的"投胎转世"。

"化境"是钱锺书将原本用于中国古典美学的"境界"概念引入翻译领域中得出的一种翻译理论。他指出，"境界"是所有学科的共性，是相通的。钱锺书将文学翻译理论纳入文艺美学范畴的做法对中国文化而言意义深远。"化境说"不仅兼顾了翻译中的语言形式和神韵，还强调了译者的创造性。因此，"化"是翻译的最高境界。

7. 王佐良的翻译理论

在翻译领域，王佐良（我国著名的英美文学研究家和文学翻译家）是继承中国传统翻译思想和借鉴西方译论，探索我国现代翻译理论的先行者。自20世纪50年代起，他以双向翻译从事文化交流和文学研究，把中国戏剧文学名著《雷雨》等作品译成英文，把多种英诗译为中文，主张以诗译诗，存原诗风貌。他的主要译著有《彭斯诗选》《论读书》《英国诗文选译集》《苏格兰诗选》《雷雨》《朱利安与马达罗》等，主要著作有《翻译：思考与试笔》《英语文体学引论》《英国文学论文集》。他还主编了《英国文学史》《英国诗史》，并花费了七年时间参加《雪莱全集》（全7卷，300余万字）的译校工作。

20世纪80年代，他在《新时期的翻译观》一文中提出在继承我国传统翻译思想的基础上对外开放的指导思想。他较早提出并引进西方现代语言学科理论，将其付诸中国的翻译理论研究，并提议建立翻译研究的跨学科、综合性途径。

8. 焦菊隐的翻译理论

焦菊隐（我国著名的戏剧家、杰出的导演艺术家、卓越的文学翻译家和翻译理论家）精通多种文字，译笔流畅自然，且具有独特的戏剧风格，其主要译作有《月亮的恩惠》《伪君子》《娜娜》《希德》《海上历险记》《爱伦·坡故事集》《歌女》《樱桃园》《布雷乔夫》《文艺·戏剧·生活》《现代戏剧译丛》《失去的戒指》《安魂曲》等。

焦菊隐发现，有的译文若是用原文去对照，可能任何一句都没有错，但全段或全篇读完反倒不知道说的是什么。产生这种现象的原因在于译者孤立地理解句子或段落，忽略了原文的整体思想与感情。

二、外国翻译理论

（一）文艺复兴时期翻译理论

1. 马丁·路德的翻译理论

马丁·路德（Martin Luther）是德国辩论家、社会学家和翻译家，他翻译的《伊索寓言》具有很高的文学价值，路德在翻译理论方面的主要贡献体现在以下几个方面。

（1）使用大众所熟悉的通俗语言才能使翻译大众化。

（2）翻译必须注重语法和意思的联系。

（3）翻译要将原文的语言现象放在首位，要采用意译的方法帮助读者完全看懂译文。

（4）翻译必须集思广益。

（5）系统地提出了翻译的七条原则：可以改变原文的词序；可以合理运用语气助词；可以增补必要的连词；可以略去没有译文对等形式的原文词语；可以用词组翻译单个的词；可以把比喻用法译成非比喻用法，把非比喻用法译成比喻用法；注意文字上的变异形式和解释的准确性。

2. 多雷的翻译理论

艾蒂安·多雷（Etiene Dolet）是法国文艺复兴时期著名的人文主义者、学者和翻译家，他翻译和编辑过《阿克赛欧库斯》，以及弗朗索瓦·拉伯雷（Francois Rabelais）的作品。多雷博学多才，思想解放，他因主张意译而被活活烧死在火刑柱上，时年37岁，是文艺复兴以来第一位因翻译而受难的翻译家。

在多雷看来，翻译是译意，而不是译字。为了表达作者意图，译者有调整、颠倒译文句式的权利。

（二）西方近代翻译理论

1. 巴特的翻译理论

夏尔·巴特（Charles Batteux）是18世纪法国乃至欧洲最富影响力的文学理论和翻译理论家之一，他的代表著作有《论文学原则》和《纯文学教程》。巴特认为，语言的普遍因素不是语法，而是语序，语法结构为句子次序所支配，因此，如果出现矛盾，语法结构应让位于句子次序。他在《论文学原则》的第五部分着重讨论了翻译的语序问题，并提出了12条规则，如应该保留原文思想出现的先后顺序，原作中所有的连接词都应该保留，应该使用尽可能相同的篇幅来表达，以使译文具有与原文同等程度的明晰，必须在译文中保留原作的修辞手段和形式等。

2. 歌德的翻译理论

约翰·沃尔夫冈·冯·歌德（Johann Wolfgang von Goethe）是享誉世界的文坛巨匠，是近代德国伟大的文学家、翻译家和翻译理论家。在歌德看来，翻译是世界事务中最重要、最有价值的活动之一，译者是人民的先知，因此人民应该重视翻译。他认为，文学作品包括诗作的可译性，之所以存在，是因为不同的语言在其意思和音韵的传译中有着彼此相通的共性。他把翻译分为三类：传递知识的翻译、按照译语文化规范的改编性翻译和逐字对照翻译。歌德的翻译理论是建立在浪漫派的美学基础之上的，因此他认为第三类翻译最好，既能传递原文的信息，又可以体现译文的优美。同时，他提出不论外国名著是诗体还是散文体，都应使用平易明快的散文体来翻译。歌德的翻译理论，尤其是以散文译诗和三种翻译类型的主张，对德国以及其他欧洲国家的翻译理论和实践都有很大的影响。

3. 洪堡的翻译理论

亚历山大·冯·洪堡（Alexander von Humbold）是德国的哲学家、教育改革家和语言学家，对德国在18世纪末至19世纪初成为西欧翻译理论研究中心作出过特殊贡献。《按语言发展的不同时期论语言的比较研究》和《论人类语言结构的差异及其对于人类精神发展的影响》是他的两部代表性论著。

洪堡认为，语言和人类思维、民族精神、文化有着密不可分的关系，语言决定思想文化。他提出，可译性与不可译性是一种辩证关系。

4. 施莱尔马赫的翻译理论

弗里德里希·丹尼尔·恩斯特·施莱尔马赫（Friedrich Daniel Ernst Schleiermacher）是一位颇有影响力的德国哲学家和古典语言学家。他在柏林德国皇家科学院宣读了一篇长达30多页的论文——《论翻译的不同方法》，从理论上阐述了翻译的原则和方法问题：这篇论文至今仍是翻译研究领域具有标志性意义的重要文献。施莱尔马赫在《论翻译的不同方法》中表达了以下几个重要的思想。

（1）翻译可以分为"真正的翻译"和"纯粹的口译"。施莱尔马赫是西方第一个把笔译和口译明确区分并加以阐述的人。在他看来，"纯粹的口译"主要适用于商业翻译，是一种机械的活动，不值得为之付出特别的学术关注。

（2）"真正的翻译"可以分为"释译"和"模仿"。前者主要指翻译科学或学术类文本，后者主要指处理文学艺术作品。二者的区别在于释译需要克服语言的非理性但可以达到原文和译文之间的等值，模仿可以利用语言的非理性却无法做到在所有方面都与原文精确对应。

（3）译者。必须正确理解语言和思维的辩证关系。

（4）翻译有两种不同的途径。一种是使作者向读者靠拢，另一种是使读者向作者靠拢。

（三）西方现当代翻译理论

在现当代，国外涌现出了一大批翻译理论学家，他们对翻译的研究大大丰富了翻译理论的内容、拓展了翻译研究的方向，对世界翻译理论做出了巨大贡献。这里以学派为分类标准，介绍一些具有代表性的学者的翻译理论。

1. 语言学派

奥古斯汀（Aurelius Augustinus）以亚里士多德（Aristotle）的"符号"理论为基础，提出了语言符号的"能指""所指"和译者"判断"的三角关系，开创了西方翻译理论的语言学传统。20世纪初，斐迪南·德·索绪尔

（Ferdinand de Saussure）提出的普通语言学理论对语言和言语、语言的历时和共时进行了区分，提炼出了语言符号六对对立统一的性质，深深地影响了其他人文学科，如哲学、人类学、社会学、文化学、历史学、逻辑学、美学等，也极大地影响了西方翻译理论的发展，构筑了此后翻译研究的语言学派的基本框架，为当代翻译研究的各种语言学方法奠定了基础。

（1）奈达的翻译理论。著名语言学家和翻译理论家尤金·奈达（Eugene A. Nida）是公认的现代翻译理论的奠基人，也是语言学派最重要的代表人物之一，奈达共发表250多篇文章，著述40多部，其著述数量之多、质量水平之高、论述之详尽、系统之完备在西方翻译理论史上都是空前的。他的代表性专著有《翻译科学探索三》《翻译理论与实践》《语言结构与翻译》《从一种语言到另一种语言》《语言与文化：翻译中的语境》等。

奈达的翻译理论依据扎实的语言学基础对翻译概念及术语进行了科学明晰的界定，理论与实践的相互结合确立了奈达的学术地位。尽管如此，奈达的"动态对等""原则乃至""功能对等"原则都过于注重内容而忽视形式，有一定的局限性。如果应用于文学翻译，有可能导致风格的失落和文学性的削弱。

（2）卡特福德的翻译理论。卡特福德发表的《翻译的语言学理论》一书中探讨了翻译的定义和基本类型、翻译等值、形式对应、意义和完全翻译、转移、翻译等值的条件、语法翻译和词汇翻译、翻译转换或翻译转位、翻译中的语言变体以及可译限度等内容，从现代语言学视角诠释翻译问题，是翻译理论史上的划时代著作，在世界翻译学界产生了很大影响。卡特福德的主要翻译理论包括以下几个方面。

第一，对等值做了较深入的研究，认为确立语言之间的等值关系是翻译的本质和基础。

第二，将翻译界定为"用一种等值的语言（译语）的文本材料去替换另一种语言（源语）的文本材料"，并指出对等是关键词，将寻求对等视作翻译研究和实践的中心问题。

第三，独创了"转换（shift）"这一术语，并将"转换"区分为"层次转换"和"范畴转换"两种形式。

第四，建议采用系统地对比原文和译文，辨别两种语言的不同特征，观察两种语言的限制因素的方法来培训翻译人员。

（3）雅各布逊的翻译理论。美国著名语言学家罗曼·雅各布逊（Roman Jakobson）发表的《论翻译的语言学问题》第一次将语言学、符号学引进了翻译学，并从语言学的角度对语言和翻译的关系、翻译的重要性及翻译中存在的一般问题进行了详尽的分析和论述，为当代语言学派翻译研究的理论方法做出了开创性的贡献，被奉为翻译研究经典之作。在这篇论文中，雅各布逊首次将翻译分为三类：语内翻译、语际翻译和符际翻译，这一分类方式准确概括了翻译的本质，在译学界影响深远。此外，雅各布逊认为翻译必须考虑语言的认识、表达和工具等功能，还必须重视语言的比较，包括语义、语法、语音、语言风格及文学体裁的比较。

（4）纽马克的翻译理论。英国学者纽马克（Newmark）在奈达、卡特福德等人翻译思想的启迪下，将跨文化交际理论和现代语言学的研究成果（如格语法、功能语法、符号学和交际理论等）运用到翻译研究中，形成了自己在许多翻译理论问题上独到的见解和认识：他提出了"交际翻译"和"语义翻译"的概念，还提出了自己的一套文本功能及其分类。

在发表的《翻译问题探索》中，纽马克提出的"语义翻译"（semantic translation）和"交际翻译"（communicative translation）两个重要的翻译策略成为西方翻译研究史上的重要里程碑。纽马克认为，语义翻译和交际翻译的区别是，后者产生的效果力求接近原文文本，前者则在目标语结构许可的情况下尽可能准确地再现原文意义和语境。但是，在翻译中具体采用哪一种翻译方法还要考虑到不同的文本类型（text-types），这样才能达到效果等值（equivalent effect）。

2. 功能学派

德国的功能翻译理论产生于20世纪七八十年代，当时结构主义语言学对德国译学界的影响越来越大，导致翻译成为语言学的附属品，严重制约了翻译这一学科的发展。理论与实践的严重脱节促使一些学者开始寻找新的途径，功能学派应运而生。

功能学派翻译理论认为，要想解决翻译研究中的所有问题，不能完全依靠纯语言学理论。因此，他们针对翻译语言学派中的薄弱环节，广泛借鉴交际理论、行为理论、信息论、语篇语言学，并接受美学的思想，将研究的视角从源语文本转向目标文本，成为当代德国翻译界影响最大、最活跃的学派。

（1）莱斯。卡特琳娜·莱斯（Katharina Reiss）毕业于海德堡大学翻译学院，长期在高校从事翻译教学研究工作，是德国翻译功能学派早期重要的创建者之一，也是费米尔、曼塔里和诺德的老师。

莱斯早期的理论研究主要围绕对等概念展开。她认为，翻译追求的对等应该是语篇层面的对等，并非词、句的对等，所以主张将翻译策略和语言功能、语篇类型及文章体裁结合起来考察。但到了后期，在自身翻译实践的启发下，她认识到在翻译实践中不可能实现真正的对等，于是逐渐将研究的目光转向翻译的功能，并和弗米尔一起成为翻译研究功能论的倡导者。莱斯出版了《翻译批评的可能性与限制》一书，在这本书中，莱斯首次把功能范畴引入翻译批评，将语言功能、语篇类型和翻译策略相联系，发展了以原文与译文功能关系为基础的翻译批评模式，从而提出了功能派理论思想的雏形。目前，翻译理论界普遍认为《翻译批评的可能性与限制》一书标志着功能学派的创立。

莱斯借鉴卡尔·比勒（Karl Buhler）对语言功能的三分法，将语篇分为重内容（content-focused）文本、重形式（form-focused）文本和重感染（appeal-focused）文本三个类型。在安德鲁·切斯特曼（Andrew Chesterman）的德文版本里，她将这三个类型分别称为信息（informative）文本、表情（expressive）文本和感染（operative）文本。一些翻译理论书籍将这三个类型概括为信息型、表达型和操作型。莱斯认为，不同的文本类型决定不同的翻译方法。每一种语言功能都有一个相对应的语言层面，逻辑功能对应信息层面，审美功能对应表情层面，对话功能对应操作层面。能否传达原文的主导功能是评判译文的重要因素。另外，她认为目标文本的形态应该先由目标语境中所要求的功能和目的决定，功能随接受者的不同而改变。

（2）弗米尔。弗米尔（Vermeer）长期从事翻译教学研究工作，是杰出的语言学家。他在莱斯的指导下研究语言学和翻译理论，突破了莱斯的理论局限，创立了目的论。

作为一名有长期翻译实践经验的译者，弗米尔认为翻译不但是语言符号的转换，而且是一项非言语行为。翻译符号的使用是为了达到一定目的，且会涉及不同的跨文化模式。因此，弗米尔在现代语言学（实用语言学、语言行为论、话语语言学）与美学的启发和影响下，在与莱斯合著的《普通翻译理论原理》一书中提出了以翻译"目的论"为主的基本理论。目的论影响深远，功能学派因此也被称为"目的学派"。目的论坚持三个原则：目的原则、连贯原则和忠实原则。

（3）曼塔里。曼塔里（Mamtari）是德国籍翻译学者和翻译家，长期在荷兰工作。她借鉴冯·莱特（Von Wright）的行为理论和里宾（Jochen Rehbein）的功能语用学提出翻译行为论，进一步发展了功能派翻译理论。发表的《翻译行为——理论与方法》一书集中体现了她的学术观点。曼塔里认为："目的语的文本功能并不是从分析原文文本中自动获得的，而是通过跨文化交际的目的，从语用角度达到目的语文本的功能。"换言之，译文功能与原文功能不同，根据语境做出"功能改变"是译者主体性的体现。功能改变不是例外，而是常态。

（4）诺德。克里斯蒂安·诺德（Christiane Nord）在学术思想上深受莱斯的文本类型学的影响。此外，她积极倡导弗米尔的目的论，认同曼塔里的翻译行为理论，是功能学派目的论的第二代代表性人物，她首次用英语全面、系统地介绍了功能学派的各种学术思想，并针对其不足提出了自己的观点。

诺德的研究领域主要涉及功能主义目的论的哲学基础、语篇分析及翻译类型等。她尤其关注译文接受者的研究、双语能力与译者培训、翻译培训的过程、忠诚原则、决定忠诚原则的因素、译者的责任与地位等方面的问题，代表作有《翻译中的文本分析》和《目的性行为——析功能翻译理论》。

第四节　翻译的几个一般性问题

本节材料选自不同翻译论著，全是关于翻译的几个一般性问题的常用英文表述方法，语言较通俗易懂，在讨论翻译时也比较常用，涉及以下六条内容：何谓翻译；外语学习的目的和翻译的重要性；译者的必备条件；翻译标准；直译和意译；我国翻译史简介。

一、翻译是什么

翻译是一门艺术，也是一种科学。作为一门双语艺术，它类似于绘画，不是用色彩，而是用不同语言的词汇来再现作者的思想。这不是一项简单的工作，远非人们所想象的那样易于掌握。翻译的复杂性不仅在于语言的掌握，还在于文化的理解和信息的准确传递。首先，翻译需要深入理解原文。这不仅包括文字的直接意义，还包括其背后的文化、历史和语境。一个词或短语有时需要很长时间才能在翻译中找到恰当的对应。严复的观点"确立一个术语往往需要长达十天甚至一个月"就体现了这一点。翻译者需要耐心和技巧，以及各种技术来处理不同的翻译挑战。翻译既是一门科学，也是一种艺术。作为科学，它有一整套规则和方法。在翻译过程中，译者必须遵循客观的法则，如语言的语法、语义和语用规则。但从艺术的角度看，翻译也需要译者的创造力和技巧，以达到风格的清晰和语言的流畅。英语和汉语的巨大差异增加了翻译的难度。两种语言在词汇、语法关系和句子构造上都有显著不同。这要求翻译者不仅要精通两种语言，还要了解它们的特点、相似之处和差异。在翻译过程中，这种深入理解是不可或缺的。

二、外语学习的目的和翻译的重要性

在全球化时代，外语学习已成为跨文化交流和知识获取的关键。学习外语不仅是掌握一种沟通工具，更是一种深入理解不同文化和思维方式的途径。同时，翻译作为外语学习的一个重要组成部分，起到了桥梁和催化剂的作用，它不仅促进了语言技能的提升，还加深了对源语言和目标语言文化的理解。

（一）外语学习的多重价值

学习外语首先是为了获取信息和知识。在科学技术迅速发展的今天，许多重要的学术论文和技术文献都是用外语写成的。掌握一门外语，尤其是一门主要的国际语言如英语，可以直接阅读这些文献，获取最新的科学和技术信息。此外，学习外语还可以增进对世界不同文化的理解。通过学习一种语言，我们能更深入地了解其背后的文化，历史和社会背景，从而拓宽我们的视野，增进对世界的理解。

（二）翻译在外语学习中的作用

翻译活动是外语学习过程中的重要环节。恩格斯的多语言能力和列宁的语言研究表明，只有通过与其他语言的比较，我们才能真正深入理解自己的语言。通过翻译练习，学习者不仅能提高对源语言和目标语言的理解，还能加深对两种语言中表达方式和思维模式的理解。这种深入的比较和分析，可以使学习者的语言表达更加灵活和丰富。

（三）翻译在国际交流中的重要性

在国际学术交流和科技合作中，翻译起着至关重要的作用。约瑟夫·尼德姆所指出，没有任何一个民族对科学的发展拥有垄断权，他们的成就应该通过翻译被全世界认可并庆祝。翻译不仅促进了不同国家间的学术和技术交流，还有助于加深不同国家和文化之间的理解和尊重。

（四）翻译对中国的特殊意义

对于中国而言，翻译不仅是学习外语的重要组成部分，也是提高全民族科学文化水平的必要手段。随着中国在全球化进程中的日益重要性，加强与其他国家的科技合作和学术交流变得尤为重要。在这个过程中，翻译活动起着桥梁的作用，不仅有助于引入国外的先进科学技术，还有助于将中国的科学技术成果介绍给世界。因此，英汉互译等翻译活动对于中国的科技进步和文化发展具有重要的战略意义。

三、译者的先决条件

在今天多元化和全球化的时代，翻译不仅是跨文化交流的桥梁，也是知识传递的重要途径。优秀的翻译者不仅是语言的传递者，更是文化的诠释者。那么，要成为一名合格的翻译者，需要具备哪些先决条件呢？

（一）双语艺术的精通

翻译首先是一种双语艺术，它要求译者不仅精通源语言，也同样熟练掌握目标语言。对于英语和中文的翻译工作者而言，这意味着他们需要深入了解这两种语言的语法、词汇、表达习惯及文化背景。许多翻译失误源于对源语言的术语、成语、俚语或虚构内容的误解，或者是目标语言表达不准确。例如，直译英语的成语可能会导致中文读者难以理解，反之亦然。

（二）文化敏感性和适应能力

优秀的翻译不仅是文字的转换，更是文化的传递。译者需要具备文化敏感性，能够理解和尊重不同文化中的价值观、习俗和表达方式。在翻译过程中，译者应能适当调整语言，以适应目标读者的文化背景和阅读习惯。

（三）专业知识的掌握

翻译的准确性不仅依赖于语言能力，还依赖于对所涉及领域的了解。例如，翻译科技、法律或医学文献时，译者需要具备相应的专业知识。对专业术语的准确理解和运用是保证翻译质量的关键。

（四）持续学习和适应新知

语言和知识是不断发展、变化的。优秀的译者需要持续学习，不断更新自己的语言知识和专业知识，以适应不断变化的翻译需求。这包括了解最新的语言发展趋势、新兴术语和概念。

（五）良好的沟通能力和解决问题的能力

翻译过程中可能会遇到各种问题和挑战，如语境不明确、文本含糊等。在这种情况下，译者需要具备良好的沟通能力和解决问题的能力，以确保翻译的准确性和流畅性。

（六）道德和职业责任感

作为译者，需要对自己的作品负责，确保翻译的准确性和客观性。这不仅是对原作者的尊重，也是对读者的负责。译者需要避免个人偏见对翻译作品的影响，并保持专业的道德标准。

四、翻译标准

说到翻译，我们倾向于把严复第一次提出的"信、达、雅"三字作为翻译标准。严复的"信"是指完整准确地传达或传输原作内容或思想。他的"达"要求译文必须清晰流畅，没有语法错误或混乱的逻辑和意义。因此，作为翻译标准的前两个词是可以接受的。但他的"雅"是不可采用的，因为它指的是汉代以前的古汉语。严复认为，只有汉代以前的语言才能被视为雅致，必须使用古汉语的词汇和结构，才能完全充分地表现原文。因此，他可以说是反对使用百姓口语或通俗语言。实际上，当严复在世时，白话文开始流行。事实证明，百姓口语或通俗语言可以用来翻译世界上任何外国语言。但严复反对在翻译中应用白话文，这就是为什么许多人批评他的"雅"。当然，严复对翻译标准的解释受到他所处时代的限制。因此，我们必须带着批判性的眼光看待他的标准。此外，严复的"雅"只能被视为一种风格。它的对立面是"豪放不羁"的风格。"雅"与"豪放"构成了两种不同的翻译风格。当然，在翻译中还有许多其他风格。因此，将"雅"作为一个总体翻译原则可能会导致多种解释。

中国现代最伟大的作家鲁迅先生提出了"忠实"和"流畅"作为翻译标准，并重视保留原作的风味。但他曾说："宁为忠实（于思想），不求（语言）流畅。"这只是针对赵景深的说法"宁要流畅，不要忠实"提出的。当然，这是可以理解的。

（一）忠实

"忠实"首先是指原作的内容。译者必须全面、准确地表达原意，不得歪曲、随意添加或删除原意。忠实也包括保持原作的风格，正如鲁迅先生所说，"保持原作的完整风格。"有时，即使是原始的情绪或感觉，如愤怒或痛苦，讽刺或反讽，喜悦或幸福不应该通过忽视。

（二）流畅性

所谓"流畅性"，是指我们应使语言有力、清晰且符合习惯用法。不同的语言有不同的表达方式。译者必须尝试遵循所使用语言的习惯和良好用法，而不是固守原文的表达模式。有时忠实性和流畅性之间存在矛盾，但译者必须尽力达到这些矛盾的统一。最重要的是，他首先必须深入理解原作中作者表达的思想和感情，并根据一些基本的翻译规则和方法，将它们以适合目标语言的习惯表达出来。只有这样，他才能说是对作者和读者都负责。

18世纪末，爱丁堡大学历史学教授亚历山大·弗雷泽·泰特勒（Alexander Fraser Tytler）提出了翻译应遵循或评判的三个基本原则。这些原则包括：翻译应完整转述原作中的思想，写作的风格和方式应与原作保持一致，翻译应具有原作的自然流畅性。在他的著作《翻译原则论》中，泰特勒用丰富的例子阐述了这些基本原则，使他的书在翻译领域独树一帜。在著作《美丽的异教徒》中，乔治·穆宁（Georges Mounin）说翻译就像是一块我们透过其观察艺术作品的玻璃。他想到了果戈理对完美译者的定义，即成为一块如此透明的玻璃，以至于读者甚至察觉不到玻璃的存在。显然，达到这样的理想是极其困难的：即使是最清澈的玻璃也有折射率。然而，"透明玻璃"式的翻译总是可以实现的，就像几个世纪以来一直在做的那样。其不可或缺的要求是译文必须既忠实于原作，又在目标语言中流畅。如果这样的话，我们就能得出一个令人满意的结论：矛盾的统一，即既忠实又流畅的翻译作品。

五、直译和意译

翻译作为跨文化交流的重要媒介，不仅是语言的转换，更是文化和思想的传递。在这个过程中，直译和意译这两种基本的翻译方法发挥着关键作用。理解这两种翻译方法的本质及其适用场景，对于提高翻译质量和效果至关重要。

（一）直译

直译，顾名思义，是尽可能忠实于原文的字面意义和结构的翻译方式。

它强调对原文的逐字逐句的准确转换，保持原文的语法结构和词汇顺序。当原文的语言结构和目标语言相似或相同，或者原文的特定表达对理解内容至关重要时，直译是最佳选择。例如，在法律、技术文档和科学研究等领域，精确度和保持原意是至关重要的，直译在这些领域中占据主导地位。直译的优势在于它能够提供对原文最忠实的翻译，尤其是在涉及具体概念和专业术语时。然而，直译也有其局限性。由于不同语言的表达方式和文化背景差异，直译有时可能导致目标语言读起来生硬或难以理解。例如，某些成语或俚语直译后可能会失去其原有的风趣或隐喻意义。

（二）意译

与直译相对的是意译，也称为通俗翻译。意译更多地注重于传达原文的整体意图和精神，而不是逐字逐句的直接翻译。在进行意译时，译者会考虑目标语言的文化、语言习惯和读者的预期，从而做出适当的调整，使翻译后的文本更加贴近目标语言读者的阅读习惯。意译的主要优点是它能够在不同文化和语言之间架起桥梁，使翻译的内容更加通俗易懂，更能引起目标读者的共鸣。这在文学作品、广告、电影剧本等领域尤为重要，这些领域强调创意表达和情感传达。然而，意译也存在过度主观化的风险。译者可能因过度强调流畅度和本土化而偏离原文的原意。因此，进行意译时需要平衡原文的忠实度和目标语言的流畅度。

在实际翻译工作中，直译和意译并不是非此即彼的选择，而是一个动态的平衡过程。根据不同的文本类型、目的和读者群体，译者可能需要在直译和意译之间灵活调整。例如，在翻译文学作品时，可能需要在保持原作风格的同时，也要考虑到目标语言的文化背景和表达习惯，从而采取更多的意译手法。

六、中国翻译史简介

中国的翻译史是一段深厚而丰富的历史，其跨度超过两千年，涵盖了从古至今的众多重要时期和事件。在这段漫长的历史中，中国翻译的发展可分为几个重要阶段，每个阶段都有其独特的特点和影响。

（一）东汉南北朝：翻译的起步与佛经翻译

东汉南北朝时期（25—581），中国开始大规模翻译佛经。这是中国翻译史上的重要起点，标志着翻译在中国的正式起步。这一时期，许多外国传教士和学者如安实可（来自波斯，现伊朗），茵杜·达尔·马拉卡和库马拉吉瓦（来自印度）等人，纷纷来到中国，参与佛经的翻译工作。他们不仅传播了佛教知识，同时也促进了中外文化的交流。

（二）隋唐时期：翻译的黄金时代

隋（581—618）至唐（618—907）时期，被认为是中国古代翻译的黄金时代。这一时期，中国翻译事业取得了空前的成就，尤其是佛经翻译。其中，玄奘、鸠摩罗什、帕拉马塔等人的贡献尤为显著。例如，玄奘不仅亲自到印度取经，还翻译了大量佛经，极大地丰富了中国的佛教文化。

（三）明朝：中西文化交流的拓展

明朝（1368—1644）时期，中国的翻译活动开始向更广泛的领域扩展。这一时期的代表人物是徐光启和意大利传教士利玛窦。他们合作翻译了《欧几里得要素》，这不仅是中西文化交流的重要成果，也是中国开始接触西方科学思想的标志。

（四）清朝：近现代翻译事业的发展

清朝（1644—1911）期间，中国的翻译事业进入了一个新的阶段。这一时期，如严复、林纾等翻译家开始将西方的文学、哲学和科学作品引入中国。严复翻译了《进化与伦理及其他文章》（《天演论》）、《国富论》（《原富》）等重要作品，对中国的现代化思想产生了重大影响。林纾则翻译了《卡米尔》（《巴黎茶花女遗事》）、《汤姆叔叔的小屋》（《黑奴吁天录》）等文学作品，对中国现代文学的形成有着不可忽视的贡献。

（五）近现代以来：翻译与中国的现代化

20世纪以来，随着中国的现代化进程加快，翻译活动更加频繁和多元化，不仅包括了文学、哲学、科技等领域，还涵盖了法律、经济、管理等多个方面。翻译不再仅仅是文化交流的工具，更成为中国学习世界先进科技和管理经验的重要途径。

思考题：

1. 翻译的性质是什么? 有哪些分类?

2. 翻译的基本原则是什么?

3. 在翻译过程中，我们经常会遇到哪些困难? 该如何解决?

第二章

翻译方法

第一节　英汉翻译方法

翻译是信息交流过程中极其复杂的一种社会心理现象，而语言知识又是翻译的基础。在长期的翻译实践中，翻译工作者根据英汉两种语言的不同特征，如词汇、句法、修辞等方面的差异，逐步总结并归纳出了一些翻译的方法与技巧。

一、具体与抽象

在英译汉中，由于受语言模式的束缚，译者往往会对一些表示抽象概念或具有深刻含义的实词或短语无从下手。如何将英语中以实喻虚或以虚喻实的表现手法在汉语中体现出来，同时符合汉语的表达习惯，就需要一定的翻译技巧。在翻译中，要学会抓住精神实质，摆脱原文表层结构的束缚，根据译入语的表达习惯，尽可能维系原文的具体性或形象性。这就涉及翻译技巧中的具体化与抽象化问题。

（一）具体化

在英语中，有时一个词、短语乃至整个句子的含义都非常笼统、含糊或抽象，这会给翻译带来困难。为了使读者易于理解，在符合汉语表达规范的前提下，译者往往需要将这些词组或短语明确化、具体化，将它们引申为比较具体的词、词组或短语。这就是翻译的具体法，也就是原文抽象、译文具体的翻译法。

一般来说，英语中以虚代实的抽象名词所指代的对象可分为两类，其中一类是指代形形色色的"人"的抽象名词。例如：

① Is Ruby a possibility as a wife for Richard?

鲁比是做理查德妻子的合适人选吗？

此句中的"a possibility"实际指的是"a suitable person"。

② Her skill at games made her the admiration of his friends.

她的运动技巧使她成为友人称美的人。

此句中的"the admiration"可理解为"a person that causes such feelings"。

另一类是指代指各种各样具体物质的抽象名词。例如：

③ This is not a real gun, but it is a good imitation.

这不是一支真枪，但却是一件极好的仿制品。

此句中的imitation指代a thing that imitates something else。

此外，由于英语和汉语两种语言在遣词造句方面的差异，英语中有时会用笼统或抽象的说法，但实际上包含着隐而不露的具体内容。因此，在翻译成汉语时，要将这些隐而不露的具体内容表达出来，这样才会使人看得明白。例如：

④ I'll have you all modeled in wax and clay; and the first who passes the limits I fix, shall—I'll not say what he shall be done to—but, you'll see!

我要把你们全用蜡和泥捏成模型；谁先越过我定的界限，就要——我不说要倒什么霉——可是，走着瞧吧！

此句中的"what he shall be done to"是一种虚化的说法，在翻译时只能实说，在这里根据上下文可译为"他要倒什么霉"，从而避虚就实地做了具体化处理。

（二）抽象化

在英语中，经常以人的某种表情或动作揭示人的内心世界，或以物质名词取代抽象名词，或是寓深刻哲理于栩栩如生的形象之中。这种以实喻虚的表达方式化抽象为具体，变空洞为形象，是一种极其巧妙的表达方式。而在翻译中，我们往往需要将原文中某些具体意义或具体形象的词组、短语等做抽象化的处理，这样既使人们对这些词语的理解上升到理性化的高度，又符合了汉语的表达规范。这就是翻译的抽象法。例如：

① What is learned in the cradle is carried to the grave.

少时所学，到老不忘。

此句中的"the cradle"和"the grave"十分形象具体,读来韵感强烈,但如果译成"一个人在摇篮中所学的东西会带到坟墓中去",从汉语的表达习惯和欣赏习惯来看,就显得过于直露,若译成"少时所学,到老不忘",既传神又凝练。

② To my confusion, I discovered the yell was not ideal; hasty footsteps approached my chamber door; somebody pushed it open with a vigorous hand...

使我狼狈的是我发现这声喊叫并非虚幻,一阵匆忙的脚步声走近我的卧房门口,有人使劲将门推开……

此句中的a vigorous hand并非指"一只有力的手",因此如果译成"有人用一只有力的手把门推开",既不符合翻译标准中的"雅",又破坏了译文语气上的连贯性,而且不符合汉语表达习惯。实际上,这是一种抽象的说法,译成"用力推开"正恰到好处。

在很多情况下,如果上述抽象化的意译也无法保持原文的形象性,那么可以通过"变通"的方法。变通就是用灵活的、间接的手段维持原文的具体性。实现"变通"的一个方法是增补词汇。例如:

① He bombarded her with questions.

他连珠炮似的向她提出了许多问题。

"许多"二字很好地回应了"连珠炮"一词。

② There is much woman about him.

他的举止颇带女人气。

增添"举止"二字形象地表示出了"他"的性格特征。

实现"变通"的另一个方法是舍去原文中原有的具体形象,借用或套用本族语中为人熟知的形象或借喻。例如:

③ He gave up the sword for the plough.

他解甲归田了。

此句中的"the sword"和"the plough"的内涵意义为"military service"和"agriculture"。若将此句硬译成"放下了刀剑,拿起了犁耙"有悖于汉语习惯,改译为"解甲归田"则颇为传神简练。

值得一提的是,人类的语言在其丰富多彩的语言实践中不断地发展变化着。具体形象的表达总是更容易获得人们的青睐，而英语中若干具体形象的表达也在影响着汉语，以至于汉语中也出现了若干从英语脱胎而来的新鲜的形象词汇。例如：

④ It was in the 1960s that people in Britain began to talk about the permissive society and the generation gap.

此句中的generation gap在汉语中曾先后被译作"长辈与年轻一代之间的隔阂"以及"世代隔阂"，而今天已被广泛地译成"代沟"。与此同时，"代沟"一词也已开始见于国内的书刊及报端。

二、省略与增补

翻译的首要标准就是要忠实于原文。但是在具体的翻译过程中，为了准确表达出原文的意思，可以不必拘泥于原文用词的数量和形式。实际上，由于英汉两种语言的差异，在翻译过程中也不可能做到词的数量上的完全相等。相反，在翻译过程中，往往会根据句子的结构和意思而省略或增补一些词。因此，省略和增补是译文通顺表达必不可少的手段，是英汉翻译中的重要技巧。

（一）省略法

1.省略法的含义

为了避免重复而将语言结构中的某个成分省略掉，从而使表达更加紧凑、清晰和简练，这种修辞方式就叫作"省略"。作为语言使用中常见的现象，省略可以帮助提高语言交际的效率。而从信息成分的角度来看，语言中被省略的成分往往是那些可以从语境中推导出来的信息。具体到英译汉中，省略法也称为"减词法"或"省译法"，它是指原文中的有些词在译文中可以不译出来，但译文给读者的感受和原文相同。有时，虽然在译文中没有其词，但却已经有其意或其意不言而喻，为了避免译文的累赘或突兀而将这些不符合目标语语言习惯、思维习惯或表达方式的词省略。

省略法的目的是使译文看起来更加通顺、简洁。但在翻译时，要注意省略法的原则，即不能影响或改变原文意思的完整，要做到省词不减意。同时，在使用省略法翻译时，还应当符合汉语表达的规范。在遵守这一原则的前提下，凡是违背汉语表达习惯或思维习惯的词均应删减，从而使译文明了简洁。

总之，省略法就是通过对原文语境的理解，在不改变原文意思的情况下，减掉其中的一些词汇或连接手段，从而使译文更加简洁通顺的翻译技巧。

2. 省略法的层次分类

在英译汉时，对省略法的使用可分为三个层次。

（1）词组层次。在进行词组层次的翻译时，很多情况下都可以使用省略法。例如：

① in the course of the same year

同年

② advertisement and commercials

广告

以上例子的翻译都是在保证读者能够明白原义的情况下，尽量使译文更加简练。

（2）句子层次。在英译汉中，句子层面的省略法是常见的翻译技巧。例如：

But one basic difference of opinion concerns the question of whether or not the city as such is to be preserved.

但是，主要的意见分歧是，像目前这样的城市是否要保存下去。

原句中有"question"一词，但汉语译文既有"是否"两字，即为"问题"，故不必将"question"再译出来。同时，译文已表达了原文的含义，如把"concerns"再译为"涉及"，则译文读起来就会晦涩累赘，故不如不译。

此外，还应注意，在进行句子层面的英译汉时，有些语法功能词常常可以不译出来，这些词包括：某些物主代词；作形式主语或形式宾语的"it"；不影响主句与从句逻辑关系的连接词；强调句型中的it和表示时间或表示地点的非人称it。请看下面几个例子：

① I hope you will enjoy your stay here.

希望您在这儿过得愉快。

② You will be staying in this hotel during your visit in Beijing.

你在北京访问期间就住在这家饭店里。

以上例句都是省译了物主代词。

③ It is the uses to which television is put that determine its value to society.

电视对社会的价值取决于我们怎样去利用它。

④ Nobody knows for sure, but most experts think it will soon be difficult to obtain sufficient electricity from these sources.

谁也无法确知，但大多数专家认为，不需太久就难以靠这些资源提供充足的电力了。

⑤ Moreover, inaccurate or indefinite words may make it difficult for the listener to understand the message which is being transmitted to him.

此外，措辞不准确与不确切还会使听话人难以理解传递给他的信息。

⑥ We, especially the younger generations of China and the United States, must make common cause of our common challenges. So that we can, together, shape a new century of brilliant possibilities.

我们，尤其中美两国的青年一代，必须齐心协力，共同迎接挑战，共同创造光辉灿烂的新世纪

原句中的"So that we can"作为表示因果关系的连接词，在英文中符合演讲的停顿习惯，但在翻译成中文时，可以将原文中的因果关系表达隐含在译文中，这样译文的演讲稿就显得一气呵成，连贯性也较好。

（3）语篇层次。省略法还可以用在语篇翻译中，在不改变原文语义的情况下，使译文通顺简洁。例如：

The mother and the eldest daughter weeded the ridges, passing before the others...A younger son, of twelve years, brought sea sand in a donkey's creels from a far corner of the field. They mixed the sand with the black clay. The fourth child, still almost an infant, staggered about near his mother, plucking weeds slowly and offering them to his mother as gifts.

母亲和大女儿在除垄上的草，把旁人甩在后面……二儿子十二岁，从老远的地头把海滩上的沙子装进鱼篓，赶着毛驴驮了回来。他们把黑土掺上了沙子。老四还是个小不点儿，在母亲身边踉踉跄跄转悠着，慢吞吞地拔起杂草，当作礼物送给母亲。

在这段语篇的翻译中，省略了the、a、of、and等连词、介词和冠词，从而使译文显得更加流畅。

总之，在翻译实践中，省略法的使用非常广泛。

（二）增补法

1.增补法的含义

"增补法"又称"增词法"或"增译法"。在进行英译汉时，根据英汉两种语言不同的思维方式和语言习惯以及句法、意义或修辞等的需要，在原文的基础上添加一些必要的语言成分，如词、短语或句子等，既能使原文中的词汇、语法、风格等在译文中表达得更加清楚明确，又能使译文更加通顺流畅，符合译入语的表达习惯。

增补法的目的是使译文更加忠实通顺地表达原文的思想内容，但是增补法并不是随意增加，更不是无中生有，而是要增加原文中虽无其词但有其意的一些语言成分，从而使译文更加流畅自然。同省略法一样，在运用增补法进行翻译时，虽然可以根据需要进行词汇、语法等方面的变通，但绝不能改变原文的思想。此外，还要注意增补适度，做到增词不增意。

2.增补法的层次分类

作为英译汉中常用的方法和技巧之一，增补法可以运用在词组、句子、语篇等各个层次的翻译中。

（1）词组层次。运用增补法进行词组层面的翻译时，相对来说容易一些，但也应注意翻译的忠实、顺畅。例如：

① smiling faces

一张张笑脸

② live and learn

活到老，学到老

（2）句子层次。增补法在句子层面的应用，主要分为两种情况。

一是根据意义或修辞的需要增补。

根据意义或修辞上的需要，在运用增补法时，可以增加七类词，即动词、表示名词复数的词、表达时态的词、表示宾语的词、副词、语气助词、概括词等。例如：

① Day after day she came to her work—sweeping, scrubbing, cleaning.

她每天来干活扫地，擦地板，收拾房间。

在英语中，有些动词既是及物动词，也是不及物动词，当它当作不及物动词使用时，宾语实际上是隐含在动词后面的，因此在翻译成汉语时往往需要将它清楚地表达出来。在上述例子中，如果将sweeping、scrubbing、cleaning分别翻译成"扫""擦""收拾"，那么不仅不能准确地表达出其含义，而且也不符合汉语的表达习惯。因此，在翻译时要对其进行概念性的补充，把它们分别翻译为"扫地""擦地板"和"收拾房间"。

② The teacher is not satisfied with our preparation.

老师对我们的准备工作不满。

英语中的某些抽象名词、不及物动词或代词，如果单独将其译出，有时意思不够明确，此时可分别在其后增加诸如"工作""状态""过程""现象""情况""作用""部分""化"等概括词，这样会使原文的意思更能准确地体现出来。

其他运用增补法翻译的情况。例如：

③ Alter the concerts, the banquets and the basketball exhibition, she went home tiredly.

在出席音乐会、参加宴会、观看篮球表演之后，她疲倦地回到了家里。（在译文中增加动词"出席""参加""观看"）

④ As for me, I did not agree from the very beginning.

对我来说，一开始我就不同意（他的意见）。

二是根据语法或句法的需要增补。

在英语语法或句法中，往往省略某些词后照样可以达到完整表达意思的功效。但在翻译成汉语时，往往要把这些省去的词或成分增译进去，才能在语法上说得通。例如：

① Reading makes a full man; conference a ready man; writing an exact man.

读书使人充实；讨论使人机智；写作使人准确。

在英语中经常使用省略句，因此在翻译时要根据汉语的表达习惯对省略的部分做适当的增补。例如上句中的conference和writing后面都省略了动词makes，在翻译时要进行补充。

② Who is the fastest of the Athens Olympic Game?

谁是雅典奥运会中跑得最快的人?

在英语中，有些词语或句子成分可以根据习惯或语法规则省去，但并不影响意思的清楚表达。但在翻译成汉语时，要根据汉语的语法规则和习惯予以增补。在本例中，"the+形容词"可用来表示一类人或东西，the fastest就表示"跑得最快的"，而在雅典奥运会中跑得最快的当然是某个人，而非其他什么东西，因此在翻译时要增补"人"。

（3）语篇层次。运用增补法进行词组、句子、语篇等层次的翻译时，语篇层次的翻译是最复杂的。语篇翻译不仅要求词组和句子要翻译恰当，而且要求整个语篇具有较好的连贯性。例如:

Earl and I decided to walk our dog. Somehow our Path took us toward the park, across the footbridge high shove the rolling waters of the Los Angeles River. It is like a dream to me now, floating through my mind in slow motion. Many children were playing close to the waters.

我和艾勒决定把狗带出去遛遛，不知不觉朝公园走去。公园就在小桥那边。桥下很深的地方，汹涌的洛杉矶河水滚滚流过。现在回想起来，就仿佛是一场梦，当时的情景还在我脑海里缓缓浮动。那一天，许多孩子在靠近水边的地方玩耍。

在以上语篇的翻译中，涉及了对词组walk our dog的翻译，还涉及了起连贯作用的"当时的情景"和"那一天"的增补。

三、反译与正译

英语和汉语两种语言都可以从正面或反面来表达同一概念。所谓"反面表达"，就是指在原文中含有否定说法，简称"反说成分的词句"。在英语中如no、not、never、dis-、im-、ir-、un-、de-等，在汉语中如"没" "不" "莫" "勿" "别" "休" "否" "未"等。而如果英语或汉语中不含以上这些成分的词句则称为"正面表达"，或称为"肯定说法"，简称"正说"。从原则上来说，英语的反说最好译成汉语的反说，英语的正说最好译成汉语的正说。但在实际的翻译中，英汉两者的正反表达形式有时并不能完全吻合，且为了使表达更顺畅，符合译入语的表达习惯，必须进行正反的转换翻译。这就涉及"反译法"和"正译法"，它们作为翻译方法，其目的是解决翻译过程中遇到的表达方面的困难，从而使译文更加通顺达意。

（一）反译

"反译法"又称为"正义反译法"，它是指在英语中有些从正面表达的词语或句子，在译成汉语时可以从反面来表达。

在英语中，有些词或短语，其形式是肯定的，但其本身暗含着否定的概念，因此在翻译时要将其译成否定句，表示出其含有的否定意义。如live up to the Party's expectations（不辜负党的期望）、be absent from the meeting（没有出席会议）、a final decision（不可改变的决定）等，下面就从词、短语、句子三个层次具体分析反译法在翻译中的使用。

1. 词的层次

在英语中有很多词本身就含有否定意义，在翻译时要注意将其否定的含义译出。

（1）动词。例如：

① Such a chance denied me.

我没有得到这个机会。

原文中的denied从正面表达，在译文中"没有得到"从反面表达。

② The window refuses to open.

窗户打不开。

原文中的refuses从正面表达，在译文中"打不开"从反面表达。

（2）名词。例如：

① He was in ignorance of our plan.

他不知道我们的计划。

ignorance本身就含有否定的意思，因此在译文中要做出反译的处理。

② This failure was the making of him.

这次不成功是他成功的基础。

原文中的failure属于正面表达，在译文中"不成功"从反面表达。

（3）形容词。例如：

① The explanation is pretty thin.

这个解释站不住脚。

原文中的thin从正面表达，译文"站不住脚"从反面表达。

② She is not stupid，merely ignorant.

她并不愚笨，只是无知而已。

原文中的ignorant从正面表达，译文"无知"从反面表达。

（4）副词。例如：

① I little knew what trouble he was going to have.

我根本不知道他会遇到什么麻烦。

原文中的little从正面表达，译文"根本不知道"从反面表达。

② They may safely say so.

他们这样说万无一失。

原文中的safely从正面表达，译文"万无一失"从反面表达。

（5）连词。例如：

① Life may turn out to be the true，rather than exception.

很可能生命是普遍存在的，而不是一种例外，这一点很可能得到证实。

原文中的rather than在译文中译为否定结构"而不是"。

② I will not go unless I hear from him.

如果他不通知我，我就不去。

原文中由"unless"引导的肯定句译为否定句。

（6）前置词。例如：

① It was beyond your power to sign such a contract.

你无权签订这个合同。

原文中的"beyond"从正面表达，译文中的"无"从反面表达。

② This problem is above me.

这个问题我不懂。

原文中的above从正面表达，译文"不懂"从反面表达。

2. 短语层次

在翻译过程中，有时要将英文中表达肯定意义的短语译为否定意义。例如：

① We believe that the younger generation will prove worthy of our trust.

我们相信，年轻的一代将不会辜负我们的期望。

原文中的worthy of our trust是表达肯定意义的短语，在翻译时要译出表达否定意义的"不会辜负我们的期望"。

② We must bear in mind that the great proportion of books, plays and films which come before the censor are very far from being works of art.

我们要牢记送到审读员面前的大量书刊、戏剧和电影远非"杰作"。

原文中（be）far from在英语里是正面表达，但其含义是not at all，故译为"远非，远不是，一点也不是"。

3. 句子层次

在翻译时，有时要将英文中表达正面意义的句子译为否定意义的语句。例如：

① He was 78, but he carried his years lightly.

他78岁了，可是并不显老。

原文中表示肯定意义的"but he carried his years lightly"被反译为具有否定意义的"但是并不显老"。

② If it works once，it can work twice.

一次得手，再次不愁。

此句是将原文中的it can work twice译为单句"再次不愁"。

③ I prefer watching television to listening to music.

我喜欢看电视，不喜欢听音乐。

此句中的介词"to"前表示肯定，后面表示否定，翻译为"喜欢……而不喜欢……"。

此外，还有些句子要通过上下文，并根据逻辑推理，仔细推敲其中关键词的实际含义，然后采取适当的反译法进行翻译。例如：

④ In fact, the willingness to experiment is one of the most striking features of China today, and it seems to be rooted in confidence rather than security.

实际上，这种试验的愿望是当今中国最显著的特点之一。它来源于信心，而不是出于不稳定感。

此句中的security其实指的是insecurity。作者是说中国对未来充满信心而大胆进行改革实验，并不是因为国内混乱和不稳定才被迫改革。

在英语中还有这样一种情况，即原词所表达的并不是其字面意义，而是其字面意义的反义，或者说是对其字面意义的否定。例如：gas mask（防毒面具）、hunger march（反饥饿游行）、riot police（防暴警察）、terror war（反恐战争）、crisis law（反危机法案）、tear test（抗拉扯实验）、the head of the story（故事的后面）等，在翻译中要注意。

总之，反译就是将原文中个别词语所包含或暗含的否定意义翻译成汉语，使译文与原文所表达的真正含义相一致。

（二）正译

"正译法"又称为"反义正译法"，它是指在英语中有些从反面表达的词语或句子，在译成汉语时从正面来表达。在英语中，有些词或短语，其形式上是否定的，但其内容含有强烈的肯定意义，因此在翻译时要使用正译法将其译成肯定句。

1. 词的层次

（1）动词。例如：

① You should lose no time in doing this job.

你应该抓紧时间做好这件事。

原文中的lose no time in doing被正译为"抓紧时间做"。

② The doubt was still unsolved after her repeated explanations.

虽然她一再解释，疑团仍然存在。

原文中表示否定意义的unsolved，译为表示肯定意义的"仍然存在"。

（2）名词。例如：

① He brought dishonour on his family.

他为家族带来了耻辱。

dishonour正译为"耻辱"。

② She manifested a strong dislike for her father's behaviour.

她对父亲的行为表示出强烈的厌恶情绪。

原文中的dislike被正译为"厌恶情绪"。

（3）形容词。例如：

① All the articles are untouchable in the museum.

博物馆内的所有物品禁止触摸。

原文中的untouchable被正译为"禁止触摸"。

② It was inconsiderate of him to mention the matter in her hearing.

他实在太轻率，竟然在她听觉所及之处谈论此事。

原文中的inconsiderate被正译为"轻率"。

（4）副词。例如：

He answered me indefinitely.

他含糊地回答了我的问题。

原文中的indefinitely被正译为"含糊地"。

原文中的unprecedentedly被正译为"空前的规模"。

2. 短语层次

翻译过程中有时要将含否定意义的英语短语做正译的处理。例如：

① She is no less active than she used to be.

她和从前一样活跃。

no less...than被正译为"和一样"。

② We cannot be too careful in doing experiments.

我们做实验越仔细越好。

cannot be too careful被正译为"越仔细越好"。

③ I have no more than twenty dollars in my pocket.

我口袋里只有二十美元。

原文中的no more than被正译为"只有"。

3. 句子层次

句子层次的正译也是正译法的重要组成部分。例如：

① Man in general does not appreciate what he has until he loses it.

一般人要等到失去他的所有才知道珍惜。

until后的动作一完成，主句的动作便开始向相反的方向转化，便成为肯定，因此要译成"等到……才……"。

② He is too angry not to say it.

他盛怒之下肯定会那么说的。

原文中的"too"其本身就暗含有一种否定，再加"not"则成为否定之否定，形成一种强烈的肯定，意思为"太……一定会……"。

③ It was not until yesterday that I got the news.

直到昨天我才听到那个消息。

这种结构表示前后两个连接很紧的动作。until后的动作一完成，主句的动作便开始向相反的方向转化，成为肯定，译为"直到……才……"。

通过对词组、短语、句子层次的分析，可以看出正译法的使用情况。事实上，正译法的使用可大致分为三类。

（1）第一类是用在祈使句中，祈使句中的否定说法有时会被正译，因为说话人或作者想表达的通常是一个正面的意义。例如：

No deposit will be refunded unless ticket produced.

凭票退还押金。

（2）第二类是用在否定之否定，即双重否定句中。例如：

There can be no sunshine without shadow.

有阳光就有阴影。

（3）第三类是英语中的有些否定表达在翻译成汉语时，为了符合汉语的语言表达习惯，而使用正译法。例如：

Even so, I still insist that for the individual himself nothing is more important than this personal, interior sense of right and wrong.

即便如此，我仍坚持认为，对个人而言，最重要的莫过于这种根植于个人心灵深处的是非感，以及坚决按这种是非感行事的决心。

综上所述，无论是正译还是反译，都是在翻译时力求突破原文的形式，采用变换语气的办法处理原句，将否定的译成肯定的，将肯定的译成否定的。这种翻译技巧的目的是使翻译在不失原意的基础上更加符合译入语的思维方式和表达习惯，从而使译出的话语更加地道。此外，有些正反译法的使用可以帮助增强修辞效果，但在使用的时候需要非常谨慎。

四、被动与主动

汉语和英语是两种完全不同的语言体系。汉语是综合性语言，而英语则是分析性语言。英语较多使用被动形态，而在汉语的思维中很少有被动的概念，相应地在汉语中较少使用被动语态。在英译汉的翻译实践中，英语的被动语态在很多情况下都可译成汉语的主动形态。

（一）英汉语言中的被动句

英汉语言中均有被动语态，只不过是由于表达方式和习惯的不同，使用的频率不同罢了。在英语中，被动语态是常见的语法现象，尤其是在一些新闻媒体文章、科技文章以及官方文章当中。英语的被动语态较典型的是用系动词be+过去分词，从而构成各种时态的被动式，其表达的意义也极其广泛。而汉语的被动形式则不如英语丰富，缺乏被动结构。汉语中比较典型的被动如古语中的"为……所""于""予以……"等。而"被"字出现的时间则较晚，起初多用来表达不幸的遭遇，演变至今已成为中性词。其实，在现代汉语中，有很多表达被动意义的方式，如"让""叫""遭（受）""给"等。例如：

① He was beaten.

他让人揍了一顿。（或他被打了/他挨打了。）

在英语中还存在一种情况，就是用主动形式来表达被动意义。用主动形式表达被动意义的词有很多，如wash、open、close、sell、burn、brew、deepen等。例如：

② The system needs updating.

系统需要升级。

（二）英语被动句的翻译

1. 英语被动句译为汉语主动句

在英语中，由于动作的施动者不明或为了避免提及以及由于句子连接或文体的需要，常常采用被动形式，而在汉语中被动式的使用不如英语频繁，因此在翻译时很多英语的被动式要转换成汉语的主动式。例如，可以采用泛称、无主句、把字句等形式进行变通，表达被动意义。例如：

① Production costs had been greatly reduced.

生产成本大大降低了。

在英语的被动句中有一种经常出现的句型，即it is/must；be/should be...that...这类句子通常由于各种原因不说出动作的施动者，而用it作为形式主语，在汉语中要用主动形式表示出来。例如：

② It should be understood that to err is human.

应当理解，犯错误是人之常情。

2. 英语被动句译为汉语被动句

虽然在很多情况下，英语的被动句都被译为汉语的主动句，但有时英语的被动句也可以译为汉语的被动句。通常，这类句子都是着重被动的动作；而动作的施动者，有些说出来了，有些则没有说出来。在翻译这类句子时，通常以"受""遭到""被"等来表达被动含义。例如：

They were given a hearty welcome。

他们受到了热烈的欢迎。

五、语序的调整

英译汉的翻译方法和技巧是建立在英汉两种语言的对比之上的。这两种语言在词汇和句法方面的一些表达手段上各有其特点。也正是由于英语和汉语在表达手段和习惯上的差异，在英译汉的翻译实践中需要引入对语序调整的翻译方法。

（一）语序调整的含义及必要性

"语序"是指句子中各个成分或各个词的排列顺序，它是词语和句子成分之间关系的体现，反映了语言使用者的逻辑思维和心理结构模式。而语序处理是指在翻译过程中的语序调整。

英汉两种语言在语序方面既有相同之处，也有不同之处。相同之处体现在两种语言都以"主语+谓语+宾语"或"施事+行为+受事"为基本语序。不同之处则体现在语言句内和句间语序的灵活性以及定、状语等次要成分位置的差异。具体来说，在时间上，汉语通常是按事件发生或出现的先后顺序排列，而英语句子的语序主要根据语境的需要来安排。在事理上，汉语的次序一般比较固定，通常按照先因后果、先条件后结果、先假设后可能的顺序排列，而英语的语序则比较灵活，但通常是开门见山，直奔主题，然后做解释。当就某事发表评论或观点时，汉语通常是先叙述后表态，即先描述事实，再做判断或下结论。英语则正好相反，通常是先评论或表态，然后说明有关情况。在英译汉的翻译过程中，如果不熟悉两种语言语序的异同，就很容易造成译文不通顺或引起各种误解。因此，在翻译中对语序的处理是必要的，而这也是使译文标准、通顺所不可缺少的手段。

（二）语序调整的分类

语序的调整在翻译中也可称为"倒置法"。语序的调整主要涉及词序和句序两方面的调整。

1. 词序的调整

虽然英汉语句中的主要成分主语、谓语、宾语或表语的词序基本上是一致的，但各种定语的位置和各种状语的次序在英、汉语言中则有不同之处，这主要表现为定语和状语的前置与后置，以及多重修饰语在句中的位置次序的差异。汉语中的定语修饰语和状语修饰语往往位于被修饰语之前；而在英语中，许多修饰语常常位于被修饰语之后。因此，翻译时需要把原文的语序颠倒过来。

（1）定语的位置。

一是单词定语的位置。在英语中，单词作定语时，通常放在它所修饰的名词前，汉语中也大体如此，因此在翻译时一般采用同样的语序。但有时英语中有后置的单词定语时，译成汉语时一般都前置。例如：

① something important

重要的事情

② life expectancy

预期寿命

如果英语中名词前的定语过多，在翻译时，不宜将这些定语完全前置，因为汉语不习惯在名词前用过多的定语。汉语通常将最能表明事物本质的定语放在最前面，而将表示力量强弱、规模大小的定语放在后面。例如：

① a little, yellow, ragged beggar

一个要饭的，身材矮小，面黄肌瘦，衣衫褴褛

② a modern, powerful socialist country

社会主义的现代化强国

二是短语定语的位置。在英语中，修饰名词的短语一般都放在名词之后，而汉语则主要视习惯而定。例如：

① their attempt to cross the river

他们渡江的企图

② the decimal system of counting

十进制计算法

（2）状语的位置。

一是单词状语的位置。英语中单词作状语修饰动词时，一般放在动词之后，而在汉语里则放在动词之前。例如：

① Modern science and technology are developing rapidly.

现代科学技术正在迅速发展。

在英语中，当单词作状语修饰形容词或其他状语时，通常放在它所修饰的形容词或状语的前面，汉语中也大致如此。例如：

② He was very active in class.

他在班上很活跃。

在英语中表示程度的状语在修饰状语时可前置也可后置，而在汉语中一般都前置。例如：

③ He is running fast enough.

他跑得够快的了。

二是短语状语的位置。英语中的短语状语可放在被修饰的动词之前或之后，在译成汉语时则大多数放在被修饰的动词之前，但也有放在后面的。例如：

① A jeep full sped fast, drenching me in spray.

一辆坐满人的吉普车疾驶而过，溅了我一身水。

英语中的地点状语一般在时间状语之前，而汉语中时间状语则往往放在地点状语之前。例如：

② She was born in Beijing on July 25, 1985.

她是1985年7月25日在北京出生的。

英语中如果有两个或两个以上的时间状语（或地点状语），其排列一般是从小到大，而在汉语中则是从大到小。例如：

③ The new students were working at the laboratory from 8 to 12 this morning.

今天上午8点到12点新同学在实验室工作。

2. 句序的调整

句序的调整主要出现在英语复合句中，主要包括逻辑顺序的调整和时间顺序的调整。

（1）逻辑顺序的调整。

① 在表示目的与行动关系的英语复合句中。目的与行动的顺序比较固定，多数是行动在前，目的在后。在汉语中也是如此，但有时为了强调，可把目的放在行动之前。例如：

Better take your umbrella in case it rains.

最好带上伞以防下雨。

② 在表示条件（假设）与结果关系的英语复合句中。条件（假设）与结果的顺序也不固定，在汉语中则是条件在前，结果在后。例如：

I still hope you will come back if arrangements could be made.

如果安排得好，我还是希望你来。

③ 在表示因果关系的英语复合句中。因果顺序灵活，在汉语中多数情况是原因在前，结果在后。例如：

He had to stay in bed because he was ill.

因为他病了，所以只好待在床上。

（2）时间顺序的调整。

① 两个时间从句的次序比较灵活。如果英语复合句中包含两个以上的时间从句，则各个时间从句的次序比较灵活，而汉语一般按事情发生的先后顺序安排其位置。例如：

He had flown yesterday from Beijing where he spent his vocation after finishing the meeting he had taken part in Tianjin.

他本来在天津开会，会议一结束，他就去北京度假了，昨天才坐飞机回来。

② 在英语复合句中。表示时间的从句可以放在主句之前，也可以放在主句之后，汉语中则通常先叙述先发生的事，后叙述后发生的事。例如：

I went out for a walk after I had my dinner.

我吃了晚饭后出去散步。

六、英语否定句的翻译

（一）部分否定的结构及其翻译

部分否定是指整个句子所表达的意义既含有部分否定的意思，也含有部分肯定的意思。在翻译这类句子时，必须对否定词做适当的调整，一般总是把否定词放在表示总称的"一切""全""都"等词的前面，通常译为"并非都""不都""不一定总是"。部分否定结构常用来表示生活哲理，因此在英语谚语中颇为常见。具体来说，部分否定结构的形式可以分为以下几种。

（1）一些接近完全否定的词可以表示部分否定。如few/little/hardly/scarcely/rarely/seldom等，一般译成"几乎、很少"。例如：

① She hardly ever sat down without a book in her hands.

她只要一坐下，必定会拿着一本书在手上。

此例中，原文表达否定意义的hardly在译文中并未出现，但这种方式显然要比固守"几乎不"要好。这告诉我们，在英译汉时，必须注意英汉否定表达的差异，采取符合原文语义和译入语习惯的表达方式。例如：

② Few of the books are interesting.

没有几本书有趣。

（2）部分否定的结构。一般由all、every、everything、both、everybody等总括词语来充当否定结构的主语，谓语则为否定结构。句子的语义并不是句子的谓语否定，而是主语或宾语的部分否定。换句话说，不定代词或形容词和副词在否定句中，不论否定词not放在这些词的前面，还是同句中谓语一起构成否定式谓语，都属于部分否定。例如：

Everybody does not like this course.

并非人人都喜欢这门课程。

此句作为部分否定句，表示有人并不喜欢这门课程。

（3）由and引导的并列结构。当and连接的两个并列成分放在否定句中时，这两个并列成分中的一个将被否定，而不是全部被否定。

He couldn't take off the time to see the doctor and to do the experiment.

他抽不出时间既要去看医生，又去做实验。

（二）全部否定的结构及其翻译

"全部否定"是指将句子的否定对象加以全盘、彻底的否定。常用的全部否定词主要有not、no、none、never、nobody、nothing、nowhere、no one等。翻译这类句子时，一般把全部否定词照翻即可，但要注意符合汉语的表达习惯。例如：

①"No one really knows what I'm yelling," he said, "but they remember my song and this brings them out of their house."

虽然没有几个人能听清楚我在吆喝什么，但这附近的居民都能认出我的调调，一听到是我过来了，他们就从家里出来。

原文中的no one如果翻译成"没有一个人"不大合理，译文翻译成没有几个人，与上下文语义相符。

② I had never heard anyone talk about a product the way he talked about coffee.

我以前从未见过有谁像他谈论咖啡那样谈论某个产品。

（三）双重否定的结构及其翻译

双重否定结构在语义上表示肯定。具体来说，"双重否定"是指两个否定词并用，否定同一个单词，或者一个否定词否定另一个否定词，其否定意义互相抵消得到肯定意义。如果一个句子中同时含有两个否定因素，无论是形式上的还是意义上的，都可采用两种方法翻译：既可以译成肯定，也可以译成汉语的双重否定，只是两种翻译的语气不同，后者的语气较强烈。

例如：

We cannot be too careful.

我们无论怎么小心也不会过分。

（四）否定转移的结构及其翻译

否定转移是指否定词在语法结构上属于一个部分，但在语义上属于另一部分，如状语或宾语甚至谓语部分。换言之，位于主语、谓语或宾语之前的否定词有时候实际上所否定的却可能是另外一个词、短语或从句。这种否定词与被否定部分隔开的语言现象便是"否定转移"。之所以会出现这种语言现象，是因为与英语本身的发展趋势有关，即在特指否定的地方改用一般否定，将否定词尽量置于谓语部分。谓语部分的否定词不仅可以否定宾语、状语，还可以否定谓语，它可以和句中的任何成分发生关系。在翻译这类语句时，首先要分清是否为否定转移结构，然后找准否定位置，分别译成否定宾语、状语或谓语等。例如：

① One does not live to eat, but eats to live.

人活着不是为了吃，而吃却是为了活着。

原文中的"not"虽然置于"live"前面，但是"not"否定的是后面的动词不定式"to eat"。

② I didn't say that for amusement.

我说那些并不是为了消遣。

此句中的not虽然出现在say的前面，但是not真正否定的是介词短语for amusement。

③ At no time can we give up hope.

在任何时候，我们都不能放弃希望。

此句中的否定词否定的是谓语。

④ I don't teach because teaching is easy for me.

我之所以教书，并不是因为我觉得教书容易。

需要注意的是，此句中主要涉及了否定的范围问题。如果将"because"从句排除在否定范围之外，其意思为"因为我觉得教书容易，所以没有教书"；而如果将because从句包括在否定范围之内，其意思则为"我之所以教书，并不是因为我觉得教书容易"。虽然通常来说，后一种理解更加符合逻辑，但在实际的使用过程中，"not...because"这一结构也有可能出现将"because"从句排除在否定范围之外的情况。因此，"because"在与否定词连用时，根据上下文的不同常常有两种含义。当然，在具体的句子中，一般只有一种是符合逻辑的。

（五）含蓄否定的结构及其翻译

含蓄否定是一种暗否定，它是英语否定的一种特殊标点方式，属于特殊否定结构，也称为意义否定。含蓄否定结构的主要特征是有些词或短语虽不与否定词连用，但同样表示否定意义。含蓄否定的结构主要有语用型含蓄否定和词义型含蓄否定。

1. 语用型否定

例如：

① It is a good horse that never stumbles.

再好的马也有失蹄的时候。

原文从句为否定结构，译为肯定结构。

以上两例的句型为It/He is+adj+n. +that...这类句型不是普通的含有定语从句的复合句，也不是强调句式，其通常见于英语谚语之中。在翻译时，要使用反译的方法，即可以在主语前面加上"即使是""再"等词语，以便获得较强的语势，如果从句是否定句就译成肯定句，如果从句是肯定句就译成否定句。其他的例子如：

② It is a sad heart that never rejoices.

再伤心的人也会有开心的时刻。

某些疑问句在特定的语言环境下，也具有与字面相反的意义，即暗含否定的意义。

由if引导的条件句有时省略主句，也用来表示强烈的否定意义，意为"绝没有""要是……该多好"。

2. 词义型否定

词义型的含蓄否定结构包括由名词短语引起的含蓄否定、由动词或动词短语引起的含蓄否定、由副词引起的含蓄否定、由介词引起的含蓄否定、由连词引起的含蓄否定等。例如：

This book is a fool to that both in plot and execution.

这本书无论在情节上还是在写作技巧上，都比不上那本书。

第二节　汉英翻译方法

一、主语的确定

英汉两种语言都有词、短语、句子、段落和篇章五个层级。由于英汉两种语言在思维模式和表达习惯上存在很大的差别，以词或短语为翻译单位是不现实的；而汉语句子则容易识别，在理解时容易分析，在表达时又比较容易转换成对应的英语句子。从这个角度来说，句子是较理想的翻译单位。汉语是语意性语言，它力求考究字与语意及其相关关系，注意内容的意会性，其主语可以由不同类别的词语担当，经常出现主语隐含、不显或无主语的情况，而谓语成分比较复杂，且不受主语支配，没有人称、数、时态的变化，句与句之间多无明示逻辑关系的连接词，汉语句子形式看似松散，如流水般无定式可依。英语则为形合语言，其重点研究主谓、序列及其相关词类，句子结构受形式逻辑制约，注重形式严谨。英语中的主语突出，易于识别，只能由名词或名词性的词语担当，谓语绝对地受主语支配，在人称和人数上必须与主语保持一致，有语态、时态和语气方面的变化，句与句之间都有明示逻辑关系的连接词相连，英语依法构句，形式完整而严密。因此，在汉译英的翻译过程中，必须确定好主语，这是翻译过程中不可忽视的重要问题。

（一）主语确定的原则

1. 必须是句中应该突出的信息

在英语中，强调句子的重要信息应放在主要位置即主语位置上，而在汉语中并没有这样的要求。由于这种对主语要求的不同，即使原文中的句子有主语，在翻译中也不一定用来作相同的主语，汉语句子的主语不一定适合作英语句子的主语。这就要求在翻译中做相应的调整。例如：

明年将出版更多的儿童读物。

More books for children will be published next year.

2. 必须符合英美人的思维方式

英汉两种语言的思维方式和视角存在很大的差别，这主要与东西方传统文化的差异有关。一般来说，中国文化具有很强的天人合一的观念，因此中国人在表达观点时十分注重主体意识，经常是以具体的或有生命的代词或名词作主语，多用主动语态和无主句。主语有时也会省略，但主体意识仍然强烈，使人很容易就能体会到。而以英语为母语的人，他们比较强调客观，注意客观事物对人的影响和作用，所以英语中经常以抽象的或无生命的名词作主语。因此，在翻译过程中确定主语时应牢记这一点。例如：

我昨天收到你的信。

Your letter reached me yesterday.

3. 必须符合上下文连贯的需要

句子的主语在句子中起着举足轻重的作用，它对连词成句、连句成篇以及句子的承上启下至关重要，因此在翻译过程中，必须考虑上下行文的连贯一致。在汉语中，相邻几句的主语可以不一致，汉语中有时一段话中存在大量流水句的现象。但在英语中，相邻的几个句子在结构上要保持一致。而为了保持连贯，英语往往通过避免重复原词，而更多地使用替代或照应的方式来作为上下文衔接连贯的手段。在翻译时，应对此格式注意。例如：

我走过去，他向我伸出手。我的手被握在他粗糙的长满硬茧的手里。

I walked to him and took his outstretched hand which was rough with callus.

在这句话中，短短十几个字中就出现了三个主语，因此在英译时要考虑主语如何统一的问题。而上面译文将三个主语"我""他""他的手"处理成统一的"我"，做到了行文流畅。

4. 必须符合句子的逻辑搭配关系

有时，汉语中的主语并不适合做英语中的主语，这是因为汉语和英语的主谓搭配习惯不同。因此，在汉译英时要进行适当的调整。例如：

读书可以增长知识。

Through reading one can acquire knowledge.

（二）主语确定的方法

1. 增补主语

在汉语中，经常出现主语隐含不显或无主语的情况。因此在译成英语时必须按照英语的规则，增补主语。主语的增补是无主句翻译的一个方法，但这里所添加的主语不能由原句中的其他成分来充当，而是要根据汉语的意思推导出一个逻辑主语。故在增补主语时要考虑语境、英语的语法习惯和行文的需要。当然，并不是所有的汉语无主句在英译时都需要增添主语，要视情况而定。例如：

改革开放胆子要大一些，要敢于试验。

We must be courageous enough to venture on experiments as far as reforms are concerned.

显然，此句中的"改革开放"并不能作主语，故在翻译时需增补主语。

2. 以原文主语作译文主语

在汉译英时，以原文主语作为译文主语的场合很有限。在英语句子中，主语只能是名词、名词性的词语或主格人称代词。如果汉语原文中有明确的主语，且该主语由名词或主格人称代词充当时，可以以原文主语作为英语译文的主语。例如：

①如果说词汇是语言的"建筑材料"，那么句子便是文章的"基本部件"。

If vocabularies are the "building materials" for language, sentences are the "fundamental parts" of writings.

②自古以来一切有成就的人，都很严肃地对待自己的生命。

Throughout the ages，all people of accomplishment take their lives seriously.

③假日里，青年人成双成对漫步在公园里。

The young people in pairs and couples rambled about the park on holidays.

以上三个例句中，汉语句子的主语都是名词。由于名词在英语句子中可以直接充当主语，所以在翻译的时候可以直接对应下来，确定这个名词为译文的主语。

3. 重新确定主语

在汉译英中，经常会出现需要重新确定主语的情况。由于英汉两种语言存在较大的差异，有时候如果确定汉语句子的主语为英语译文句子的主语，常常会导致英语句子的逻辑比较混乱，而不能直接对应。这时就有必要重新选择和确定主语，目的是保证译文行文流畅，并行使与原文相似的功能。译文的主语可以从原句中挑出其他词来充当，也可以由句外的词语来充当。例如：

目前在中国正进行着一场意义深远的社会和经济改革。

At present, a sweeping and profound social and economic reform is being carried out in China.

此句的汉语原文是一个无主句。显然，我们可以确定汉语的宾语为英语的主语，使用英语的被动结构来翻译，这就避免了需要去找一个动作发出者来充当主语的情况。

二、谓语的确定

在汉语中，谓语的范围非常广泛和复杂，可以用来充当谓语的成分也多种多样。例如，名词、数词、形容词、介词短语等都可以直接作谓语。而英语句子中的谓语则相对单一，只能由动词或动词短语来充当。汉语中的谓语可以是一个主谓词组，而英语中的主谓词组是不能充当谓语的。此外，汉语的谓语动词多用主动式，而英语的被动句则用得比较多。在汉译英中，有时可以选择与原文相对应的谓语。但是在大多数情况下，既不能照搬原文的主语，也不能照搬原文的谓语，而是需要做一定的调整，或是寻找新的谓语。而谓语的确定又与主语的确定密切相关。主谓语的确定顺序，孰先孰后很难分清，但必须遵循主谓一致的原则，符合英语的表达规范。

（一）谓语确定的原则

1. 必须与主语保持一致

主谓保持一致主要体现在以下三个方面。

（1）在逻辑上必须与主语保持一致。例如：

这次旅游可选择的地方有北京、贵州或海南。

The tour will include Beijing, Guizhou or Hainan.

（2）在人称与数上必须与主语保持一致。例如：

当前，我国成人教育和职业教育正在加快发展。

Adult education and vocational education are being pushed on energetically in our country.

（3）在时态上必须与主语保持一致。例如：

他过去的那副尊容，只要你见过一次，无论什么时候你都不会忘记。

He had a face that once you saw is never forgotten.

2. 必须与谓语在逻辑上搭配得当

这也是谓语确定的重要原则。例如：

在这次讲座中，我们学到了许多美国历史方面的知识。

We obtained much knowledge of American history from this lecture.

3. 灵活原则

（1）如果要突出宾语，则往往需要将宾语置于主语的位置，谓语动词采用被动式。例如：

我们知道，发电站每天都大量地生产着电能。

As we know, electrical energy is produced in power stations in large amounts every day.

（2）如果原文是形容词短语、数量词、名词性短语或介词短语作谓语，则译文常采用系表结构作谓语。例如：

你们一定知道，这种打字机轻便高效，经久耐用又经济实惠，适合高中学生使用。

You are well aware that this type of typewriter is portable and durable, economical and practical for high school students.

（3）如果原文中有几个动词同时出现，则译文可以选择一个主要动词作谓语，其他动词用其他形式。例如：

第二天早晨，他腋下夹着几本书回来了。

The next morning, he came back with some books under his arm.

（二）谓语确定的方法

1. 基于构句的需要

在汉译英中，选择谓语时考虑构句的需要，是指译文必须遵守英语语法规范表达、地道自然的要求，谓语的动词时态、语态要正确，句式要连贯顺畅。例如：

液体的形状总是随容器的变化而变化，因为液体没有自己的固定形状。换言之，无论你把它放在什么样的容器中，其形状总是和容器内壁形状完全一样。

Since a liquid has no definite shape of its own, it varies in shape from container to container. In other words, in whatever container it is poured, the liquid will take exactly the interior shape of the container.

译文和原文一样包含两个主从复合句，原文中主语分别为"形状""液体""你"和"形状"，译文中则全都用"liquid"及其代词it作主语。按照英语主谓一致的原则和动词的时态、语态的要求，谓语分别为第三人称单数的一般现在时"has"和"varies"、一般现在时被动语态"is poured"和一般将来时will take。由于原文是科技文，因此为了体现英语译文科技文体阐述科学道理的无时间性，译文的时态都用了一般现在时。

2. 基于表意的需要

基于表意的需要也是谓语确定的重要手段。例如：

① 中国的经济将融入世界经济的大潮。

The economy of China will converge with that of the world economy.

译文中的 "converge with" 是 "与融合在一起" 的意思，因此谓语的选择是恰当的。

② 她们逐渐镇定下来，恢复了自信。

Gradually, they calmed down and regained self-confidence.

此句如果以restore作谓语，则与宾语 "self-confidence" 搭配不当，而选用 "regain" 作谓语，意思是 "get or win back"，则与宾语搭配恰当。

三、分译法

所谓分译法，就是将原句中的某个词或短语译为目的语的单句或分句，或将原句中的一个长而复杂的句子译成目的语的两个或两个以上的句子，这样可确保译文忠于原文而又清晰易懂。在汉译英中，有时由于英汉语言习惯及其篇章结构不同，需要采用分译法。而在另一些情况下，在汉语中有一些含义丰富的词和词组，当翻译成英语时无法用一个词或词组来表达其中丰富的含义，只有用句子才能表达出来。此时就需要把该词或词组从句子中分离出来，单独译成一个独立成分、从句或并列分句。此外，有些汉语的句子很长，尤其是一些复句和多重复句的信息繁多。为了避免译成英文后句子更长、信息更拥挤的现象发生，也有必要采用分译法进行处理。分译法主要分为词组的分译、定语的分译和句子的分译。

（一）单句的分译

单句的分译可以分为单句中词组的分译和定语的分译。

1. 词组的分译

"词组的分译" 是指将汉语原文中的某个词或词组单列出来，分译成为一个独立的小句。这样既符合英美人的表达习惯，又使得译文行文流畅简练。

例如：

冬天，快过阴历年的时候，一个风雪漫天的星期日，他从外面抱回了许多好吃的东西。

It was winter. One snowy Sunday not long before the lunar New Year, he came home loaded with parcels.

译文将词"冬天"单独列为一个小句，既简练地点明了事件发生的时间，又很好地起到了承上启下的作用。

2. 定语的分译

定语的分译是指将原文中的定语拆译成一个小句或句子。之所以将定语分译，主要是出于两个方面的考虑：一是为了修饰和修辞上的需要，例如突出重点、加强语气等；二是为了句法上和语法上的需要。由于汉语中一些词或词组在词义或搭配上的特点，其作定语没有问题，但如果直译会很难符合英语的表达习惯，而如果将其单独分译成一句话，则既能使句子通顺，又不损伤原意。例如：

① 去年八月那场使七个国家遭受了极大损失的来势凶猛的龙卷风已经引起全球科学家的高度重视。

The violent tornado that struck in August last year has aroused great attention among the scientists throughout the world. Seven countries suffered a great loss from the tornado.

此句中，将"使七个国家遭受了极大损失的"定语单独译成了单句"Seven countries suffered a great loss from the tornado"。这样既很好地表达了原文中的含义，又不至于使英语译文显得过于冗长。

还有些汉语的单句中包含着几个或多个意思，可以将其译成两个或多个英译单句。例如：

② 野地上花儿极多，红的、黄的、白的、蓝的。

The wild country is overgrown with flowers. Some are red and some yellow. Others are white and still others blue.

为了强调，原文中将定语后置。而在译成英语时，则将这些定语翻译成了三个英语单句。第一个是总说的单句，其他两个为分说的单句，分别突出了花儿的各种颜色，强调了花儿的多姿多彩。表面上看，译文显得稍冗长，实际上却非常忠实于原文。

（二）复句的分译

1. 一般复句的分译

一般汉语复句内部有两套或两套以上的句子成分，各套句子成分之间虽然紧密联系却互不包含，且分别具有相对的独立性。而汉语多重复句包含三个或三个以上的分句，同时在结构上有两个或两个以上的层次。在这种情况下，汉语的复句通常可以采用分译法进行处理，翻译成两个或两个以上的英语句子。例如：

① 总之，中国加入世贸组织，不仅有利于进一步改善国际贸易环境，加强农业国际合作，而且有利于中国在农业中发展市场经济，增强中国农业在国际市场的竞争力，这是发展中国农业的一个非常难得的机会和积极因素。

In short, China's WTO accession will not only help improve the country's international trade environment and strengthen its international cooperation in the farming sector, but also promote the development of market economy in China's farming sector and enhance the competitive capacity of china's agricultural products on the international market. This is indeed a rare opportunity for, as well as a positive factor in the development of China's agriculture.

这是一个长而复杂的联合复句，其中有并列分句、顺承分句和递进分句。将该复句译为两个英语单句，译得准确到位。译文中的第一句虽然很长，但是意义清楚。译文的第二句结构简单，一目了然。

② 他从警备司令部转到法院看守所坐了三个月牢，虽然红润的面孔瘦了些，也白了些，但是丝毫看不出有受到挫折后的萎靡和困顿。

He had been transferred from the garrison headquarters to the lock-up of the district court, where he had been detained for three months. Though his face was no longer as plump and ruddy as before, the persecution he had suffered did not leave him downcast or exhausted.

此句是一个汉语多重复句，含有表条件和表因果的逻辑意义关系。将该复句译成两个英语复合句，显得流畅、地道、准确。

2. 含总说和分说复句的分译

在汉语中，有些复句包含一个总说的分句和几个分说的分句。对于这样的汉语复句，在翻译时也通常采用分译法，将其翻译成两个或两个以上的英语句子。例如：

最近几年，学校对教学制度进行了改革，最明显的一点是学分制，也就是学生提前修满规定的学分，就可提前毕业。

In recent years our school has been conducting some reforms in the educational system. One of the most dramatic changes is the adoption of the credit system, which means that students can graduate ahead of time if they obtain the required credit ahead of schedule.

此句汉语原文也是一个先总说后分说的联合复句，译文将原文的总说分句翻译为一个英语单句，而将其后的两个说明性分句翻译成一个英语主从复合句。

总体来看，汉语复句在英译时往往采用分译法处理。需要指出的是，汉语中的句号在使用上有较强的随意性和收缩性，很多作者在写作时往往在使用了一连串的逗号之后才画上句号。对于这种句子，在译成英语时往往采用"断句"的办法，即将一个汉语句子分译成两个或两个以上的英语句子。这就需要将原文理解透彻后，再仔细分析汉语长句各分句之间的逻辑关系以及各分句之间的意义关系，最后根据英语的表达习惯进行翻译。此外，由于英语很重形式，一般将重点内容开门见山地揭示出来，因此在翻译时必须将原句的主要成分翻译成英语复合句的主句，而将原句中的次要成分译为英语复合句的从句，同时还要根据原文的句式和内容选用恰当的英语句型，力求再现原句的形式和内容。

四、合译法

与分译法不同，"合译法"是将不同的句子成分组合在一起，使其更加符合汉语的表达方式。汉语作为意合语言，显性连接手段少，无词形变化，故汉语中短句往往较多。而英语是形合语言，连接手段丰富，加上定语从句的使用、词形变化引起词性转换等因素，故英语句子要比汉语句子长，一个英语句子也要比汉语句子具有更大的容量。因此，在汉译英中，有时会把汉语的短句翻译成英语的长句，或是把两个或两个以上的汉语句子翻译成一个英语句子。

虽然分译和合译各有其特点，但实际上，在翻译实践中使用分译比使用合译的情况更多，原因是有时候不使用分译就不能正确表达原文的意义，而合译则不同，即使不使用合译，对所指意义或概念意义的影响也不大，区别主要在文体意义上。下面仅举两个例子说明合译法在汉译英中的应用。

① 当海风卷起雪浪来袭击海岸时，在美丽的浪花里，会捡到许多许多小巧玲珑的贝壳和五色斑斓的小石子；还有那些碧绿的海草，长得像秀发，又美又可爱。

When the sea wind dashes the snow-white billows against the beach, I can pick up from among the brilliant spray many petty shells and colourful pebbles, as well as some lovely green seaweed as human hair.

② 过了两年，他又换过学校，却遇见了一个值得感激的同事。那同事是个诚朴的人，担任教师有六七年了。

Two years later he changed to yet another school，and there he met a colleague whom he could not help admiring and feeling drawn to, as he was a sincere, plain-spoken fellow who had been a teacher for six or seven years.

五、语态转译法

所谓语态转译，就是指在汉译英过程中，将被动语态的句子转译为主动语态的句子，或将主动语态的句子转译为被动语态的句子。一般来说，在英语中使用被动语态的频率要比在汉语中高。这主要是因为：首先，汉语是意合语言，注重意义上的粘连，而不太注重形式上的整合；其次，汉语中存在大量的无主句；最后，汉语中有很多动词既可以表示主动的意义，也可以表示被动的意义。因此在汉译英时，根据语境的需要，常常要将汉语的主动语态译成英语的被动语态。例如：

① 采取中央与地方共建办法，加强农村卫生医疗机构建设。开展新型农村合作医疗制度和医疗救助制度试点。

The central government worked with local governments to build more rural health and medical institutions. Pilot protects for new cooperative medical care system and medical assistance system were initiated in rural areas.

② 因此，必须采取有效措施控制城市规模，让城市健康平稳地发展。

Therefore, effective measures should be taken to control the size of cities so that they can grow healthily and steadily.

六、语序的调整

汉语和英语两种语言在句内和句间语序的灵活性以及定语、状语等次要成分在句中位置等方面存在差异。由于这种差异的存在，因此在汉译英时常常需要调整语序。

（一）句子内部语序的调整

句内语序的调整主要包括以下两个方面。

1. 定语和状语位置的调整

在汉语中，定语总是出现在中心词前面；而英语句子中的定语如果是由单词充当，除少数情况外，一般放在中心词之前，如果是由词组、介词短语或句子充当，则一般出现在中心词之后。对状语的位置而言，状语在英语句子中的位置比较灵活，既可以出现在句首，也可以出现在句中，还可以出现在句末；而在汉语中，状语的位置却比较固定。因此，在汉译英时，按照英语句子的习惯进行语序的调整是很有必要的。例如：

他于1915年7月25日早晨6点30分诞生在湖南的一个小县城。

He was born in a small town of Hunan Province at six thirty on the morning of July 25, 1915.

汉语原文中使用了一系列表示时间或地点的状语，它们在汉语中的顺序通常是由大到小、由远及近，而它们在英语中的顺序则大体与在汉语中的顺序相反。

2. 句中主要成分位置的调整

英汉语句内语序各有其灵活性，在汉译英时，应根据英语的习惯进行调整。例如：

① 我对于海，好像着了魔似的一天比一天迷恋起来，我爱它，甚至一天也不能离开它。

I've become more and more crazy about the sea. I never let a day pass without seeing it with my own eye.

此句原文中受事在前，施事行为在后。译文按照英语语序的习惯，将施事和谓语have become more and more crazy about的位置提到了前面。

② 书无分大小、贵贱、古今、新旧，只要是我想保存的，因之也同我共患难过的，就一视同仁。

I treated them alike, whether they were big or small, old or new, expensive or inexpensive, classical or contemporary, since they had been in my collection and, therefore, gone through thick and thin with me.

原文中有两个主语："它们（书籍）"和"我"。译文按照英语的表达习惯，在主句中以"我"为主语、"书籍"为宾语，而在从句中以"书籍"为主语。

（二）句子之间语序的调整

就分句间的相对位置来看，一般来说，英语相对灵活，时序与语序常常不一致，因果、条件结果顺序颠倒。汉语的顺序则比较固定，即按照先因后果、先条件后结果以及时间顺序来安排语序。因此，在汉译英时也需要调整语序。例如：

如果说白天广州像座翡翠城，那么当太阳沉没，广州就成了一颗夜明珠，灯光如海，千街闪烁。

If Guangzhou is like a city of a jadeite in the daytime, it becomes a luminous pearl, with a sea of lights twinkling in the streets after the sun sets in the west.

汉语原文中有五个小句，这五个小句完全按时间的先后顺序排列。而译文则按照英语的表达习惯对语序进行了调整，使得表达流畅自然。

思考题：

1. 英汉翻译的方法有哪些？请举例说明。

2. 汉英翻译的注意事项有哪些？如何快速掌握其方法？

3. 请结合所学，运用每种翻译方法进行实例练习。

第三章

英汉文化语言差异与翻译

第一节　英汉修辞差异与翻译

修辞是文化中的一个重要内容，研究英汉文化必然少不了对英汉修辞差异的研究。英汉两种语言在修辞格上表现出许多共同的特征，但是由于社会、历史、文化等的不同，二者在修辞方面也存在一定的差异，这些差异给翻译造成了不小的困难。本节通过介绍英汉比喻、夸张两种修辞格，来研究英汉修辞差异与等值翻译。

一、比喻差异与等值翻译

（一）英语中的比喻

不把要说的事物平淡直白地说出来，而用另外的与它有相似点的事物来表现的修辞方式，称作比喻（figures of comparison）。在英语中，比喻是一种常见且应用广泛的修辞格。比喻是语言的升华，而且极富诗意，因此无论是在各类文学作品中，还是在日常口语中，比喻的使用都十分普遍。在写作和口语中使用比喻，可以有效增强语言的生动性、形象性、精练性、鲜明性、具体性和通俗性。

英语中常见的比喻通常分为两类，即明喻（simile）和暗喻（metaphor）。

1. 明喻

英语"simile"一词源于拉丁语"similis"，相当于英语中的介词"like"。

英语中的"simile"与汉语中的"明喻"基本相对应，因此一般译为"明喻"或"直喻"。它是对两个不同事物的相似点加以对比，用浅显、具体的事物去说明生疏、深奥的事物，使语言表达生动形象，更好地传神达意。

　　从结构上看，明喻基本上由3个要素构成，即本体（subject or tenor）、喻体（reference or vehicle）和喻词（indicator of resemblance，acknowledging word or simile maker）。本体指被比喻的对象，喻体指用来比喻的对象，比喻词用于本体与喻体之间，具有连接介绍的作用。明喻的基本表达方式是"甲像乙"。在英语中，常用的比喻词有：like，as，seem，as if，as though，as...as，like...to，as...so，similar to，to bear a resemblance to，等等。例如：

　　① Her happiness vanished like the morning dew.

　　她的幸福像晨露一样消失了。

　　② I wandered lonely as a cloud.

　　我像一朵浮云独自漫游。

　　③ So as she shows she seems the budding rose，yet sweeter far than is earthly flower...

　　她露出犹如含苞欲放的玫瑰，却远比真实的花儿芬芳。

　　此外，英语明喻的结构中除上述提到的最常用的比喻词外，还有其他的表达方式，如：用"no...more...than"以及"not any more than"作喻词；"with"介词短语结构；"A is to B what C is to D"结构等。例如：

　　④ A student can no more obtain knowledge without studying than a farmer can get harvest without plowing.

　　学生不学习不能得到知识，犹如农民不耕种不能收获一样。

　　2. 暗喻

　　英语"metaphor"一词来自希腊语"metaphom"，意为"a transfer of a meaning"。

　　英语中的"metaphor"与汉语修辞格中的"隐喻"或"暗喻"基本对应，它不用比喻词，而是直接把喻体当作本体来描述，其比喻的关系隐含在全句中。因此，从某种程度上来讲，暗喻的修辞效果较明喻更加有力、突出。

　　暗喻的结构大致分为以下3种类型。

　　（1）喻体直陈式。是将本体和喻体说成一件事，认定本体就是喻体。这种方式可有效强化语言表达的逻辑能力。例如：

　　After the long talk，Jim became the sun in her heart.

那次长谈后，吉姆成了她心中的太阳。

（2）喻体半隐式。即喻体半隐半现。这一方式中的喻体词一般是由名词转化而来的动词。通过动词对动作或状态的描写，来说明这个名词所具有的喻体的特征。其实这个动词的名词形式就是喻体，例如：

They stormed the speaker with questions.

他们猛烈（地）质问演讲者。

（3）喻体全隐式。就是表面上喻体并没有出现，但却暗含在句中，用适用于喻体的词语来充当喻体，这种类型的比喻形式更复杂，内涵也更丰富。例如：

The one place not to have dictionaries is in a sitting room or at a dining table. Look the thing up the next morning, but not in the middle of the conversation. Otherwise one will bind the conversation, one will not let it flow freely here and there.

有一个地方不应该带字典，那就是客厅里或餐桌上。你可以次日早晨再查，但不要在谈话时去查字典，否则你会把谈话捆住了，使它不能自由舒畅。

上例中将"谈话时查字典"比作"绳子"（a siring），然而"string"并没有直接出现在句子中，而是用描写"string"的词"bind"来代替，充当喻体，达到了形象生动、传神达意的修辞效果。

（二）汉语中的比喻

比喻又称为"譬喻"，俗称"打比方"，就是根据心理联想抓住和利用不同事物的相似点，用另一事物来描绘所要表现的事物。比喻主要用于描写事物、人物、景物以及说理论事。

汉语中，根据比喻事物与本体事物之间的划分，可以将比喻分为3类，即明喻、暗喻和借喻。

1. 明喻

明喻又称"直喻"和"显比"，是指比喻的事物与被比喻的事物同时出现，表明比喻与被比喻之间相类似的关系。它具有爽朗、明快的特征，可以使所描述的事物形象化、具体化、浅显化、通俗化。

明喻的本体与喻体之间常用"像""似""若""比""样""同"

"如""如同""似的""一样""宛若""仿佛""像……一样"等词语作比喻词。明喻的基本形式是："甲（本体）像（喻词）乙（喻体）"。例如：

① 我们去！我们去！孩子们一片声地叫着，不待夫人允许就纷纷上马，敏捷得像猴子一样。

② 不错，你有天赋，可是天赋就像深藏在岩石底下的宝石，没有艰苦的发掘、精心的雕琢，它自己是不会发出光彩来的。

2. 暗喻

暗喻又称为"隐喻"，是比喻的一种。与明喻相比，暗喻的本体与喻体之间的关系更密切。暗喻可分为两种情况，即带喻词的和不带喻词的。例如：

① 当我在人的密林中分不清南北东西时，时间是一个陀螺和一根鞭子。

② 骆驼，你是沙漠的船，你是有生命的山。

3. 借喻

借喻就是本体不出现，用喻体直接替代本体的比喻。借喻是比喻的最高形式，借喻可以省去许多直白的文字，令语言精练简洁、结构紧凑。借喻表现的对象可以是人、物、事，也可以是理、情、意。借喻多用于抒情散文、诗歌以及通俗的口语中。例如：

① 骤雨过，珍珠散落，打遍新荷。

② 这个鬼地方，一阴天，我心里就堵上个大疙瘩！

（三）英汉比喻修辞比较

1. 相同点

英汉比喻修辞的相同点主要体现在以下两个方面。

（1）英汉比喻都用事物比喻事物。即用某种具体的东西来描写另一种东西的形象，并表现出这种形象所显示的品质。例如：

① Love is life in its fullness like the cup with its wine.

爱就是满盈的生命，正如溢满的酒杯。

② He indeed resembles atree–sturdy, silent, yet full of life.

他确乎有点像棵树，坚壮，沉默，而又有生气。

（2）英汉比喻都用事理比喻事理。即用一件事情的道理，来比作另一件事情的道理。在英汉语言中，人们通常在论证时使用这种修辞手段。例如：

She moved her cheek away from his, looked up at him with dark eyes, and he kissed her, and she kissed back, longtime soft kissing, a river of it.

她挪开了脸颊，抬起头来用眼睛望着他。于是他吻她，她回吻他，长长的、无限温柔的吻，如一江流水。

但我认为一切文艺固然是宣传，而一切宣传却并非是文艺，这正如一切花皆有色（我将白色也算作色），而凡颜色未必都是花一样。

2. 不同点

英汉比喻的不同点主要体现在：汉语比喻的结构形式比英语的复杂很多，分类也更细致；英语隐喻与汉语中的隐喻、借喻和拟物3种修辞格相似，因此英语比喻中的隐喻所涵盖的范围更广泛。

（1）英语中的"metaphor"与汉语隐喻相似。英语隐喻与汉语比喻的格式相同，即本体和喻体同时出现，二者在形式上是相合的。例如：

He has an iron will and gold heart.

他有钢铁般的意志和一颗金子般的心。

（2）英语中的"metaphor"与汉语借喻相似。在这种修辞格中，喻体是象征性的，同时含有一个未言明的本体。它的基本格式是"以乙代甲"。例如：

Laws（are like cobwebs, they）catch flies but let wasps go free.

法律像蛛网，只捕苍蝇而放走马蜂。

（3）英语中的"metaphor"与汉语拟物相似。在汉语中，比拟可分为两种，即拟人与拟物。其中，拟人与英语中的"personification"对应，而拟物是英语中的"metaphor"的变体形式之一。例如：

Inside, the crimson room bloomed with light.

里面，那红色的房间里灯火辉煌。

（四）英汉比喻修辞的等值翻译

1. 明喻的翻译方法

（1）直译法。在符合译入语表达习惯的前提下，明喻大都可采用直译法进行翻译，利用译入语中相应的比喻词来翻译原文中的比喻词，以最大限度地保留原文的特点。例如：

A man can no more fly than a bird can speak.

人不能飞翔，就像鸟不会讲话一样。

（2）意译法。因英汉语言在诸多方面存在差异，故有些明喻也不能采用直译进行翻译，这时需要采用意译法，或者采用直译+意译注释的方法。例如：

Records fell like ripe apple on a windy day.

纪录频频被打破。

2. 暗喻的翻译方法

（1）直译法。通常情况下，暗喻也可以采用直译法来翻译。例如：

① Some books are to be tasted, others to be swallowed, and some few to be chewed and digested.

一些书浅尝即可，另一些书要囫囵吞下，只有少数的书才值得咀嚼和消化。

② Baseness is a passport for the base, honor an epitaph for the honorable.

卑鄙是卑鄙者的通行证，高尚是高尚者的墓志铭。

（2）意译法。暗喻也不能一味地进行直译，有时也要根据实际情况采用意译法进行翻译，以使译文更符合译入语的习惯。例如：

① Don't show the white feather to the enemy.

不要向敌人示弱。

② He was confused when we nailed him down to his promise.

当我们要他遵守诺言时，他狼狈极了。

二、夸张差异与等值翻译

（一）英语中的夸张

首先来看一些关于夸张（hyperbole）的定义。

亨利·华生·福勒（Henry Watson Fowler）认为：　"the use of exaggerated

terms for the sake not of deception，but of emphasis．"（用夸大的言辞强调而不是欺骗。）

C.休·霍尔曼（C. Hugh Holman）指出："Hyperbole：A figure of speech in which conscious exaggeration is used without the intent of literal persuasion. It may be used to heighten effect，or it may be used to produce comic effect．"（夸张：一种修辞格，不带任何真正劝说意义的有意识的夸大。用于强调某种效果或产生幽默效果。）

《兰登书屋辞典》（修订版）[*The Random House College Dictionary（Revised Edition）*]给出的"hyperbole"的定义为："an extravagant statement or figure of speech not intended to be taken literally，as 'to wait an eternity'．"

可见，"hyperbole"是一种修辞方式，用夸大的言辞来增加语言的表现力，突出某种情感和思想，但这种夸大的言辞并不是欺骗；这种修辞手法可以深刻地表现出作者对事物的鲜明态度，给读者留下深刻的印象，同时有助于揭示事物的特征、本质，强烈地表达出作者的思想感情。例如：

① We walked along a road in Cumberland and stooped，because the sky hung so low.

我们沿着坎伯兰的一条道路行走，佝偻着身子，因为天幕垂得很低。

② It was so hot a noon that the leaves had to gasp for breath.

那天中午，天气热得连树上的叶子也在喘气。

根据不同的分类方法，可以将英语中的"hyperbole"分为不同的类别，如扩大夸张、缩小夸张、超前夸张、直接夸张、间接夸张、可转化类夸张和不可转化类夸张等。

（二）汉语中的夸张

夸张的定义，修辞格之一，运用丰富的想象，夸大事物的特征，把话说得张皇铺饰，以增强表达效果。

夸张是一种使用十分广泛的修辞格，不仅常用于文学作品中，在日常生活中也被广泛使用。夸张可有效突出事物的本质，增强渲染的力量，还能强烈地表现作者对所要表达的人或事情的感情态度，从而激起读者强烈的共鸣，给人以深刻的印象。例如：

千山鸟飞绝，万径人踪灭。

太阳刚一出来，地上已经像下了火。

汉语夸张与英语"hyperbole"分类方法基本一致，根据不同的标准，可以分为多种类型，这里不再一一列举。

（三）英汉夸张修辞比较

1. 相同点

英汉两种语言中的夸张还存在着许多相同之处，主要表现在以下几个方面。

（1）英汉夸张都具有言过其实的特点。通常借助言过其实来表现事物的本质，渲染气氛，加深读者的印象。例如：

Hamlet：I love Ophelia, forty thousand brothers could not, with all their quantity of love, make up my sum.

哈姆雷特：我爱奥菲莉亚，纵集四万兄弟之爱，也抵不上我对她的爱情。

（2）英汉夸张从本质上来看都没有违反质量准则。夸张在本质上都是符合事实，绝对真实的。例如：

His eloquence would split rocks.

雄辩的口才能开岩裂石。

上例中的意思在现实中是不可能存在的，但是这位"让岩石裂开"的先生有着绝妙的口才也是不争的事实。

Snowflakes on Yanshan Mountain are as big as mats.

燕山雪花大如席。

上句如果很平淡地表达"燕山雪大"，则不能真实地传达出作者心中真实的、非极言而不能表达的感受。

从上面两个例子可以看出，夸张在本质上没有违反质量准则，因此可以在会话中使用，并使会话可以顺利进行。

2. 不同点

当然，英汉两种语言中的夸张也存在很多不同之处。例如，虽然英语和汉语中都有扩大夸张和缩小夸张，但汉语中使用缩小夸张较英语中更频繁，而且汉语中有英语中所没有的超前夸张。此外，英语多借用一些构词法进行夸张；而汉语则多通过选词用字来表现夸张。例如：

He limped slowly, with the blood pounding his temples, and a wild incommunicable joy in his heart. "I'm the happiest man in the world. " He whispered to himself.

他一瘸一拐地慢走着，血液冲击着太阳穴，心中充满着无以言表的喜悦，一边走一边自言自语道："我是世上最幸福的人。"

上例中，他不可能是世界上最幸福的人，但采用夸张的修辞手法，用于表达他当时的强烈感受。在英语原文中，夸张是利用了形容词的最高级形式（the happiest），其实并没有比较的意思。读者可以从这种夸张的口气中体会出作者强烈的思想感情。而汉语译文则在"幸福的"这一形容词前加上"最"字来表现夸张。此外，汉语中还可以用其他词语来体现夸张，例如，"绝代佳人""尽人皆知""举世无双"等。

（四）英汉夸张修辞的等值翻译

1. 直译法

英汉两种语言中夸张使用得十分普遍，也存在一些相似之处，因此为了更好地保持原文的艺术特点，可采用直译法进行翻译。例如：

① We must work to live, and they give us such mean wages that we die.

我们不得不做工来养活自己，可是他们只给我们那么少的工钱，我们简直活不下去。

② If you gave me eighty necklaces and eight hundred rings I would also throw them away. What I want is nothing but dignity.

你就是给我八十条项链和八百个戒指，我也不要，我要的是尊严。

2. 意译法

由于英汉夸张的表现手法和表达习惯有着很大的差异，因此不能机械地照搬原文，有时需要采用意译法对原文进行适当的处理，以使译文通顺易懂，符合译入语的表达习惯。例如：

① On Sunday I have a thousand and one things to do.

星期天我有许多事情要做。

② He ran down the avenue，making a noise like ten horses at a gallop.

他沿街跑下去，喧闹如万马奔腾。

第二节　英汉习语差异与翻译

一、英汉习语比较

（一）习语的概念

习语，顾名思义，就是习惯使用而形成的固定的语言形式，是指人们通过对社会现象和生活经验的总结而形成的，经久流传下来的固定表达形式。

在人们长期使用语言的过程中，逐渐将短语或短句提炼出来，形成了习语，它是语言中的核心和精华。习语是一种富于形象色彩的语言手段，有助于增加语言的美感。英语和汉语都是高度发达的语言，在这两种语言中都存在大量的习语。

（二）习语的分类

习语的种类多种多样，主要包括成语、谚语、俗语、粗俗语、俚语等。

1. 成语

成语是人们在长期实践和认识过程中提炼出的语言结晶。成语的结构一般比较固定，不能随意改动，也不能随意增减成语中的成分。

成语对应的英语单词是"idioms"，英语中有很多成语，例如："ins and outs"（事情的底细；露出马脚）；"to lay heads together"（大家一起商议问题）；"the Trojan Horse"（特洛伊木马计）等。

汉语中也有大量的成语。汉语中的成语多出自古代经典或名著、历史故事或经过人们的口头流传下来，意思精辟，语言简练。汉语成语以四字格为主，如小题大做、孤掌难鸣、卧薪尝胆、道听途说、老马识途、雪中送炭等。当然，也有不是四字格的成语，如三个臭皮匠，赛过诸葛亮。

2. 谚语

所谓谚语指的是在群众中流传的固定语句，用简单通俗的话语反映出深刻的哲理，一般来说，谚语都会集中说明一定的社会生活经验和做人的道理。

谚语在英汉两种语言中都十分常见。例如：

① He who hesitates is lost.

机不可失，时不再来。

② East or West，home is best.

金窝银窝，不如自家草窝。

3. 俗语

俗语往往是通过某种比喻来说明某种道理，比较通俗易懂，经常出现在口语中。

英汉语言中均有一定量的俗语。英语中的俗语（colloquialisms），例如："to show one's cards"（摊牌）；"round-table conference"（圆桌会议）；"with the tail between the legs"（夹着尾巴逃跑）等。汉语中的俗语，如"杀鸡给猴看""脚踩两只船""偷鸡不着蚀把米"等。

4. 粗俗语

粗俗语就是人们日常生活中所说的粗话、脏话，常常与人们的禁忌、性、伦理道德和种族歧视等有关。粗俗语对应的英语表达为"four-letter words"或"foul language"，粗俗语虽然粗野、庸俗，但也是每一种语言必不可少的一个组成部分，是人们表达各种情感的常用手段。

粗俗语在英汉两种语言中都十分常见。

在英语中，常用的粗俗语有：damn、devil、hell、shit、bullshit、ass hole、piss、cunt、luck、fucking、fucker等。

在汉语中，粗俗语往往与人们认为不屑的事物相关。例如：流氓、狗、猪、笨猪、蠢猪等。

5. 俚语

俚语是一种区别于标准语，只在一个地区或者一定范围使用的话语。

英汉语言中都存在一定的方言俚语。例如：

① Shut your pie hole（嘴）！

② Do you have any caner sticks（香烟）？

在汉语中，也有很多俚语，如北京话中的"开瓢儿"（打破头），"撒丫子"（放开脚步跑）。

此外，汉语中的习语还包括歇后语。歇后语是汉语中所特有的，指的是由两个部分组成的一句话，前一部分像谜面，后一部分像谜底，通常只说前一部分，而本意在后一部分。它的结构比较特殊，一般分前后两截，在前半截用具体浅显的比喻来说明后半截一个较为抽象的道理。例如：

① 哑巴吃黄连——有苦说不出。

② 猪八戒照镜子——里外不是人。

（三）英汉习语特点比较

1. 民族性

习语与人和人生活的环境息息相关。不同的民族，其所处的地理环境、历史背景、社会生活、风俗习惯、心理状态、价值观念等方面都存在很大的差异，因此习语的表达形式也各不相同，具有鲜明的民族特色。

在英国近千年的历史中，从古代英语到现代英语发生了巨大的改变，同时通过吸收一些习语，极大地促进了英语词汇的发展。

中国有着十分悠久的历史，文化源远流长，语言中出现了大量的习语。有的习语来自历史文献、语言故事，如刻舟求剑（《吕氏春秋·察今》），老骥伏枥（曹操《步出夏门行》）；有的习语与我国的历史人物、历史事件有密切的关系，如与春秋战国时期秦赵相争有关的习语有"价值连城""完璧归赵""负荆请罪"等；与楚汉相争有关的习语有"取而代之""四面楚歌""项庄舞剑"等；与"毛遂"有关的习语有"毛遂自荐""脱颖而出"；与越王勾践有关的习语有"卧薪尝胆"等。这些习语都被打上了深深的民族烙印，如果脱离了民族历史，就会让人觉得不知所云。

此外，习语的民族性还体现在表达同一种意义时，英汉两种语言有不同的表达方式。例如，汉语中的"袖手旁观"，英语则是"look on with one's folded arms"；汉语中的"无立锥之地"，英语则是"no room to swing a cat in"；汉语中的"一箭双雕"，英语则是"a stone kills two birds"。在进行英汉习语互译时，要特别注意这一点。

2. 修辞性

一般而言，通过使用习语，有助于达到某种修辞效果。习语的修辞性主要包括以下两个方面。

（1）习语本身就是修辞手段的运用和体现。习语具有语言生动、形象、通俗、简练的特点。有时还可以借助声音的节奏和韵律（声音的和谐与圆润），使表达更加顺口流畅、生动，容易记忆。英语和汉语中有很多这样的例子。例如：

① step by step（重复）

② as timid as a hare（比喻）

③ 如鱼得水（比喻）

④ 人多力量大，柴多火焰高（对仗）

（2）习语极富表达力。习语是语言中不可缺少的因素。作家可以把习语当作修辞手段来运用，以增强语言的活力。习语是经过长时间的使用而提炼出来的短语或短句，是语言中的核心和精华。通过使用习语，可增加语言的美感。

习语的修辞性作用体现在可以使语言生动形象，极富感染力。试比较并品味下面的英语习语的汉译。

In the country of the blind, the one-eyed man is king.

翻译1：瞎子王国，独眼称王。

翻译2：山上无老虎，猴子称霸王。

3. 固定性

习语是语言中不规则的、独立的、比较固定的语言因素，其形式和意义相对固定，不能随便改动。否则，习语就失去了意义。

例如，英语中的"to be at liberty"不能改为"to be at freedom"，"Like

father，like son."不能改为"Like mother，like daughter."同样，汉语中的"破釜沉舟"不能改为"破船沉舟"，"南辕北辙"不可改为"东辕西辙"等。

（四）英汉习语来源比较

1. 来自文学作品

英汉两种语言中有很多习语来自文学作品中的历史典故或者名人之言。例如，英语中的"wash one's hands of something"（洗手不干；与断绝关系）。再如，"scotch the snake"（打伤一条蛇），将蛇打伤，但不把它打死。现用这条习语比喻"使一些危险的东西不能为害"。

汉语中的习语也有很多出自文学作品。例如，"鬼斧神工"来自《庄子》，"汗马之劳"来自《韩非子》，"鸿鹄之志"来自《吕氏春秋》，"高枕无忧"来自《战国策》等。

2. 来自历史事件

英汉语中均有一些习语由历史上的著名历史事件演变而来。

英语中来自历史事件的习语，有的是反映了过去的战争方式或状况，有的是描述历史上一些事件或猎人骑士的冒险经历。例如，"meet one's Waterloo"（遭遇某人的滑铁卢，惨遭失败），"Dunkirk evacuation"（敦刻尔克大撤退，溃退）等。

汉语中来自历史事件的习语大多与列国帝王将相之间的争权夺利有关，如"鸿门宴""卧薪尝胆""四面楚歌""杞人忧天""完璧归赵"等。

3. 来自行业用语

自从社会分工以来，人们所从事的职业千差万别，并逐渐把各个行业有关的用语应用于生活之中。英汉两种语言中有很多习语来自不同的行业，特别是发展最早的农业和工业（包括手工业），还有商业等。

由于英国是个岛国，农业耕作不是英国的主要生活方式，因此英语中与农业耕种相关的习语不多。例如，"As cool as a cucumber"（泰然自若），"As a man sows, so he shall reap."（种瓜得瓜，种豆得豆），"break ground"（开垦，破土动工）。而汉语中有大量的习语来自农业，这是因为中国自古就是一个农业大国，以农耕为主。这类习语有"根深蒂固""男耕女织""桃李满天下""不耕不种""前人栽树，后人乘凉"等。

此外，英语和汉语中有一部分习语还跟工业、餐饮业有关。例如：

① A little pot is easy hot.

壶小易热，量小易怒。

② Out of the frying-pan into the fire.

才出狼窝，又落虎口。

③ 班门弄斧

parade one's learning before a great scholar.

④ 得寸进尺

reach for a yard after getting an inch—give him an inch and he'll take a mile.

⑤ 姜还是老的辣

old hands are better than green horns.

⑥ 酒香不怕巷子深

good wine sells well even deep in an outlying lane.

4. 来自家庭生活

中西的家庭概念存在很大的差异。中国人有极强的宗族意识与家庭观念，老幼尊卑、忠孝悌信是公认的信条。因此，汉语中也出现了很多反映汉民族关于生老病死、婚嫁养育的思想观念的习语，如"三姑六婆""家书抵万金""门当户对""男大当婚，女大当嫁""清官难断家务事""父母在，不远游"等。

与汉语相比，英语中与家庭生活相关的习语数量比较少。例如：

① smell of the baby

乳臭未干

② Like father, like son.

有其父必有其子。

二、英汉习语的等值翻译

在翻译习语时，译者既要把原文的语言意义忠实地传达出来，又要把原文的文化内涵准确地表达出来，使读者能获得与原文相同的感受。因此，翻译习语时要求做到两个方面：一是求其易解；二是保存原作的风格。

（一）直译法

直译法是指在符合译文语言规范化的基础上，在不引起错误的联想或误解的前提下，保留习语的比喻、形象以及民族色彩的方法。英、汉两个民族在感情、在对客观事物的感受及社会经历等方面存在一定的相似之处，因此两种语言有少量相同或近似的习语，这些习语的字面意义和形象意义相同或近似，所传达出的文化信息也是基本一致的，这时可采用直译法进行互译。例如：

① All roads lead to Rome.

条条大路通罗马。

② An eye for an eye，a tooth for a tooth.

以眼还眼，以牙还牙。

（二）意译法

有些习语由于受文化因素的影响，在翻译时无法保留源语的字面意义和形象意义，如果直译影响理解，就得改用意译。这时，可将原文的形象更换成译入语读者所熟悉的形象，从而传达出原文的语用目的，译出其中隐含的意义。例如：

① born with a silver spoon

生长在富贵之家

② 赔了夫人又折兵

suffer a double loss instead of making a gain

（三）套译法

由于英汉语言、文化背景等都存在很大的差异，因此在习语翻译时，有时无法保留源语中的比喻形象，需要转换为译语中读者所熟悉的形象。这时采用的就是归化翻译法，也就是用目的语里的同义习语去套译源语中的习语，尽管套译中的形象不同，但其喻义相似，使译文能与原文做到意义上的对等。例如：

① Rome is not built in one day.

冰冻三尺，非一日之寒。

② Fools rush in where angels fear to tread.

初生牛犊不怕虎。

（四）直译意译结合法

有些习语翻译不便于采用上述方法，可以采用直译与意译结合的方法来进行处理，把原文中通过直译可以明确传达其意义的部分直译出来，而不便直译的部分则意译出来，这样既准确传达了原义，又符合译语的表达习惯，易于理解。例如：

① A little pot is soon hot.

壶小易热，量小易怒。

② 守株待兔

to wait for windfalls

第三节　英汉典故差异与翻译

一、英汉典故比较

（一）典故的概念

诗文中引用的古代故事和有历史出处的词语，即典故。

概括起来，凡在口头语和书面语中引用的古代故事、历史人物、历史事件和有历史出处的词语都属于典故的范畴。

一般而言，典故具有十分丰富的内容和浓厚的民族色彩，它是人们在对世界的认知过程中形成的一种语言形式，与特定的历史文化语境有着十分紧密的关系。不同文化背景下的人们，其思想观念、道德意识、价值取向、思维方式等都可以从典故中反映出来。

（二）英汉典故结构比较

英语中的典故结构一般比较灵活，字数可长可短，长的可以由几个单词或更多单词组成句子，如 "One boy is a boy, two boys half a boy; three boys no boy."（一和尚挑水喝，两个和尚抬水喝，三个和尚没水喝。）；短的只有一个单词，如 "Watergate"（水门事件），"Eds"（伊甸园）。此外，英语中的典故往往可以独立成句。

汉语中，典故的语言形式往往具有用词简练、结构紧凑的特点，以词组性短语为主，也有少量的对偶性短句。典故演变为成语时，四字结构较多，很少有字数较多或单独成句的情况。此外，汉语中有相当大一部分典故是名词性词组，它们在句子中可以充当一定的句子成分。

（三）英汉典故来源比较

1. 来自文学作品

英语中，有相当一部分典故出自一些著名作家的作品，如莎士比亚（Shakespeare）、狄更斯（Dickens）等。例如，"Romeo"（罗密欧）是莎士比亚戏剧《罗密欧与朱丽叶》中的男主人公，用来指英俊、多情、潇洒的对女人有一套的青年。"Cleopatra"（克里奥佩特拉）是莎士比亚戏剧《安东尼和克里奥佩特拉》中的人物，用来指绝代佳人。

汉语中也有很多典故是出自文学作品中的事件或人物，如"罄竹难书"出自《吕氏春秋·明理》，"锦囊妙计""三顾茅庐""过五关斩六将"等出自《三国演义》，"像刘姥姥进了大观园"出自《红楼梦》，"猪八戒倒打一耙"出自《西游记》等。

2. 来自历史故事

英汉两种语言中具有大量的基于历史事件的典故。

英语中，"one、hair stands on end"这一成语被很多人认为是汉语中的"怒发冲冠"的意思，这是不正确的。据说，该成语最初是用以描述一个犯人的表情。英国一个名叫普·罗伯特（Robert）的偷马贼被处以死刑。目击他上绞刑架的人说，犯人由于恐惧而毛发竖立。因此，"make one's hair stand on end"与汉语中的"令人毛骨悚然"意思相同。

汉语中，出自历史故事的典故也十分常见。例如，"刻舟求剑""八仙过海，各显神通"等。其中，有些典故表达了人们对历史的看法和评价，具有一定的社会认识价值，如"助纣为虐""殷鉴不远"等；有些典故本身就是对历史事件进行的概括，如"口蜜腹剑""负荆请罪"等。

3. 来自风俗习惯

风俗习惯是在社会生活中长期形成的风尚、礼节，它是社会文化的重要组成部分，是促使语言不断丰富和发展的源泉，也是典故产生的来源之一。

在英国文化中，人们习惯于用"打"来做计算单位，因此便有了"six of one and half a dozen of the other"，与汉语中"半斤八两"的意思相同。

汉语中，"各人自扫门前雪，休管他人瓦上霜"这一典故与中国人民的生活习惯有关。在冬天下雪的时候，各家各户为了行走方便，各自清扫自己庭院中或门前的积雪。现在用该典故指各自为政，只考虑自己的利益而不顾他人或集体利益的行为。

4. 来自地名、人名、动植物等名称

英语中，出自地名的典故有"carry the coal to New castle"（多此一举）；出自人名的有"Noah's Ark"（诺亚方舟）；出自动物的有"shed crocodile tears"（鳄鱼的眼泪）、"a black sheep"（害群之马）等；出自植物的有"the apple of the eye"（掌上明珠）、"paint the lily"（画蛇添足）等。

汉语中，出自地名的典故有"不到长城非好汉"等；出自人名的有"司马昭之心，路人皆知""说曹操，曹操到""东施效颦"等；出自动物的典故有"谈虎色变""万马齐喑""画龙点睛"等；出自植物的典故有"草木皆兵""鸟语花香"等。

（四）英汉典故的民族特色

英汉民族在历史演变、生态环境、风俗习惯等方面存在很大的差别，因此英汉两种语言具有十分鲜明的民族文化特色。典故是民族文化的一个缩影，其民族文化色彩突出地体现在典故喻体的采用和设喻形式上。

英汉两种语言中有些典故的喻义相同或相近，但所采用的是完全不同的喻体或设喻形式。

英语中的"paint the lily"与汉语中的"画蛇添足"。在西方人看来，百合花象征着"清白""贞洁"，洁净素雅，高贵美丽。如果再为百合花饰粉抹彩，就破坏了它原有的雅致，很显然是多此一举。而在中国文化中，蛇是没有脚的，画蛇添足反而使蛇不能称之为"蛇"。这两个典故虽然来源各异，但其寓意都是"多此一举"，可谓有异曲同工之妙，但同时二者又极富民族特色。

二、英汉典故的等值翻译

英汉典故的翻译应考虑文化这一重要因素，理解典故的历史文化背景和丰富的内涵，注意两种文化之间的差异，使用灵活的翻译方法，充分传达出源语典故中所包含的文化信息。

（一）直译法

对于典故的翻译，采用直译法可以保留原有的形象特征，有利于体现源语典故的民族特色。例如：

① Mr. Vargas Losa has asked the government "not to be the Trojan horse that allow the idealism into Peru".

凡格斯·珞萨王请求政府"不要充当把理想主义的思潮引入秘鲁的特洛伊木马"。

译文将"Trojan horse"直译为"特洛伊木马"，这是因为读者比较熟悉这一典故。该典故源自古希腊的一则传说：古希腊人攻打特洛伊城时，把精兵伏于木马内，诱使特洛伊人将木马放入城中，夜间伏兵跳出，里应外合，攻下此城。后来常用"特洛伊木马"比喻"内部颠覆者、内部颠覆集团、起内部破坏作用的因素"。

② They were only crying crocodile tears at the old man's funeral because nobody had really liked him.

在老头子的葬礼上，他们只不过挤了几滴鳄鱼的眼泪，因为在他生前，没人真正喜欢他。

③ 只因薛蟠天性是个"得陇望蜀"的人，如今得了金桂，又见金桂的丫头宝蟾有几分姿色，举止轻浮可爱，便时常要茶要水的，故意撩逗她。

Now Xue Pan was a living example of the saying "To covet the land of Shu after getting the region of Long". After marrying Jingui, he was struck by her maid Baochan's charms. As she seemed approachable as well as alluring, he often flirted with her when asking her to fetch tea or water.

"得陇望蜀"出自《后汉书·岑彭传》"人若不知足，既望陇，复望蜀"，意思是既取得了陇右，又想进攻西蜀。后来用"得陇望蜀"来表示人的贪得无厌。作者采用直译法，再加上原文"得陇望蜀"后面的那些话，前后呼应，浑然一体，生动形象，易于理解。

（二）意译法

由于英汉文化的差异，有些典故在翻译时无法保留源语的字面意义和形象意义，不便采用直译法，这时需要意译法。用意译法翻译，可以将典故的文化内涵传递出来。例如：

① Sometimes a person who presents himself as kind and gentle can in private tum out to be a dragon, who breathes fire.

有时，某人在公开场合显得和蔼可亲、温文尔雅，而在私下里却像个凶神恶煞的怪兽。

由于英汉民族对于"龙"（dragon）的理解不同，汉语中的"龙"是吉祥威猛的动物，而英语中的"dragon"，却指的是"喷火的怪兽"，是邪恶的象征。因此，在翻译时要采用意译法。

② It was another one of those Catch-22 situations，you're damned if you do and you're damned if you don't.

这真是又一个左右为难的尴尬局面，做也倒霉，不做也倒霉。

原文的典故来自小说《第22条军规》。该军规规定："飞行员如觉得自己精神不正常可以不执行飞行任务，但必须提出申请并经批准。"显然，这条规则是矛盾的，因此"Catch-22"喻指"无法摆脱的困境或两难的境地"。如果不知道该典故的来源，是不能理解其寓意的，因此需要意译。

（三）套译法

有些英汉典故在各自语言中可以找到与之对等的典故、成语或俗语，两者在意义、形象或风格上大致相同或相似，翻译时就可采取套译法，以使译文读者获得与源语典故相同的文化信息。例如：

① Among the blind the one-eyed man is king.

山中无老虎，猴子称霸王。

② Like father，like son.

有其父必有其子。

需要注意的是，典故的互相套用是有条件的，不能随意使用。在翻译时，即使是一组意思相近的汉语和英语成语，也要考虑二者的确切含义和感情色彩等的差异。

（四）加注法

在对典故进行翻译时，有时在译文中保留了原文的典故形象，但由于英汉之间的文化差异，读者难以理解典故的含义，这时可以采用加注法加以说明，以使读者更好地理解原文的意思。例如：

① I am as poor as Job，my lord，but not so patient.

我是像约伯一样的穷人，大人，可是没有他那样的好耐性。

② "那哪能知道？他们是一伙，都是看透《三国志》的人。要我说，那一耳刮子，也是周瑜打黄盖，一个愿打，一个愿挨的。"

"Hard to say. The two of them are hand in glove，and they've both read the

Romance of the *Three Kingdoms*. I should say that box on the ear was skillfully given by a Chou Yu and gladly taken by a Huang Kai. "

Note：*Romance of the Three kingdoms* is a fourteenth–century novel based on events which took place in the third century A. D. Chou Yu of the Kingdom of Wu had Huang Kai, another Wu general, cruelly beaten, and then sent him to the enemy camp in order to deceive the enemy.

思考题：

1. 英汉修辞的差异性在哪儿？

2. 说一说英汉习语的差异关键点，并举例说明。

3. 英汉典故的结构是什么？翻译时需要注意哪些方面？

第四章

英汉数字、色彩文化对比与翻译

第一节　英汉数字文化对比与翻译

一、英汉数字文化对比

（一）英汉数字习语结构对比

数字习语包括数字语素（N）与其他语素（M）两部分，下面以数字个数和位置为依据，分别介绍英汉数字习语的结构类型。

1.英语数字习语的结构类型

结合英语数字习语本身的结构特点，其结构可分为以下几种情况。

（1）包含两个数字的习语。中间以连词连接，但也有大于两个数字的，其模式可大致归纳为E=Nl+and/or+N2。例如，six and half a dozen（半斤八两），four and one（星期五）等。

（2）和第一种情况类似。同样含有两个数字，但中间由介词来连接，其模式可大致归纳为E=N1+P+N2。例如，one in thousand（万里挑一），ten to one（十有八九）等。

（3）动词和数字组合成的习语。其模式为E=V+N。例如，strike twelve（获得最大成功），go fifty（平分）等。

（4）修饰词或限定词构成的数字习语。其模式可大致归纳为E=M/D+N，这类习语一般只含有一个数字。例如，a fast one（诡计），a deep six（海葬）等。

（5）介词之后接数字的情况。其模式可大致归纳为E=P+N1+N2。例如，by twos and threes（三三两两地），In the nines（完美地）等。

2.汉语数字习语的结构类型

通常，汉语数字习语多含0到9以及十、百、千、万这几个数字。根据数字出现的频率，可分为以下五种类型。

（1）含一个数字的数字习语有三种模式，这类数字习语数量最多。

第一种，C1（1）=N1+M1+M2+M3+M4+…，如八面来风、一言以蔽之等。

第二种，C1（2）=M1+M2+N1+M3，如目空一切、莫衷一是等。

第三种，C1（3）=M1+M2+M3+N1，如忠贞不二、表里如一等。

（2）含两个数字的数字习语有三种模式。

第一种，C2（1）=N1+M1+N2+M2，这种数字习语很常见，其中N1和N2可以相同，如百依百顺等；也可以不同，如四面八方等。

第二种，C2（2）=M1+N1+M2+N2，这种数字习语经常能够见到，如横七竖八、朝三暮四等。

第三种，C2（3）=M1+M2+N1+N2，这种模式的数字习语有气象万千、略知一二等。

（3）含三个数字的数字习语模式。

C3=N1+N1+M1+N2，如九九归一等。

（4）含四个数字的数字习语有两种模式。

第一种，C4（1）=N1+N1+N2+N2，如千千万万、三三两两等。

第二种，C4（2）=N1+N2+N1+N3，如一五一十等。

（5）含五个数字的数字习语模式。

C5=M1+M2+N1+N2+N3+N4+N5或者N1+N2+N3+N4+N5+M1。例如，不管三七二十一、九九八十一难这种类型的数字习语比较罕见。

（二）英汉数字文化内涵对比

1.英汉基本数字的文化内涵比较

（1）英语数字"one"与汉语数字"一"。在英语中，与one有关的习语有很多。例如：

① a quick one

匆匆饮下的酒

② for one

举例来说

③ one and all

大家，所有的人

④ one for the road

最后一杯

在汉语中，数字"一"是所有数字的第一个，人们将"一"视为万数之首。从古至今，中华民族经历了数次分分合合，从一次次的分裂走向一次次的联合，每一次的联合不仅意味着一种力量的重聚，更意味着人们逐渐增强的团结心和意志力。

在现代社会中，"一"的思想在人们的生活中具有重要体现，汉语中由"一"构成的习语数量很多。例如，一了百了、一往无前、一心一意、一叶知秋、一本万利、一如既往等成语。又如，一失足成千古恨、一唱雄鸡天下白等。

（2）英语数字"two"与汉语数字"二"。在英语文化中，每年第二个月的第二天对冥王（Pluto）而言十分重要，因而two很多时候并不是一个吉祥的数字。总体来说，英语中的two具有褒义和贬义两重色彩。例如：

① two can play at the game

这一套你会我也会

② two of a trade never agree

同行是冤家

③ two's company，three's none

两人成伴，三人不欢

④ it takes two Io tango

有关双方都有责任

⑤ two wrongs don't make a right

不能用别人的错误来掩盖自己的错误

在汉语中，数字"二"为偶数之首，中国人自古就喜欢偶数，人们认为偶数是一种圆满的象征。偶数虽然受到中国人的喜爱，但是数字"二"在汉语中的使用却不多见，数字"二"多以其他形式出现，如"两""双"等。例如，成双成对、两面三刀、两全其美、两情相悦、两小无猜、两袖清风等。

（3）英语数字"three"与汉语数字"三"。在英语数字文化中，

"three"占有重要地位，西方人将"three"当作"完整"的象征，"three"在英语中可以表达"起始、中间和结果"之意。西方人对"three"的看法与汉语中"三生万物"的观点具有一定的相似性。西方人认为，世界由三种物质构成，即大地、海洋和天空（earth，sea and air），人体具有三重性，即肉体、心灵和精神。英语中关于three的习语有很多。例如：

① three-ring circus

热闹非凡

② three in one

三位一体

③ the three R

读、写、算基本三要素

④ a three-cornered fight

三角竞争（有三个角逐者参加）

⑤ three times three

连续三次三欢呼

与英语中three的重要地位一样，汉语中的数字"三"在中国文化中也具有悠久的历史，备受推崇。在中国传统文化中，"三"一直是极具代表性的数字，老子认为"三生万物"。在中华文化中，"三分法"原则在很多方面都有体现。例如，古代三纲五常中的"三纲"指"君臣、父子、夫妇"。汉语中有关"三"的习语数量也很多，涉及很多领域，且含义褒贬不一。例如，三令五申、三思而行、举一反三、三顾茅庐、三户亡秦、狡兔三窟等。此外，还有很多和"三"相关的习语。例如：

① 三年橡材六年柱，九年变成栋梁树。

② 一二不过三。

③ 冰冻三尺非一日之寒。

④ 无事不登三宝殿。

（4）英语数字"four"与汉语数字"四"。英语中的"four"在历史上具有很多含义，但最基本的含义为物质世界的要素表达。例如：

the four corners of the earth

天涯海角

在汉语中，"四"的拼音为"si"，"死"的拼音也为"si"，因此中国人认为数字"四"代表着不吉祥，对与数字"四"相关的事物总是避之不及，这表现在生活的各个方面，在买车、住房甚至选择手机号码时都会尽量选择与"四"无关的数字。

汉语在自然界及方位的表达中都经常使用，在汉语中，"四"还是一个平稳的数，如四条腿的桌子、椅子具有很高的平稳性，即"四平八稳"。然而，在俗语中数字"四"与"三"一起时通常表示贬义。例如，"说三道四，七个铜钱放两处——不三不四"等。

（5）英语数字"five"与汉语数字"五"。西方人认为five是不吉祥的，因此英语中five的构词远不及其他数字那么多。但有一点需要注意，与five有关的星期五Friday在英语中却有很多用法和意义。例如：

① Friday face

神色不佳之人

② Pal Friday

极受信赖的女秘书

③ Girl Friday

得力助手（尤指女秘书）

汉语数字"五"在中国的文化传统中占有重要地位，具有深远影响。中国古代，以"金、木、水、火、土"为自然界的五大元素，称为"五行"。"五行"相克相存，即五行之中金克木、木克土、土克水、水克火、火克金，金生水、水生木、木生火、火生土、土生金。数字"五"在"一"至"九"中居正中间，"五"为奇数和阳数，五行相克体现了汉民族的价值观，这是辩证思维的体现。五行学说对我国的哲学具有一定的影响。汉语中与"五"相关的说法有很多。例如：

五德：温、良、恭、俭、让。

五谷：黍、稷、麦、菽、稻。

五味：酸、甜、苦、辣、咸。

五色：青、赤、白、黑、黄。

五音：宫、商、角、徵、羽。

五度：分、寸、尺、丈、引。

除此之外，数字"五"常与其他数字并用，如三五成群、五湖四海、三皇五帝、五花八门等。数字"五"的意义一般为褒义，但也有人因为数字"五"与"无、乌"的发音相似开始讨厌数字"五"。

其实，对数字"五"的厌恶在古代早已有之。古汉语中的一句谚语就是很好的佐证："善正月，恶五月。"自周代以来，民间一直就有"五月五日生子不举"的说法，因此"五月五日"也就成了禁忌日期。随着时代的进步，人们对数字"五"的禁忌也在逐渐减少。

（6）英语数字"six"与汉语数字"六"。在英语数字文化中，对数字six往往避之不及，认为任何与six有关的数字都有不祥的寓意。six在英语文化中具有贬义的内涵，这一点从以下习语中也能体现：

① six penny

不值钱的

② six of Best

一顿毒打

③ six and two three

不相上下

④ hit for six

彻底打败，完全击败

⑤ at sixes and sevens

乱七八糟，糊涂的，迷茫的

与英语中的six不同，汉语中数字"六"则具有很多积极、和谐的寓意，有很多关于"六"的习语，例如，六六大顺、六六双全、六合之内、六合同风等。俗语中有"眼观六路，耳听八方"，其中"六路"即六合，指前、后、左、右、上、下，或指天地四方。《周礼》中有"六仪"，指古代的六种礼节：

再看下面的说法：

六亲：父、母、妻、子、兄、弟。

六行：孝、友、睦、姻、任、恤。

六畜：牛、羊、马、鸡、狗、猪。

人们在日常生活中对"六"也很喜爱。在农村，人们喜欢在农历的初六、十六、二十六等日子举行婚礼。中国人对数字"六"的喜欢在很多方面都有体现，如人们在选择自己的手机号码和车牌号时，对尾号或其中带有数字"六"特别青睐。人们希望用这些号码为自己讨一个好运，希望自己能够一切顺利。

（7）英语数字"seven"与汉语数字"七"。在西方文化中，"seven"的文化内涵很丰富，人们讲究七种美德，并认为人生有七个时期，规定了七宗罪。同时，英语中的seven与heaven，无论拼写还是读音都很接近，因此备受英美人士的喜爱。例如：

① in one's seventh heaven.

在无限幸福和快乐中。

② the seventh son of a seventh son.

第七个孩子生的第七个孩子（天赋异禀的后代；极为显要的后代）。

除此之外，英国许多人认为人的身心状况每七年会有一次重大变化，孩子七岁时思想性格也会发生很大的改变，同时有"七岁看老"之说。

在汉语文化中，数字"七"通常被视为神秘的数字，其文化内涵也十分丰富。"七"常和时间、祸福等大事有关。例如，《黄帝内经》中记载："七月乳牙生，七岁恒牙长，十四（七的二倍）初潮来，四十九（七的平方）丧失生育能力。""七"还被视为女子生命周期各个阶段的标志。

在汉语文化中，"七"还经常与"八"连用。例如，七零八落、七拼八凑、乱七八糟、七手八脚，这些说法多含贬义，比喻杂乱、无序。

（8）英语数字eight与汉语数字"八"。西方人对数字"八"有一种流行的解释，认为eight像两个戒指上下靠在一起，竖立代表幸福，横倒是无穷大的符号，两者意义融合为"幸福绵绵无穷尽"之意。

在弹子迷中两eight是个不吉利的数字。此游戏中的8号黑球通常是一个危险的球，如英语中behind the eight ball表示处于困境或不利地位。

在汉语文化中，"八"是一个非常受欢迎的数字，因为它与"发（财）"谐音，而后者代表着财富、美好和富足。不论门牌号、房间号、手机号还是日期等，只要其中含有"八"都会被人们看作是大吉大利的。例如，"518"因与"我要发"谐音而成了众多商家竞相争夺的电话号码、车牌号码、手机号码等，日期中凡是月份数或具体日数中含有"八"的，无一例外被大家看作绝佳的良辰吉日，此外，"八"字还常用于给事物命名。例如，食品名称有"八宝粥""八珍"，方位名词有"八方"。

（9）英语数字nine与汉语数字"九"。在西方文化中，"nine"是一个神秘的数字，"3"代表三位一体，3个"3"则可构成一个完美的复数，因而"nine"的文化内涵也很丰富，在传统的西方文化中，"nine"通常表示愉快、完美、长久、众多等。例如：

① be dressed up to the nines

打扮得很华丽

② on cloud nine

得意扬扬，心情非常舒畅

③ crack up（flatter/honor/praise）to the nine

十全十美

④ a stitch in time saves nine

一针及时顶九针；小调不补，大调吃苦

⑤ A cat has nine lives.

猫有九条命。

在汉语文化中，数字"九"通常被视为"天数"。"九"和"久"谐音，因此古代帝王常借用"九"来预示统治的万世不变、地久天长。最典型的要数故宫的建筑，共有九千九百九十九间，三个大殿内设有九龙宝座，宫门有九重，宫殿和大小城门上金黄色的门钉都是横九排、竖九排，共计九九八十一个。故宫内宫殿的台阶也都是九级或九的倍数。天坛是皇帝祭天的场所，其圆丘、栏杆及圆丘上的石块数目都是九或九的倍数，在民俗文化中，"九"也被视为吉利的数字。例如，农历九月九日，两九相重，都是阳数，因此称为"重阳"。

此外，中国传统文化中常将最高、最古、最多、最远、最深、最大的事物以"九"冠名，如一言九鼎、九霄云外、数九寒天、九五之尊、九死一生、三教九流、九州四海等。

（10）英语数字"ten"与汉语数字"十"。在西方文化中，"ten"更多倾向褒义色彩，是头四个自然数之和（1+2+3+4=10），代表全体和完美。它是前九个数字朝一的回复，预示着万物起源于它，也将同归于它。英语中也有一些和ten相关的词汇。例如：

① ten to one

十之八九

② the upper ten

社会精英

③ feel ten feel high

趾高气扬

在中国文化中，"十"是个吉祥的数字，备受人们的喜爱。早在东汉时期，经学家、文字学家许慎在《说文解字》中就将"十"的笔画进行了分解，"横为东西，竖为南北，则四方中央备矣"。"十"也常被视为完美的象征，有很多和"十"相关的词语。例如，十全十美、十分、十足、十拿九稳等。

（11）英语数字"thirteen"与汉语数字"十三"。在英语文化中，"thirteen"是个令人恐惧不安、具有文化禁忌的数字，通常象征"倒霉，不吉利"。这种文化内涵有很深的历史渊源，在西方的中古时代，绞台有13个台阶，绞环有13个绳圈，刽子手的薪金是13个钱币。直到如今，高层建筑仍隐去第13层编号，剧场、飞机航班、火车等都无第13排座，公共汽车没有13路，甚至一些书籍都没有第13章。可见，西方人对"thirteen"的禁忌心理很严重，因此产生了很多和"thirteen"相关的表述。例如：

unlucky thirteen

不吉利的13

从整体上来说，汉语中的数字"十三"不像英语中的"thirteen"那样具有凶义，有时甚至还具有积极的文化内涵。例如：明朝皇帝的陵墓有十三座，被称为"十三陵"；清代京腔有"十三绝"；北方戏曲的押韵都定为"十三辙"；儒家的经典为《十三经》；清末小说家文康的《儿女英雄传》中有侠女"十三妹"；北京同仁堂药店有十三种最有名的中成药，号称"十三太保"；

中国古建筑塔多为十三层；行政十三级及其以上者为"高干"；等等。

2.英汉基数词与序数词的文化内涵比较

英汉两种语言中存在着很多有关基数词和序数词的习语表达，它们在数量和文化内涵层面存在着诸多差异。

（1）英语基数词和序数词构成的习语数量很多。其中序数词构成的习语占总量的42%，英语1～20之间的数字中只有"thirteen、fourteen、sixteen、seventeen"四个数字没有基数词的习语，其他主要集中在前面的七个数字之中，即"one、two、three、four、five、six、seven"。例如：

① one and only

唯一

② be at one

意见一致

③ on all fours

匍匐着

英语中的序数词构成的习语集中在first、second sthird、fifth这四个数字上例如：

④ take the Fifth

拒绝回答

⑤ second birth

精神上重生

（2）汉语中的数字习语主要由基数词构成。序数词组成的习语很少。例如，一蹶不振、一知半解、一言一行、一时半刻、一鳞半爪等。

二、英汉数字文化互译

（一）保留数字直译法

运用保留数字的直译策略翻译英汉数字习语，不但有利于保留数字的文化意象，而且能在很大程度上弥补汉语数字习语典故在英语中语义空缺的情况，使译文更加通俗易懂。例如：

① 七嘴八舌

with seven mouths and eight tongues

② 十年树木，百年树人。

It takes ten years to grow trees，but a hundred years to rear people.

（二）保留数字套用法

保留数字套用法是利用人类思维认知的共通性，将汉语中一小部分习语套用英语中和其相同的部分。这种翻译方法有两种情况。

（1）数字的大小可能会发生改变。例如：

① 半斤八两

six of one and half of a dozen

② 一个巴掌拍不响。

It takes two to make a quarrel.

（2）套用还可以完全摒弃数字的文化意象，采用译入语中固有的表达来译。例如：

① 五十步笑百步。

The pot calling the kettle black.

② 不管三七二十一。

Throwing cautions to the wind.

结合以上两种情况，对习语中数字是保留还是替换，译者应根据具体的情境和译入语语境来选择。

（三）通俗共用翻译法

通俗共用的翻译策略主要是针对英汉数字习语中内容和形式相近的同义数字而言的。这种翻译方法不仅能尽可能地传达原作内容、形式与色彩上的风格，还可以迎合译语在这些方面的要求，进而达到通俗共用的效果。例如：

① in twos and threes

三三两两

② kill two birds with one stone

一举两得

（四）舍弃数字意译法

舍弃数字意译法是指保留数字习语所表达的意义，可适当摆脱形式的限制。这种翻译方法在很多情况下都适用，但可能会丢弃原文形象的表达。例如：

① 过五关斩六将

to experience many hardships

② 你在工商界威望很高，关系又多，真是四通八达。

Your standing is very high in the world of business and you have plenty of contacts. Really，you are very well connected.

本例中"四通八达"的本义是指通畅无阻、交通便利，四面八方都通达。但此处是夸张的说法，旨在表达一个人的人脉好，关系网密。运用舍弃数字意译法能够很好地传情达意，也利于英语读者把握原文真正的意思。

第二节 英汉色彩文化对比与翻译

一、英汉色彩文化对比

（一）英语"white"与汉语"白"

1. 英语中的"white"

在西方文化中，"white"的文化内涵非常丰富，主要表现在以下几个方面。

（1）象征纯洁、清白、光明等。以英语为母语的国家在婚礼上会穿白色的婚纱，以示新娘的纯洁无瑕。此外，white还象征爱情的忠贞不渝，"to white rose of innocence/virginity。"

（2）象征幸运、善意。例如：

① days marked with a white stone

幸福的日子

② a white lie

善意的谎言

（3）表示正直、合法。英语中的"white"可引申出"正直"等含义。例如：

① stand in a white sheet

忏悔

② white hope

被寄予厚望的人或事

③ white-handed

正直的

（4）英语中的white也不总是用来象征美好的事物。有时人们也会用它来表示负面的影响或消极的情绪。例如，在战争中，失败一方会打出白旗（whit flag）以示投降；在斗鸡中，认输的一方会竖起颈上插着一根长长的有点白色的羽毛，于是就有"show the white feather"的表达。又如：

white night

不眠之夜

2. 汉语中的"白"

在中国文化中，白色有着丰富的文化内涵，主要表现如下。

（1）代表纯洁、素洁、纯净。例如，《增韵》中记载："白，素也，洁也。"白色还代表没有任何额外的东西，如白条、白汤、白水。

（2）平民。在中国古代，平民经常穿的就是没有任何修饰的白布衣服。"白衣"代表没有文化和身份的平民。

（3）白色是丧事的标志。在中国民俗里，办丧事要穿白色孝服，白色代表着肃杀、死亡，是丧事的标志。

（4）在现代社会中，白色是对女性美和婴幼儿健康标准的评判。人们普遍认为美丽的女性应该看起来白，因此在中国有"一白遮百丑"的说法。人们对婴幼儿的一个褒义评判标准也是"又白又胖"。

（5）表示奸邪、阴险。例如，忘恩负义的人被称为"白眼狼"，京剧中演奸臣的角色被称为"唱白脸"。

（二）英语"yellow"与汉语"黄"

1.英语中的"yellow"

在西方文化中，"yellow"作为普遍存在的颜色，其内涵存在褒、贬两个层面，其中贬义色彩更浓厚一些。

（1）英语中"yellow"的贬义含义主要体现在以下几个方面。

第一，表示胆怯、懦弱。在英语中，黄色能带给人们喜悦、兴高采烈的心情，但有时也能使人情绪不稳定，常与懦弱、卑怯有关。例如：

① yellow dog

懦夫，胆小鬼

② yellow livered

胆小的

第二，表示警告、危险。例如：

① yellow line

黄色警戒线

② yellow flag

黄色检疫旗

③ yellow warning

黄色警告

第三，表示疾病或指秋天的落叶萧条、死亡或枯黄。例如：

① yellow blight

枯黄病

② yellow leaf

枯叶

③ yellow fever

黄热病

第四，表示以庸俗的文字、耸人听闻的报道吸引读者的报纸或新闻。例如：

yellow journalism

黄色新闻

第五，表示不值钱的、廉价的、无用的。例如：

yellow covered

（法国出版的）黄色纸张印刷或黄色封皮的廉价小说

第六，表示非法合约名称或机构名称。例如：

① yellow dog contract

美国劳资间签订的劳方不加入工会的合约

② Yellow Union

黄色工会，常待命出动破坏罢工

（2）"yellow"在西方文化中的褒义内涵主要体现在两个方面。

第一，象征财富。例如：

yellow boy

金币

第二，表示荣誉或竞技。例如：

① yellow jersey

环法自行车赛冠军所得奖品

② yellow ribbon

士兵团结一致的战斗精神

2. 汉语中的"黄"

在中国文化中，黄色是一种既特殊又矛盾的有代表性的颜色，可以说，黄色自古以来就与中国传统文化有着不解之缘。从古代到现代，人们也赋予了黄色一些极其不同的文化联想意义。具体来说，黄色的文化内涵主要有以下几个方面。

（1）象征皇权、尊贵。在中国，黄色常常象征着地位的高贵。特别是在中国古代社会中，黄色是皇权的象征，是权力的标志。又如，"黄袍"是天子穿的衣服，"黄榜"是指皇帝发出的公告。再如，在古代建筑中，只有皇宫、皇陵才可以使用黄色琉璃，由此可见，黄色是尊贵的象征。

（2）象征富足。中华民族发源于黄河流域，又由于金子与成熟的谷物呈黄色，因此黄色仍是富足的象征。古时大户人家常使用各种黄金器皿，佩戴各种黄金首饰，以此显示其富有或显赫的地位。

（3）象征稚嫩。由于婴儿的头发是细细的黄毛，所以黄色可以用来指幼儿，如"黄童白叟"。另外，黄色也常用来讥诮未经世事、稚嫩无知的年轻人，如"黄口小儿""黄毛丫头"等。

（4）象征淫秽、下流、堕落。受"yellow back"（轰动一时的廉价小说）一词的影响，黄色在现代汉语文化中具有淫乱的象征意义，如"黄色小说""黄色图片""黄色书刊""黄色音乐""黄色电影""黄段子"等。

（三）英语"red"与汉语"红"

1. 英语中的"red"

在西方文化中，"red"的负面含义更加明显，主要表现在以下几个方面。

（1）表示负债、亏损。在西方，若账单、损益表中的净收入是负数时，人们会用红笔标示出来以突出显示。因此，"red"可以表示负债、亏损。例如：

① red figure

赤字（经济用语）

② in the red

亏本

③ red balance

赤字差额

（2）表示暴力、流血。红色如血，因此西方人常将"red"与流血、暴力、危险、激进联系在一起。例如：

① a red battle

血战

② red hot political campaign

激烈的政治运动

（3）表示放荡、淫秽。由于红色鲜艳，极其夺目，因此在西方文化中有诱惑、邪恶之美等隐喻含义。例如：

① paint the town red

花天酒地地玩乐

②a red waste of his youth

因放荡而浪费的青春

（4）表示愤怒、羞愧。人生气或害羞的时候会脸红，因此"red"也常指愤怒、羞愧的感情。例如：

①see red

大发脾气

②become red faced

难为情或困窘

除此以外，"red"在西方文化中有时也作为褒义词，表示尊贵、荣誉、尊敬。例如，在电影节开幕式或欢迎他国首脑的仪式上，主办方常铺红毯（red earpet）以迎接来宾。

2. 汉语中的"红"

红色是中国人最为喜爱的喜庆色，是一种被人们崇尚的颜色，通常具有积极的文化内涵。

（1）红色在中国人眼中象征着热烈、欢快、喜庆、吉祥、吉兆、财运等。在中国古代，王公贵族所居住的豪宅大院的大门多漆为红色，用以象征富贵。如今，中国人在结婚、过节、欢庆时都用红色作为装饰色调，例如，过节要贴红对联、挂红匾、剪红彩；生孩子要送红蛋；结婚要贴红喜字，用红被面、红枕头；等等。人们在本命年时，无论大人还是小孩，都要系上红腰带，认为这样可以避凶消灾。

此外，表示兴旺和发达的词有"开门红""红光满面""红日高照""满堂红""红利""红包""分红"等；表示成功和圆满的词有"走红""演红了""红得发紫""红极一时"等。

（2）红色在中国文化中有忠诚的含义。尤其是在戏剧中，红色具有正义、忠良的色彩。例如，关羽在戏剧中是红脸人物，被视为忠心耿耿的英雄。此外，中国人还常用"一片丹心""赤子""赤胆""红心"等来称赞英雄，激励自己。

（3）红色在现代汉语中还象征着青春、健康和积极向上，如"红光满面""红润"等。

总之，中国人十分喜爱红色，在西方人眼里，红色是中国独具特色的文化象征之一。当然，红色在汉语文化中也有贬义的色彩。红色可以表达某种消极情绪，如"面红耳赤""脸色通红""眼红"等。

（四）英语"black"与汉语"黑"

1. 英语中的"black"

在西方文化中，"black"常被当作"死亡之色"，可见其贬义色彩更浓厚一些。英语中black的文化内涵主要体现在以下几个方面。

（1）象征悲痛、死亡和苦难。欧美国家人们认为，黑色能使气氛显得庄严肃穆，令人肃然起敬，是丧礼时的专用色彩。例如，黑色面纱、黑色围巾用于表达对死者的哀悼。

（2）常用于描述态度不好、心情坏、脸色差或状况不明。例如：

① black browned

愁眉苦脸的

② be in a black mood

生气，发脾气

③ be/go black in the face

非常生气

（3）表示耻辱、不光彩、邪恶、犯罪。例如：

① Black Man

邪恶的恶魔

② a black eye

丢脸、坏名声

③ black deeds

卑劣的行为

④ black magic

邪恶的魔力

（4）象征着隆重、严谨和谦虚。"black"色调暗、朴素而沉稳，是西方传统服装的主色。例如：

① black suit

黑色西装

② black dress

黑色礼服

（5）表示盈利。这里的用法正好与"red"相对，西方人习惯以记账通用的黑色字体来标示盈利的数字，因此就有了"in the black"（盈利，有结余）的说法。

（6）表示没有希望。例如：

① black news

坏消息

② The future looked black

前景黯淡

此外，"black"还有许多引申义。例如：

① black tea

红茶

② black mouth

诽谤者

③ black humor

黑色幽默

2. 汉语中的"黑"

"黑"是诸多基本颜色中最常见的一个，也是颜色词汇中含义较多的一个，在中国的传统文化中，黑色的文化内涵十分复杂，也是褒贬共存的。一方面，黑色普遍被认为是黑暗，是光明的对立象征，因此其本身并不被人喜欢；另一方面，黑色中性特质所表现出的庄重内涵又为人所崇尚，具体来说，汉语中的黑色主要有以下文化内涵。

（1）象征尊贵、庄重，在春秋时期，官员上朝时所穿的朝服颜色就是黑色的。古书《毛诗故训传》就有这样的解释："缁，黑色，卿士听朝之正服也。"这是指古代用黑色帛做的朝服，以显其尊贵、庄严的气势——可见，黑色作为古朝服的颜色，在古代的地位并不低。即使在今天，黑色仍具有"庄重、显贵、正式"的含义。例如，一般的公务车是以黑色为主导色彩，因为人们认为黑色显得沉稳、厚重，能给别人留下身份显赫的印象。

（2）象征刚直不阿、公正无私。在戏剧舞台上，一般用黑色或以黑色为主的色调来表示刚直不阿、严正无私和憨厚忠诚的人物特点。如包拯、李逵、尉迟恭、张飞等人的脸谱色彩都是黑色。

（3）黑色常使人联想起黑夜。因此就有了负面方向的基本联想，当人们想起黑夜时，会感到恐怖和无助；当人们看到一些黑色的动物时，如乌鸦，也会产生厌恶之感。

（4）黑色象征着反动、邪恶等。在现代汉语中，有很多用黑色来表示的词语都说明了"黑"不受欢迎的一面。例如，"黑幕""黑户""黑店""黑心""黑货""黑金""黑账""黑车""抹黑""背黑锅""黑爪牙""黑名单"等。

（五）英语"blue"与汉语"蓝"

1. 英语中的"blue"

在英语中，"blue"的文化内涵主要表现在以下几个方面。

（1）blue象征着荣誉和对美好事业的追求，被视为当选者或领导者的标志。例如：

① blue book蓝皮书（用于刊载知名人士）

② blue ribbon蓝带（象征荣誉）

（2）blue象征博大、力量、永恒。常让人联想到天空和大海等博大的事物。例如，常将苍天和大海称为"the blue"。

（3）"blue"用于表示反面的含义，如悲哀、空虚、阴冷、抑郁等。例如：

① in the blue mood/having the blues

情绪低沉，烦闷，沮丧

② blue about the gills

脸色阴郁，垂头丧气

③ blues

曲调忧伤而缓慢的布鲁斯

此外，还有一些带有blue的英语短语。例如：

① blue chip

热门股票，蓝筹股

② a blue collar worker

体力劳动者

③ a bolt from the blue

晴天霹雳

④ till all is blue

彻底地

⑤ into the blue

无影无踪，遥远地

2. 汉语中的"蓝"

在自然界的色彩中，蓝色给人以轻快明亮的感觉，这是因为大海、天空均为蓝色。但是，以蓝色为核心的词语构成在汉语中是十分贫乏的，无论在古代汉语中还是现代汉语中，"蓝"字通常都是就事论事地使用，没有其他的引申义。例如，《荀子·劝学》中的"青，取之于蓝，而青于蓝"，白居易《忆江南》中的"日出江花红胜火，春来江水绿如蓝"等。

如果说象征意义，在现代，蓝色的一个比较常见的代表意义是"依据"，如"蓝本"原本是指书籍正式复印之前为校稿审订而印制的蓝色字体的初印本，后来专指撰著、改编等所依据的底本、原稿。又如，"蓝图"一词源自英语单词"blueprint"，原指设计图纸，因其为蓝色而得名，现在也用以喻指建设所依据的设计、规划及人们对未来的宏大设想等。

此外，在中国文化中，蓝色还用来代表稳定、沉着、勇敢和素净。例如，在传统戏剧中，蓝色的脸谱代表着坚毅、勇敢。

（六）英语"purple"与汉语"紫"

1. 英语中的"purple"

在英语文化中，"purple"被视为高贵的颜色，其文化内涵主要表现在以下几个方面。

（1）表示高雅、显贵、优雅、权力与荣耀。古代的帝王和有权势的高官等都着紫袍，"purple"还可以代指那些具有高官头衔的人，甚至是皇族或贵族。例如：

① be born in the purple

出生于王室贵族的或身居显位

② marry into the purple

嫁到显贵人家

③ purple passion

暗中被爱着的人

（2）表示华丽、智慧。例如：

① purple prose

风格华丽的散文

② purple passages/patches

文学作品中辞藻华丽的段落；浮词丽句的段落

此外，"purple"还可以用于描述情绪，如"be purple with rage"（气得满脸发紫）。

2. 汉语中的"紫"

在中国文化中，紫色虽然不是基本色，由红色和蓝色合成，但具有丰富的文化内涵。

在我国古代，紫色是高贵、祥瑞的象征和标志，因此古代帝王将相经常使用，古代皇宫即为"紫禁城"。将"紫气"作为祥瑞之气，直到如今，紫色仍有祥瑞之意的文化内涵。

（七）英语"green"与汉语"绿"

1. 英语中的"green"

（1）在英语文化中，绿色是植物王国的颜色。因此也代表着青春、生命、希望，是春天的象征。例如：

① a green age

老当益壮

② in the green

血气方刚

③ in the green tree/wood在青春旺盛的时代，处于佳境

（2）表示新鲜。例如：

① green meat

鲜肉

② a green wound

新伤口

（3）表示幼稚、新手、没有经验、不成熟、缺乏训练等。例如：

① to be green as grass

幼稚，无经验

② Do you see any green in my eye?

你以为我是幼稚可欺的吗?

③ You are expecting too much of him. He's still green, you know.

你对他要求太高，你知道他还没经验!

（4）表示妒忌。例如：

① green with envy

眼红

② green eyed

害了红眼病，妒忌

在汉语中，表示这一意义用的是"红"字。

（5）表示钞票、金钱。由于美国的钞票以绿色为主色调，因而绿色具有钞票的象征意义。人们称"美钞"为"green back"，并由此延伸出"green power"（金钱的力量，财团）这一说法。

如今，随着环保概念的深入，东西方现在都认同"绿色"为环境保护的代名词。例如：

① green and luxuriant

绿葱葱

② make green by planting

绿化

③ green food

绿色食品

④ greenish

同情环保事业的，呈绿色的

⑤ Green Peace Organization

绿色和平组织

2. 汉语中的"绿"

自古以来，绿色是植物的生命之色，通常象征着生机。同时，绿色在光谱中处于中间位置，是一种平衡色。在中国，绿色代表生命、希望、安全、太平和和平。

（1）在现代汉语中，绿色一般指没有污染，如绿色能源、绿色旅游、绿色食品、绿色科技、绿色工厂等。"绿"作为颜色及绿化之意，和英文基本上是对等的。

（2）绿色象征和平最典型的例子就是世界和平组织有绿色橄榄枝拥着白鸽的图案，是和平的象征。

二、英汉色彩文化互译

（一）直接翻译法

对于英汉两种语言中具有相同联想意义的色彩词，在翻译时通常可以保留原有形式进行直接翻译。例如：

① red rose

红玫瑰

② a dark red blouse

一件深红的罩衫

③ yellow brass

黄铜

④ green tea

绿茶

⑤ white flag

白旗

⑥ white-collar workers

白领阶层

⑦ blue-collar workers

蓝领阶层

（二）变色翻译法

这种翻译方法主要用于英汉两种语言，经常使用不同的色彩词来表达同一个意思的情况。具体而言，就是将源语的色彩词转换成目标语中与之相对应的色彩词，使其与读者所处的文化背景、语言习惯相符合的翻译方法。例如：

My finger was caught in crack of the door and got pinched black and blue.

我的手指夹在门缝里，压得又青又紫。

本例中，英语文化习惯用"black and blue"对遍体鳞伤、伤痕累累进行描述，在汉语文化中却用"又青又紫""青一块紫一块"来表达，如此变色翻译更恰当。又如：

① red sky

彩霞

② yellow joke

黄色段子

③ brown bread

黑面包

④ brown sugar

红糖

（三）增色翻译法

增色翻译法是指源语中并未出现色彩词，译者可以根据目的语的表达习惯增添一个或几个色彩词，使其与源语相近或相似。例如：

① red-letter day

重要的日子/节日

② black future

暗淡的前途

③ make a good start

开门红

④ His eyes became moist.

他的眼圈红了。

（四）删色翻译法

有时候，英汉两种语言中的一部分颜色词无法进行直译，也无法替换颜色词进行翻译，此时可以去掉颜色词进行意译，以便更准确地表达本意。例如：

① heroin/cocaine

白面（儿）

② honor roll

红榜

③ a black look

怒目

④ She is green with jealousy.

她醋意大发。

⑤ I dislike John，for he is a yellow dog.

我讨厌约翰，他是个卑鄙小人。

⑥ He has white hands.

他是无辜的。

⑦ He is a white-haired boy of the general manager.

他是总经理面前的大红人。

思考题:

1. 讲一讲你理解的英汉数字文化的对比。

2. 什么是英汉色彩? 如何体现?

3. 英汉色彩文化互译的方法有哪些?

第五章

跨文化交际下的言语与非言语交际以及翻译中的文化冲击

第一节　跨文化交际下的言语交际

一、言语交际原则的内容和应用

在语言交际中，为了达到言语交际目的，使言语交际顺畅地进行，谈话双方都会遵循某些原则。只有这样才能达到交际的效果，增进彼此的友谊。人们在言语交际的时候都是希望能得到对方的理解和肯定，人们的言语交际总是合作的。

（一）合作原则与跨文化交际

1. 格莱斯的合作原则

赫伯特·保罗·格莱斯（Herbert Paul Grice）提出的会话合作原则把言语行为理论的研究扩展到单句层次以外的会话活动方面，使言语活动与社会情景相连接。格莱斯认为："会话受规范或条件制约，人们在会话时之所以不是以一串互不连贯的语句组成，是因为交谈双方都遵循了某些原则，相互配合，即遵循了合作原则。"格莱斯指出合作原则包含以下几条原则：

（1）量的原则。所说的话达到现时交际目的所要求的详尽程度，不要使说的话比所要求的更详尽。

（2）质的准则。不说自己认为不真实的话，不说自己没有足够证据的话。

（3）关联原则。说话要相关、切题。

（4）方式准则。避免晦涩的词语，避免歧义，说话要简洁，说话要有条理。

格莱斯认为这些原则中"质"的准则是最重要的。这些准则使会话的双方具有使用"对话含义"这一能力来解释对方的话，并能了解到对方的暗示意思。如果某个人因为礼貌的关系说了违反合作原则的话，但对方也察觉到他违反了合作原则，这样他就会使对方透过表层含义去理解话里的深层意思。

合作原则的具体内容体现为按需要提供尽量多的信息，提供的信息要真实；说话要相关；要简洁、要有条理。前三点与"说什么"有关，最后一点则与"怎么说"有关，总之"要清楚明白"。谈话的参与者都有一个大致相同的目的，或者说有一个互相都接受的方向，这使得谈话者在遵循大的原则的前提下，进行信息的沟通与交流。合作原则从各个方面制约参与者的选词用句，这对交际的效果，以及对对方的尊重程度有很大的影响。谈话者更应及时调整话语，减少理解的偏差、失误和冲突等。遵循合作原则会使谈话双方求同存异，达到更好的交际效果。而违背了合作原则，则会导致话语的隐含意思，同时增加了话语的理解难度。

2. 合作原则在跨文化交际中的应用

在对外汉语的教学实践中，人们发现学生掌握了一定的词汇量和基本汉语语法知识后，在现实生活交际中还是遇到了很多困难。因为人们的交际活动并不是一种纯文字的信息交换。在口语交际过程中，语言包含了丰富的文化信息。如果缺少对这种文化信息的掌握，就不能顺利地进行有效的沟通，也就没有将语言有效地运用到实践中来。对外汉语的教学目的就是培养学生实际运用汉语的能力。因此学生要不断练习，提高自己的汉语交际能力。

一个外国留学生在旅游的时候看到一位游客手里的折扇很漂亮，于是到一家商店询问老板有没有折扇卖，老板告诉他，商店里有电风扇，各种各样的都有，不同颜色、不同款式的，而且还非常省电。留学生感到很纳闷，老板只要回答店里没有折扇就好了，为什么他要说那么多多余的话呢？其实，老板在违反量的原则的时候，是要表达其隐含的意义，也就是他想向这个留学生推荐店里的电风扇。这时，老师应该根据这个例子，和学生一起分析老板这么做的原因和目的。老师可以创造其他的对话语境，让学生在具体语境中进行对话练习。

一个老师在家访时问家长学生在家里的表现。

老师："家长，你们家的孩子在家里表现怎么样？"

家长回答："我家小孩不爱做学习之外的事情。"

这个孩子在家里应该是不爱做家务的，可能学习上的任务完成得比较好，但是不愿意做其他的事情。家长违反了量的准则，但老师从中了解了学生的情况。在分析了这两个例子之后，外国学生也会更好地理解这种违反量的原则来对话的说话方式，在以后的交际中，能更好地体会对方的话语含义，更顺利地进行言语交际。

质量准则，就是不说假话，也不说自己没有足够把握的话。比如：

妹妹对姐姐说："我弄坏了你的收音机。"

姐姐回答说："你可真能干。"

留学生认识这段对话里的每一个汉字，但是对于这种弄坏收音机还得到表扬的回答可能就不能理解了。其实，这位姐姐并没有表扬她妹妹，而是用反语更有力地表达了自己对妹妹的谴责。老师除了可以用这些生动的对话来进行会话含义的教学，还可以举教材中的例子。

鲁迅的《纪念刘和珍君》中：

时间永是流驶，街市依旧太平，有限的几个生命，在中国是不算什么的，至多，不过供无恶意的闲人以饭后的谈资，或者给有恶意的闲人作"流言"的种子。

例句中，鲁迅先生虽说"有限的几个生命，在中国是不算什么的"，但心中要表达的是对刘和珍逝去的悲痛和惋惜。

违背关系准则。一对情侣中女生的性格比较好强，平常女生一般不会道歉。但在一次吵架之后，以下是他们的对话：

女生对男生说："对不起，我错了。"

男生回答："哎呀，今天见鬼啦。"

留学生可能不能理解，男生的"见鬼了"表达的是什么意思，为什么女生道歉之后，男生回答的是鬼。仿佛两个人说话没有什么关系。其实，在中国，人们常常用一些熟语来表达自己的意思。可能从字面上看，熟语的字面意思跟真正隐含的意义有很大的不同，但是，这是人们从以前的生产生活经验中总结出来的非常形象生动的句子。比如说，"猪八戒照镜子，里外不是人""外甥打灯笼，照旧"等。

违背方式准则。指人们不像正常情况下非常直白地去说话，反而是拐弯抹角地说。比如：

奶奶："八点，我想去买，怎么样？"

爷爷："好吧。"

爷爷对孙子说："乖孩子，你在家写作业，写完作业就看电视啊。"

爷爷和奶奶在用孙子听不懂的话商量去买菜。因为奶奶怕孙子不写作业跟着一起去，所以说话时没有直接地表达出来。因此这个对话是违反了方式原则的。这种隐含的会话含义，需要在一个特定的对话环境中才能去体会。

（二）礼貌原则及跨文化交际

从一定程度上来说，合作原则与礼貌原则之间是一种相辅相成的关系，前者是后者的基础，后者是前者的完善和补充。说话人在具体的会话行为中，一般也会依据自己的文化背景和具体语境及目的对合作原则和礼貌原则会有不同的侧重。

1. 利奇的"礼貌原则"

杰弗里·利奇（Geoffrey Leech）赞同格莱斯从会话原则的角度考察语言使用的研究方法，认为合作原则有助于说明语句的意义与语句的作用的关系。但是，合作原则本身并不能解释人们为什么经常间接地表达意思。利奇提出了礼貌原则，把它当作是对合作原则的必要补充。下面就是利奇用以说明其观点的一个例子。

A：We'll miss Bill and Agatha，won't we？

B：Well We'll all miss Bill.

这里B的话语显然违反了合作原则的数量准则，因为A是要求B确认或否定其观点：大家都很"Bill"和"Agatha"，B的回答只表示同意其观点的一部分。按照合作原则，B的答应应该是"Well，We'll all miss Bill but not Agatha"。可是，这样做可能对第三者（即Agatha）显得很不礼貌，也对在场的A或其他人不够礼貌。因此，为了遵循礼貌原则，B才没有提供更多的信息。这个例子表明，表面上说话人违反了合作原则，但是从礼貌原则解释来看，还是可以认为说话人遵循了合作原则。

"礼貌原则"就是在交谈中说话人要减少表达不礼貌的信息，或者尽量表达礼貌的信息。礼貌信息能使听话人感到愉悦，但是不礼貌的信息则会使听话人感到不快。礼貌一般情况下会影响交际双方之间的关系。礼貌在本质上对于听话人是礼貌的，但是对说话人有可能是不礼貌的。利奇认为，交际的双方会尽量多地给别人方便或使别人受益，尽量多让自己受损或吃亏，来求得对方的好感。这样形成交际双方的非对称关系，以及对听话人来说是受益的语言，对说话人来说是受损的，即听话人越受益，说话人就相应地越受损。礼貌的程度越高，礼貌的等级就越高。说话人总是努力使用恰当的语言来增加自己的受损程度，以求提高听话者的受益程度，就是通过牺牲对自己的礼貌来换取对听话人的礼貌。在讨论礼貌的种种非对称性时，利奇借用经济学里的"成本—效益分析"这个概念来讨论言语行为对于说话人和听话人的损益问题。在他看来，礼貌就是要尽量地使他人受益，尽量使自己受损。越是有益于听话人的行为，其语句的礼貌程度越高；相反，越是有损于听话人的行为，其语句的礼貌程度越低。因此，如果语句的命题内容保持不变，使用更为间接的语言表达通常可以提高礼貌程度。在日常的对话中，人们都会尽量遵循礼貌原则，使双方的会话能顺利进行。在遵循礼貌原则的过程中，谈话双方的利益就会形成一个不对称的关系。礼貌程度高的一方比较受损，相反，礼貌程度较低的一方就比较受益。

利奇按照格莱斯制定合作原则的方式为礼貌原则（prineiples of politeness）制定了六条准则。它们分别是：

（1）得体原则（tact maxim）。尽量少让他人受损，尽量多让他人受益。

（2）宽宏准则（generosity maxim）。尽量少使自己得益，尽量多让自己受损。

（3）赞誉原则（approbation maxin）。尽量少贬低他人，尽量多赞誉他人。

（4）谦虚准则（modesty maxim）。尽量少赞誉自己，尽量多贬低自己。

（5）一致原则（agreement maxim）。尽量减少自己与他人的不一致，尽量增加自己与他人的一致。

（6）同情原则。尽量减少自己与他人之间的不和，尽量减少对方的反感，同时尽量增加对方的同情。

2. 礼貌原则在跨文化交际中的应用

萨姆·萨默斯（Sam Sommers）认为，文化因素对跨文化交际情景的影响程度是由文化之间的差异程度所决定的。世界上存在着各种各样独特的文化，所以不同文化背景下的语言也会有不同的文化内涵。在言语交际中，不同的文化对言语交际的礼貌原则的规定也是不同的。人们在交际的时候，都从本文化礼貌原则出发，而忽视了异文化对礼貌原则的要求，这样会产生一些交际矛盾。因此，留学生在学习一种语言的时候，不但要学习语言最基本的语音、词汇和语法，更要通过语言来了解说话人使用该语言所表达的深层文化含义。

不同的文化背景下的社会对礼貌原则有不同的规定。在一种文化环境中认为是礼貌的说法，到了另一种文化环境中可能又变成了不礼貌的表达。这样，本身说话是本着礼貌的原则去进行交际的，但是达到的效果可能跟预想中的会有差距。也就是产生了所谓的语用失误。语言失误分为两种：一种是语言本身的语用失误，另一种是在交际过程中的社交语用失误。语言本身的失误是由于母语对第二语言的影响和干扰。这是语言学习过程中经常发生的。学习者要经过长期的练习来改善。但对于社交语用失误，则是由于对会话双方的文化差异了解不够透彻，不知道在文化背景不同的情况下，礼貌原则的内容也会不同。

例如，一个英国人看到一个中国朋友的旗袍很好看，于是夸赞道："你的旗袍真美啊！"中国朋友按照中国人谦虚的原则回答说："哪里哪里，没有没有。"对于英美国家的人来说，这个回答是很难理解的，一般对于别人的夸赞说一句"谢谢"是比较合理的，为什么夸赞会得到对方的否定。这就是因为中国人本着自己认为的谦虚的礼貌原则去跟对方交际，这样做反而被认为是不礼貌的。这样，跨文化间的交际就出现了矛盾和不和谐的地方。

中国的"请客"文化也是外国留学生难以理解的地方。中国学生在同老师或好朋友一起吃饭时，会有"请客"这一习惯。例如，节假日请老师出来一起就餐，几个学生会一起请老师吃饭。或者，有长辈和晚辈一起吃饭时，长辈会照顾晚辈，请晚辈吃饭。但在国外，留学生都非常习惯AA制，大家出各自的那份钱，即使吃饭的人里有长辈或者老师，也都是如此。

礼貌现象普遍存在于各种不同的文化和语言之中。它是人类文明的标志，是人类社会活动的一条重要准绳。因此，人们要了解各民族的文化差异，了解不同的礼貌形式和原则，在进行交际时，不能一味地从本民族的礼貌原则出发，而忽视了其他民族的礼貌原则。只有相互理解和尊重，才能达到更好的跨文化交际效果。

二、对外汉语教师在言语交际教学中应注意的问题

（一）遵循言语交际规范的教学原则

由于在跨文化交际过程中所出现的各种言语交际障碍，人们更要重视在交际时要遵循的言语交际原则，只有通过不断努力掌握好该原则，并灵活运用于平常的跨文化交际中，才能进一步促进跨文化的言语交流。

1.掌握"合作原则"

如何做到即使是在交际中出现了分歧或矛盾的时候也会有礼、有节地表达自己的观点，必须要依靠有效的交际策略和交际技巧。交际策略分为两种：积极策略和消极策略。"积极策略就是为解决较集中的问题所采取的积极补救措施，包括求助、拖延和副语言策略。消极策略是放弃、简化或回避问题的减缩方法"。在交际中，人们通常是通过灵活地运用积极交际策略使整个交际谈话衔接顺畅，风趣幽默。谈话时，一般避免使用消极交际策略，因为如果使用不当，容易导致交际的失败。

（1）信息调整与回避。根据自己的能力裁剪所要表达的信息。说自己能说的，而不是所有自己想说的或以沉默代之。这种方法是通过减少信息量或必要时避开话题，或者将谈话引向一个新的方向。

（2）泛指。举例时，忘记或者不知道该怎么称呼。在这种情况下，可以采用"一些""你所说的""类似"等这类具有泛指意义的词汇。

（3）近义词。用另一个词尽可能贴切表达谈话当时记不起来的词。

在对外汉语教学中，人们也应该加强对话教学。在教学过程中，让学生了解语言受文化的影响主要表现在以下几个方面：选择天气、问候、年龄、健康、收入等不同话题，选择语言及其表达方式。

合作原则在对外汉语教学中有很重要的作用。对外汉语教师通常会给出一个话题或一个情景让学生自己来发挥。但前提是学生必须先掌握制约会话的规则，会话如何得以开展，如何开始谈话，如何引起别人的兴趣，如何澄清问题或弥补。因此，老师必须跟学生交代在开展一个话题的时候，应该要遵循最起码的合作原则，而不能一味地按照自己的说话方式来交流。

例如，在课堂上，老师给出"春节"这个话题让留学生进行小组讨论。在讨论刚展开一段时间后，有一组学生表示讨论无法进行，因为在小组讨论发言的时候，某一位印度学生在小组同学提出一个问题之后，滔滔不绝，导致其他人没有说话的机会。老师提出了会话合作原则中量的原则和质的原则，指导学生在发言时，如何让自己所说的话达到现时交际目的所要求的详尽程度，但是也不要超过所要求的详尽程度，要求在内容上能够做到点到为止。说明只有这样做，双方的交谈才能顺利进行，小组讨论也才能开展下去。例如，小组讨论中组员提出关于春节的问题："春节里，最好吃的东西是什么？"那么同学可以回答自己喜欢吃的，如饺子、春卷等，可以说明自己觉得好吃的理由。但是不要再过多地陈述自己曾经在哪里吃过，当时的感觉怎么样。一定要回答与问题对称的信息，而不能想说多少就说多少。由此可见，只有掌握一定的言语交际原则，跨文化的言语交际才不会出现障碍，才能顺利完成跨文化交际。

2. 掌握"礼貌原则"

礼貌原则是说话时尽量婉转，使听话人或第三者高兴、喜欢。礼貌的核心概念是"面子"。所谓"面子"是指人们具有并希望别人重视和称许的一种自我形象。礼貌影响着谈话的参与者中双方的关系。利奇认为，谈话时，要多表扬他人，少夸赞自己，多让他人受益，要减少有利于自己的观点，增加自己与他人的一致，尽量减少不一致的地方。可以采取以下几个原则。

反语原则：如有必要说到冒犯对方的话，要做到既不违反礼貌原则，又能让对方推测出话语里的冒犯所在。逗乐原则：在与对方关系比较亲密时，人们可以讲些明显不实或明显不礼貌的话语。例如，两位好友多年没有见面，但见面的时候一方说，"哎，没想到这么多年还能遇到你，真是冤家路窄"。"冤家路窄"本身是一个贬义词，但是用在好友之间的谈话，显得更加风趣好玩，更能体现两人之间比较亲密的关系。有趣原则：可以讲些不可预料因而令人感兴趣的话。乐观原则：谈话的参与者宁愿谈论令人高兴的话题而不是令人不愉快的话题。

因此，得体、礼貌的语言是掌握这一原则的关键。人们由于各自的经济、文化和社会地位等诸多因素的差异，对于礼貌原则的界定也不尽相同。礼貌现象普遍存在于各种不同的文化和语言之中。它是人类文明的标志，是人类社会活动的一条重要绳索。

在对外汉语教学中，人们应该加强交际教学，增强学生跨文化交际的意识。只有当学生具备了相关的跨文化交际意识时，人们才能进一步加强对言语交流中礼貌原则的教育。让学生在实践中改善自己的言语行为，通过不断地修正自己的言语行为更好地体会礼貌原则在交际行为中的重要性。

例如，如果留学生碰到有人问："你爸爸一个月挣多少钱？"留学生一般不习惯别人问他们父母的收入，如果回答："这是我们家的私事，我不愿意告诉你，你不应该问这样的问题。"而中国人不了解外国人的隐私文化，没有理解到留学生的不悦情绪，就必然会引起不快，使会话难以进行下去。换个角度，留学生如果能意识到中国人问此类问题并没有冒犯隐私的意图，而是一种好友之间的一般寒暄，这时可以教会留学生回答："不是很多。"这个回答信息量不是很充足，没有包含谈话目的所需要的信息。它违反了量的准则，但遵循了礼貌原则，才能保持谈话双方的和谐关系。

例如，有个女生问她的朋友一个问题：

"我的男朋友不会忘记我的生日，他今晚一定会来的。你说呢？"

而答案可能有两种：

A："是啊，他肯定不会来了。"

B："嗯，现在已经十一点了。"

A回答直接回答问题。B回答没有直接回答问话人的问题，而是说了一句表面上看同问话毫无关系的话，这违反了关系准则，并不想告诉问话人现在几点，而是提醒问话人：她的男朋友不可能来了，时间已经太晚了，劝她放弃幻想。B的回答是在委婉地告诉问话者信息，这样能更替问话者的情绪着想。在课堂教学中，应该让学生在对话实例中体会礼貌原则的运用，而不是直接正面地去回答所有的问题。教师可以让留学生涉及一些在交际中遇到的不适合正面回答的问题，让学生设想多种有可能的回答。比如说，"你认为语法老师的教学水平怎么样？""你们的家庭生活和谐吗？愉悦吗？""你觉得我有可能追到小丽吗？"等。通过训练对一些特殊问题的回答，使留学生能渐渐意识到，很多时候，人们并不是对其隐私的故意侵犯，只是在他们的文化中，这些问题是日常聊天的话题选择。只有在相互尊重、相互理解的基础上，双方的谈话才能比较顺畅地进行，而不会产生过多的矛盾或不悦。

（二）针对"交际文化"内容的教学建议

在跨文化交际中，如果要顺利完成言语交际，就必须了解该语言环境的社会历史文化知识。语言是社会文化的形象的反映，不同的语言系统中有许多的文化词语，这些文化词语本身包含了丰富多彩的文化内涵。在跨文化交际中，人们不但要克服语言本身的障碍，更要熟悉和理解相应的文化。只有尊重和理解对方的社会文化，也就是尊重对方的思维习惯、礼俗文化，才能保证交际的顺利进行。在对外汉语教学实践中，人们需渗透文化教学。由于中国文化的涉及面太广，如果面面俱到，学生就只能掌握一点皮毛，不能深入地了解文化。

语言教学中的文化背景知识分为知识文化和交际文化。知识文化是两个不同文化背景的人在交际时，由于缺乏有关某词、某句的理解和使用不产生直接影响的文化背景知识。交际文化是指在与不同文化背景的人交际时，由于缺乏有关某词、某句的文化背景知识而产生误解。这种直接影响交际的文化知识就属于交际文化。交际文化在对外汉语教学中是文化教学的重点，其具体内容应包括以下几个方面：

1. 加强"文化词汇"的教学

文化词汇是指从某一个或几个层面能够反映一个民族的社会状况、风俗习惯、审美情趣、思维方式和心理态势等方面的词汇，文化词汇包含了民族文化信息，如，状元、四合院、春联、饺子、龙舟、粽子、京剧等词语。对外汉语课堂中，老师要注重文化词汇的教学。从一个文化词汇中可以引申出很多的中国文化。这样以小见大的教学，学生学习的积极性会更高。

例如，老师在教授"汤圆"这个文化词汇的时候，首先应当解释"汤圆"的基本含义，就是中国汉族的代表小吃之一，即用各种果饵做馅，外面用糯米粉搓成球，煮熟之后即可食用。其次，老师要引申出汤圆的深层文化含义。它象征着阖家团圆，万事如意。这样，留学生在与中国人的交际过程中，如果有人谈到，"我们元宵节吃汤圆，一家人团团圆圆"的时候，便能很好地理解这句话的意思，也能进一步进行交际。

2. 渗透"习俗文化、历史文化、思维文化"的教学

（1）渗透"习俗文化"的教学。习俗文化指的是贯穿于日常生活和交际活动中由民族的风俗习惯形成的文化。习俗文化就是风俗习惯形成的文化，如称呼、问候、敬语、道谢等方面表现出来的不同的文化习俗。

在对外汉语课堂上，老师不仅要讲授这类习俗文化在语言上如何恰当使用，还应该对这些方面进行跨文化的交际比较，让学生明白其差异。

教学内容要相对丰富。因为学汉语的留学生一般是成人或学龄较长的学生，要让他们在一节课中有大有收获之感。但是不能东拼西凑或满堂灌，导致学生弄不清教学目的，不知学习重点。要让教学明确达到一课一得的效果。

（2）渗透"历史文化"的教学。灿烂的历史是外国留学生对中国感兴趣的重要原因之一。中国有着几千年的历史传统。在给留学生上课时，人们可以从历史文化古迹引入。首先向学生介绍著名的景点，如苏州的拙政园、西安的秦始皇陵兵马俑，然后导出在这些景点发生的历史故事。老师通过一些有趣的好玩的历史故事加深留学生对这个景点的印象，同时也加深了他们对中国文化的了解。在条件允许的情况下，老师甚至可以为学生编排历史小话剧，让学生可以角色扮演，通过扮演相应的角色，揣摩角色的语言、行为、心理和性格，让学生更能体会到语言背后所蕴含的深层文化含义。

（3）渗透"思维文化"的教学。思维方式是文化的产物，不同文化土壤产生不同的思维方式。具有汉文化的人的思维方式一般是比较笼统、不追求精确的。这种特点反映在言语交际中，就是常常给人的答复不明确，十分含糊。一方面，中国的传统文化教导做人稳健、含蓄，因此不会直接或立刻给予回复。另一方面，中国人讲究"人情"。在表达比较含蓄的情况下，说话人还会以为对方能根据自己的话语判断出自己的真实含义。西方人善于分析，注重逻辑。在交际中，表达明确具体，给人的回复也非常直接、爽快。

　　例如，一位中国学生在回复外国朋友的赴宴要求的时候。

　　外国朋友问："明天你有时间来我家参加聚餐吗？"

　　中国学生说："好啊，谢谢，我尽量。"

　　这个中国学生一方面出于礼貌感谢朋友的邀请，碍于朋友的面子，似乎不好拒绝。这个回答让外国朋友弄不清楚他的意思。其实，中国学生在应对邀请时，只是表现出既给了朋友的面子，又出于礼貌的原则，含蓄地表达了自己的想法。中国人在借东西的时候，也会比较迂回地表达自己的想法。

　　例如，有个中国学生想借用同学的电动车。他会先问："你的电动车今天要用吗？"或者说："我的电动车坏了，我想出去办点事，所以……"如果对方同样是中国人，他会很快明白说话者的意图，也就是说话者想借电动车。但是如果对方是外国留学生，他一开始可能会觉得很奇怪，对方跟自己说了一大串事情，到底想做什么，他们习惯了西方人开门见山的说话方式，对于对方的迂回政策可能不是很适应。也就是说，说话者提供的会话信息过多，说话者是出于礼貌的原则，但是却造成了交际的困扰。说话者在说出"借车"这一真正目的之前，罗列了许多原因或与之相关的事实，其实是想在向他人提出要求前增加听话者对说话者的同情，让听话者能站到自己的立场上考虑，以一种自认为比较礼貌的方式来提出自己对他人的要求。

　　在对外汉语教学课堂中，老师要引导学生去理解中国人"借车"时的语言表达后所体现的思维方式。通过对这种言语行为的分析，体会言语行为表达后的思维方式。那么对于其他的情况下的迂回、委婉的表达相应地也就能理解。

　　在进行文化教学中，人们要遵循适度、实用和趣味性的原则。在教学内容的选择上，老师要根据学生的实际水平和能力，做到难易适中。比如对于初级阶段的学生，老师可以利用实物或图片教学，尽量多用多媒体，以一种直观、形象的方式来呈现一些文化要素，如中国结、春联、文房四宝等。对于中高级的学生，教师可以进行较高难度的练习，如个人演讲、小话剧、上台表演等，在一些富于创造性的活动中增加学生学习的兴趣。

　　实用性原则就是让学生学有所获。例如，上中国书法课，可以提前让学生买好文房四宝。在课堂老师教授毛笔字的书写时，老师可以教会学生分析汉字的结构，以及每一个部件所起的作用和表达的意思。中国有句古话说，

"字如其人"，老师还可以教同学们看字识人。就是从一个人书写的字来分析他的性格。这样，能加深留学生对学习汉字的兴趣，同时更加了解中国的传统文化。

趣味性原则。老师可以采取讲故事、唱歌、玩游戏等方式，在一种轻松好玩的氛围中学习，激发学生主动学习的欲望，从而获得更好的学习效果。

教师在课堂教学中可以进行比较有趣的活动。教室里，老师可以适当增加一些道具，比如围棋、象棋、折扇、纸牌等。现在很流行的一个游戏叫作英雄杀，这是一个益智游戏。纸牌中的角色全部是中国古代著名的历史人物，角色所使用的计谋也是出自《三国演义》或其他的历史著作里。学生能在游戏中熟悉中国古代的历史人物，学习他们的智慧，体会中国文化。

综上所述，文化教学是语言教学中不可或缺的一部分，学生只有在了解语言文化内涵的前提下，才能更准确地把握言语交际中的会话含义，从而顺利地完成跨文化的言语交际。

第二节　跨文化交际下的非言语交际

一、非言语交际的内涵

（一）非言语交际的界定

什么是非言语交际？关于非言语交际，西方学者提出了很多定义。如"非言语交际指的是在一定交际环境中言语因素以外的，对输出者或接收者含有信息价值的那些因素。这些因素既可人为地生成，也可由环境造就"。也有学者将其定义为："非言语交际是不用言词表达的、为社会所共知的人的属性或行动，这些属性和行动由发出者有目的地发出或被看成是有目的地发出，由接收者有意识地接受并有可能进行反馈。"总之，众说纷纭，甚至有广义和狭义之分。

　　具体来说，广义的"非言语"可指说话人的特征，如衣服、面容、饰物、音色、姿势等；可指听话人的状态，如感兴趣、兴奋、平静等。"非言语"也可指特定环境所具有的特点，如喧闹的街市、红墙绿瓦、停摆的时钟、糖果店的香甜气味等。而狭义的"非言语"有人认为只包括手势、身势、头部动作、面部动作、眼部动作、触摸等，有人认为除此之外还包括人说话时的语速、语调等，也是众说纷纭。

　　非言语交际是指除了使用词语之外的一种人类属性和行动。这些属性和行动具有为社会共享的含义，其信息是被有意图地发出的或被感觉是有意图的，是被有意识地发出的或有意识地被接受的，而且具有从信息接受者那儿获得反馈的潜力。

　　本文认为从以上的定义内容来看，关于非言语交际至少可以肯定以下几点：首先，非言语交际是言语之外的交流方式，同时又是具有社会共享性的交际方式；其次，交际双方（传递者和接收者）缺一不可；最后，这种交际存在潜在交际信息。

（二）非言语交际的分类

　　对于非言语交际的分类，根据不同的角度，可以有很多种分类方法。根据意义，可分为善意、恶意等；根据言语交际的基本成分，可分为手势言语、动作言语等；也有学者将其划分为动态无声、静态无声和有声三类。

　　结合跨文化交际，并借鉴其他学者的研究成果，本文做了如下的分类：关于非言语交际，从信息传递者的角度来看，非言语交际信息的传递可以划分为主体发出和客体呈现两类。

　　1. 主体发出信息

　　主体发出信息是指非言语交际信息的传递者与说话人（即主体）有着直接的联系，主体是动作或声音的发出者。主要包括体态语和副言语。

　　体态语：通过动作进行非言语交际的形式有很多，如手势、身势、头部动作、面部动作、眼部动作、触摸等。

　　通过身体或面部等动作来交流感情，是人们经常使用的手段，尤其是在彼此言语无法沟通的情况下，动作可以很好地表达说话人的意图。耸肩可以表示毫不在意、顺从、不解或无计可施。女士在端坐时，上身挺直，膝盖并拢，是非常端庄的表现。摇头或摆手表示"我不知道""没有办法""我不同意"等。与人交谈时目光直视对方，是礼貌、尊敬的表现。

副言语：指伴随有声言语的无语义声音，它是通过音高、音量、音色、语速、语调、停顿等起到对言语的伴随作用。

（1）沉默。在交谈中，停顿和沉默具有丰富的含义，既可以表示默许，也可以表示无声的反抗；既可以表示默认，也可以表示暂时保留自己的看法；既可以表示顺从众人的意见，也可以表示坚决维护自己的看法。恰当的停顿和沉默有时会产生比言语更好的效果，会有"此时无声胜有声"的奇妙魅力。

（2）声音的修饰。声音的修饰包括声调、音速、音量、音高、音长等。同一个人说同样一句话，因为音调的不同，所表达的意思就会完全不同。由于等级和身份的不同，说话的语调也应该有所不同。音量的大小，能够反映出说话者的性格、情绪和态度等。无论是声音洪亮还是窃窃私语，说话人都应根据时间和场合来进行自我控制，从而使周围的人感到舒服，不会引起他人的反感。

（3）非言语声音。非言语声音也被有些学者称为功能性发声，例如感应叫声、拟声、体内发出的声音等。在人感觉冷的时候，会缩紧身体发出"咝咝"的声音；想要让别人安静时将食指伸直贴近嘴唇，同时嘟嘴并发出"嘘"的声音；还有很多模仿动物叫声的拟音词：狗叫、猫叫、羊叫、牛叫、鸡叫、鸭叫都有相应的拟音词来模仿。人体内发出的声音如咳嗽、打喷嚏、放屁、肚子叫等。

2. 客体呈现信息

客体呈现信息是指非言语交际信息的传递者与说话人（即主体）没有直接的关系，信息是由说话人根据客体的具体情况借助文化常识运用联想手段获取的信息，多为潜在信息。主要包括环境语和客体语。

（1）空间言语（环境语）。空间言语也是非言语交际的重要手段之一。空间既可以是横向空间，如人际距离、公开或私密，也可以是纵向空间，如社会地位、情绪。环境能够影响人与人之间的交往。环境可以影响人的情绪，从而改变交际的效果。比如在排队时的拥挤与全家人围坐在一起的感觉就是两种不同的心情。恋人之间交谈的距离，朋友之间说话的距离，商务谈判时双方交流的距离都是有区别的。空间还包括界域问题，在办公室内每个人都有属于自己的一块私密空间，其他人不得随意翻看或拿走其摆放的东西。在医院看病时，也没有人愿意在医生给自己就诊时突然闯入其他人。

（2）客体语。客体语包括服装、发型、妆容、饰品等。在人际交往中，外貌具有十分重要的作用。首次接触一个陌生人时，绝大部分是先看到他的外貌服饰，好的外表会给人留下良好的印象。俗话说："相由心生"，因此人们往往可以通过外貌对一个人的品位、性格、素质有一个大体的判断。外貌服饰时时刻刻都在向别人传递着一个人的社会角色、内心情绪、思想品位等信息。一个人的容貌是天生无法改变的，但是通过化妆可以改善人的气色，突出优点，遮掩缺点，而合理的服饰更是会改变自己的形象，体现出不同的气质。

以上是从信息传递者的角度对非言语交际进行分类，也有学者从信息接收者的角度来划分，认为环境语和服饰都是通过视觉手段来接收的，副语言主要是通过听觉手段来接收的，体态语主要是通过视觉和触觉手段来接收的。这种划分方法也不无道理，总之关于分类可以有不同的划分角度。

（三）非言语交际的功能

非言语交际的功能一般是为了补充语言交际的不足而存在的，它与语言交际相比具有直观性与显著性，能更好地引起对方的注意与关注，进而更好地传达交际信息。当"我恨你""讨厌""死鬼"这类的语言在某种语境下或借助语素语调或借助肢体动作，也可以表示喜爱、亲昵、打情骂俏时，非言语交际在交际中的重要性就变得显而易见了。西方学者认为非言语传递的信息量在整个交际中所占比例为70%~90%。由此可见，非言语交际是人类交际过程中不可或缺的重要手段。在非言语交流中，传递信息也可以通过很多种渠道，如人的五种感官都是表达信息的渠道。具体来说，通过这些不同的渠道所表达出的非言语交际行为主要有六种功能。

1.重复

重复功能是指运用非言语手段来重复言语交际，即非言语交际与言语交际的内容是一致的，使交际的内容更加生动和突出。例如，人们在买东西的时候，售货员会问要买几个，人们在回答"两个"的同时伸出两个手指头重复回答的言语信息。遇到有人问路时，人们可以告诉对方，图书馆在篮球场的东面，同时用手指向南边重复言语信息。这种强化的功能是言语交际与非言语交际相结合使用的一个典型例子，有助于人们更好地理解对方传递的信息。

2. 否定

与重复功能相反，如果非言语交际和言语交际相矛盾的话，非言语行为所表达的意思可以完全与言语交际所要表达的意思相反，即非言语交际会否定言语交际的信息。例如，甲对乙说："你可真大方啊！"尽管从词语上看来，甲是称赞乙"大方"，但若说话时的语调有讽刺的意味，则甲实际表达的意思是乙很"小气"。再如，有人送给小孩子礼物时，小孩子会说："我不能要您的礼物，谢谢。"这是因为家长教育孩子不要随便接受别人的礼物。但小孩子看到喜欢的礼物的表情及眼神透露出他的内心想法与所表达的言语正相反。

3. 替代

替代功能是指不需要言语交流，非言语行为可以取代言语交流来传递信息。并且，在某些情况下，非言语行为会比言语交际表达出的效果更加强烈。例如，当人们想要给别人安慰时，有时不需要多余的言语，一个拥抱就足以表达出想要传递的信息。上司批评下级，虽然下级一句话也没有说，但是满脸不屑的表情和望向窗外的眼神足以让上司了解到下级的态度。

4. 补充

非言语行为能够补充和描述言语信息，使言语与非言语所传达的信息内容达到一种平衡。例如，在表达爱情时，柔情蜜意的眼神能够补充和修饰言语的表达。足球运动员发生失误，一面向队友道歉，一面表露出遗憾的表情，表明自己的心情。在面试时，镇静的言语和表情以及手势，可以体现出你是一个充满自信和具有良好心理素质的人。

5. 调节

非言语行为还可以对交际进行调节。在交谈时，人们可以通过眼神交流、身体动作、停顿、音调等来控制和调节言语交流的效果。人们可以通过目光和手势来示意对方不要打断他的讲话，也可以示意对方适时加入一场交谈，或以停顿来表示已经结束讲话或者只是想要暂时休息。能够调节言语交流的人，往往都会成为交际的主导者和控制者。

6. 强调

非言语行为可以对言语交际起到强调的作用。提高音量说话就是一种想要加强效果的非言语行为；在说话时，同时瞪大眼睛、伸长脖子、用手捶桌子等非言语行为都会对所讲的话起到强调的作用。有时，与意义相反的非言语行为起到的强调作用更明显，如老师在讲课时，会通过停下讲话，制造片刻的沉默，而不是严厉呵斥来使吵闹的班级安静下来。

以上是从不同角度详细分析非言语交际的功能，而在有关非言语交际的研究资料中，甚至有人直接将非言语交际分为两种功能。一是编码功能，协助表达者充分传达所要传达出的信息；二是解码功能，协助听话人接受理解传达过来的信息。这种分类虽有其合理性但是过于宽泛，不够具体。

（四）非言语交际和言语交际的对比分析

言语是人类交流思想的最重要工具，但不是唯一的交流工具。从社会语言学的角度来说，人类的交际有两种方式：言语和非言语。在交际中，单一的言语行为会使交际变得枯燥无趣，如果配合上能够传神达意的非言语行为，就能更好地达到交际的效果；非言语行为只有在特定的言语环境中才能表达出明确的含义。因此，无论是言语行为还是非言语行为，都需要彼此相互配合，才能准确而有效地表达交际信息。

非言语和言语的相同点是两者都是通过某种形式来表达意义的，形式是意义的外在形式，一定的形式跟特定的意义相对应，这是语言发展的一般规律。就语言符号的内部而言，形式（所指）与意义（能指）的结合具有任意性，其中的形式与意义的结合在某一文化范围内是约定俗成的，因此言语交际与非言语交际都具有社会性。非言语交际和言语交际的不同之处，主要有以下五点。

1. 非系统性

言语具有系统性，遣词造句都要受到严格的语法规则制约，可以表达具体、复杂、严谨、专业的思想。而非言语手段没有任何的规则限制，因此非言语手段无法明确地表达复杂具体的思想，只能传递比较模糊的意思。非言语手段只有在明确言语的情境下，才能明确地表达出想要传达的情意，因此非言语手段的非系统性决定了它在大多数情况下只能在交际中起到一个辅助、补充的作用。

2. 本能性

人的言语是后天习得的，一个刚出生的婴儿不会说话，从小远离人类社会生活的"狼孩"的言语能力也没有得到发展。而有一部分非言语行为则是与生俱来的。例如，刚出生的婴儿虽然不会说话，但是他（她）会哭、会笑、会吸吮乳汁、会蹬腿等表情和动作。

但有一些非言语行为也是后天习得，比如演员丰富的面部表情与肢体动作，就是需要特别的后天训练，还有一些日常动作如睁一只眼闭一只眼、吹口哨、动耳朵等，也不是所有人都会通过遗传先天就能做出这种动作。

3. 世界性

人类都具有非言语交际的条件及能力。全世界的人类都会做出喜、怒、哀、乐、害怕、仇恨等基本表情，接受和拒绝的姿态，喜欢或讨厌的态度等，这些非言语手段都是全球人类所能理解并接受的，且大致的表述形式都相当。

而言语就有着很强的地域性，每一个民族都有特定的言语。彼此不了解对方言语的人们交流起来就会遇到很大障碍。但人们的非言语交流行为基本是相似的，因此在陌生国家人们往往通过"手舞足蹈"的非言语形式来进行沟通，外国的马戏团表演中的滑稽动作也可以令本国观众捧腹大笑，这也说明全人类的基本非言语体态都是相似的。

4. 真实性

非言语传达出的信息往往比言语信息更加真实。当人们说谎时，人们会不自觉地做出一些瘪嘴、摸鼻子、视线偏移等一些小动作来掩饰内心的慌张，尽管说的是违心的话，但一些神态动作却将内心的真实想法表露出来。再如，嘴上说喜欢，可语气却很失望；嘴上说不在乎，可目光却注视着他人的一举一动。人们可以用言语来掩饰情感，将内心的感情深藏，但下意识的小动作却是无法控制的，这些非言语信息反而更加真实，因此通过研究非言语交际还可以帮助人们分析和捕捉他人的真实情感。

5. 立体性

言语具有直线性，话语要一个词一个词地说出来，文章要一个字一个字地写出来。而非言语则是立体性的，说话的语气、面部的表情、身体的动作、时间、空间、物品的颜色、形状、体积、味道等，可以同时从不同角度传递出各种信息。可以一边笑一边跳跃，挥动手臂，也可以一边哭一边掩面，捶胸顿足……因此，非言语交际可以丰富交际内容，使交际更加立体。通过研究非言语交际，可以使谈话更加生动立体，避免场面冷淡等尴尬的情况出现。

二、跨文化交际中的非言语交际

（一）非言语交际的文化冲突

文化和绝大多数的非言语交际行为都是代代相传和后天习得的，都是长期历史和文化积淀而成的某一社会共同的习惯。非言语交际与文化因素是不可分割的，人们的非言语行为也是在社会文化中后天习得的，而非言语交际的效果也通常依赖于长久的文化环境和全民的文化取向才逐渐培养起来的。萨莫瓦认为，通过非言语行为模式可以了解一种文化的价值体系。因此，研究跨文化交际中的非言语交际，首当其冲的问题应是研究非言语交际的文化冲击问题。

人们往往对本族文化的非言语行为习以为常，默认自身的非言语行为就是文化体现和交流的典范，而对异域文化中与本民族文化有差异的非言语行为极其敏感，会不自觉地产生一种文化优越感，从而导致在理解上出现偏差或误解。尤其引起注意的是，由非言语交际引起的文化冲突有时要比言语交际更严重，不同文化之间非言语交流的方式是不同的，只了解外国文化的书写和言语表达方式而不了解其非言语交流方式，还不能算真正掌握这种言语和文化，因为在交流中对非言语行为的误解也会引起交流的障碍。并且，当一个人的跨文化言语交际能力越强，别人对于他的跨文化交际能力要求越高，其非言语交际引起的文化冲突就越严重。非言语行为往往不会单独使用，也不一定都是有意识地做出非言语行为。因此，人们在跨文化交际时就应特别注意非言语交际行为的使用。

然而，即使人们综合归纳同一国家或民族惯用的非言语行为，在实际交流中，相同国家和民族的人也会由于职业、年龄、文化层次等方面的不同，对非言语行为的理解也会有所差异。例如，在被称为"大熔炉"的美国，杂居着来自世界各地的移民，就很难有一致的非言语交际行为；对待男性和女性、老者和长者，也应使用不同的非言语交际行为。解决非言语交际文化冲突的三个原则：第一，要注意在实际交际中，往往是多种非言语行为同时配合出现的；第二，人们无法描述出所有的非言语行为，但应对常用的非言语信息有一个大致总括性的了解；第三，人们只有先了解本文化的非言语行为，才能理解其他文化的非言语行为。

很多人提到外国人坐姿太随便，无论在教室或宿舍都喜欢将双腿跷起搭在桌子上，有些人认为外国人着装太奇特，香水味道太浓重，异性之间不分场合地做出亲昵动作等。提出这一问题的目的是想了解中国人在与英语国家的人交往中产生文化冲突的所在，从中人们也可以看出不同民族在非言语交际中是有文化差别的，我们看不惯对方的某些方面，反过来对方也难以理解我们的某些行为方式，毫无疑问，研究非言语交际在跨文化交际中的重要性是不容忽视的。

在跨文化交际中，非言语交际行为的差异主要有以下三种情况。

1. 不同的文化背景，非言语交际的行为和手段是完全不同的

同样的感情含义使用不同的非言语行为表达。例如，与人见面表达问候时，中国人以握手、点头、微笑等行为来表示友好，而西方人表达问候的方式则是拥抱、亲吻、贴脸颊；中国人以摇头、摆手来表示"我不知道""没有办法""我不同意"，而西方人往往通过耸肩、撇嘴、摊开双手来表示同一意思；表示"自己"时，中国人喜欢用食指指着自己的鼻子，而西方人通常是用食指或拇指指向自己的胸口；表达感谢之意时，日本人鞠躬，而泰国人则双手合十，指尖对准鼻子下方，同时微微低头。

另外，相同的非言语行为所表达的却是不同的含义，有点"貌合神离"的意味。例如，在中国，如果看到对方的衣服上有纸屑或其他东西时，人们为了表示友好和亲近，会帮对方清除掉这些杂物，但是在西方人看来，这个动作就不是那么受欢迎，会被人认为是一种不礼貌的举动。在中国，人们喜欢用手抚摸孩子的头来表达对小孩子的喜爱之情，尤其孩子父母在跟前的话，这样做可以讨好父母，表现出自己是多么喜欢他们的孩子，而父母也会很高兴别人这

样抚摸喜爱自己的孩子；但是在马来西亚，如果在一对父母面前抚摸他们孩子的头，这是大不敬的表现，因为马来西亚人认为这样做孩子的灵气以及好运会被消磨掉，是不尊重个人的表现，不但不会讨得对方的欢心，反而弄巧成拙。成人之间的触摸也有差异，在中国，女性在喜欢和羡慕另一女性的柔顺秀发或漂亮的衣服时，常常会情不自禁地用手触摸，表达对对方的欣赏之情，对方不但不会在意，反而有种自豪愉悦的感觉，而英语国家的人被触摸时，往往感到个人的空间被侵犯，有不被尊重的感觉。体型方面，中国人认为肥胖是有福气的象征，有"发福发胖"这样的说法，而且胖也是自古以来对有钱人家和官宦之家的描述，但是在西方，肥胖则被认为是不健康、缺乏锻炼、生活不节制所造成的不良现象，毫无有福气之意。在坐姿方面，女性跷二郎腿坐着，在中国是极为不雅、缺少教养的，而在西方女性看来，虽然这种姿势不是非常的正规，但也无伤大雅，充其量是个较为随意、闲散的动作，是可以被接受的。英语国家表示"OK"的手势含义为可以、很棒、赞许、接受等，这一手势也已被中国人熟悉和接受，并且在日常生活交际中经常使用；但不同文化对这一手势的理解也不同，如法国人表示"零"或"没有"，日本人表示"钱"，某些地中海国家表示"孔"或"洞"。

2. 在某一文化中只表示一种含义的动作，在其他文化中可以表示很多种不同的含义

例如，在中国，有的人在谈话中会下意识地将双手相扣，两个大拇指会时不时地抬起，这只是一个无关紧要的动作，只是表现一种轻松自得的态度；然而，在西方国家，人们会认为这个动作表露出"傲慢""无聊""紧张""躁动"等许多意思。相反，互相搭着肩膀或挽着胳膊在中国依角色关系不同而有不同的含义：异性之间表示恋人；同性之间表示亲密；晚辈挽着长辈的胳膊表示尊敬；而在英语国家，一般只有情侣，也就是异性之间才会做出这种动作，因此只有表达恋情这一种意义。

3. 一些非言语行为在某些文化中存在，而在其他文化中不表示任何意义

例如，一些西方国家的人还有东南亚及香港人在某些时刻喜欢触摸或转动手上戴的戒指，这一动作可能表示当事人紧张，也可能是希望通过触摸戒指上的宝石，使宝石的灵气能够给自己带来好运，而在中国人们不会做出这样的

动作。中国人对人的姿态有很多的要求，晚辈在长辈面前、下级在上级面前、学生在老师面前，都应该有端正的坐姿或站姿，但是在西方国家，人们对这些姿势就没有太多的要求。

（二）非言语交际在跨文化交际中的作用

跨文化交际的难点就在于文化的差异对于交际双方的影响与干扰，如果人们排除交际过程中的语言因素，只讲其中的非言语因素就能分析出非言语交际在跨文化交际中的作用。提到跨文化交际，人们往往第一想到的就是学好外国的语言，会将精力更多地集中在语法的正确性、用词的合理性和发音的准确性上，而忽略了非言语交际行为的表达，但往往非言语交际行为和手段会对跨文化交际的效果产生很大的影响。非言语交际的失误往往也会导致交流双方发生误会和冲突。其实，非言语手段在跨文化交际中比言语交际所起的作用还要大，因为在言语交际出现障碍或冲突时，非言语交际可以起到代替、补充、力挽狂澜的作用。在与外国人交往中，交际出现困难甚至无法进行的原因主要是对跨文化交际的学习和了解不足。非言语交际和言语交际对于顺利进行跨文化交际具有几乎同样重要的意义。非言语传达出的信息往往比言语信息更加地真实。

生活在这个社会，不可避免地要与别人交往，尤其在跨文化交际中，即使在言语不通的情况下，高雅、有风度的举止也会给人留下一个良好的印象，同时可以透露出个人的修养与素质。

学习和研究非言语交际对跨文化交际的影响，也可以开阔人们的眼界，发扬自己的优点，同时认识到自身的不足。在日本开几万人的运动会，观众散场后坐席上可以不留下一张纸，而我们的体育场往往是一片狼藉。在21世纪，一些软性条件更是人们值得关注的，因此非言语交际行为相关知识的提高有助于全世界的发展与和谐。

（三）通过非言语交际体现的文化

同言语交际一样，在不同的文化之间，非言语交流也有一套不同的方式。如果只了解外国文化的言语表达而不了解非言语表达方式，就不算真正了解外国的言语和文化，因为在实际的跨文化交际中有很多内容和思想是通过非言语手段表达出来的，不了解其中的含义就会使交际产生障碍。同样，透过跨文化交际中的非言语交际也能感受到相应的文化内涵或文化背景。了解跨文化交际中的非言语交际的具体内涵就需要人们先了解相应的文化常识。

英语和汉语是当今世界上应用最广泛的两种言语，东、西方的人们要掌握这两种不同言语，除了要掌握语音、语法、词汇，还要掌握非言语交流行为，才能更好地进行交流。在这里，人们来通过某些特定角度来分析对比中国人与英语国家人们的非言语交际，研究社会文化习俗背景对不同国家非言语交流的影响，这在21世纪各国交流合作日益密切的今天，有着非常重要的现实意义。

1. 触摸

在中国和英语国家文化交流时可以体验到，中国人在交流中有更多的身体接触行为，而英语国家的身体接触则相对较少，导致这种文化差异的原因与历史文化是分不开的。中国一直是人口大国，虽然国土面积很大，但人口密度也很大，因此人与人之间会产生一种亲近式的相处模式。而英语国家的人口密度较小，人们的独立性和自我意识较强，需要有自己的空间。另外，两种文化的触摸准则也不同。就拿握手的礼节来说，英美人在握手后一般会立即脱离，然后保持一定的距离，而中国人往往为了表达热情和友好，会持续握手接触的时间，并且越来越靠近彼此的距离，这在中国人看来是很自然的，但对英美人来说则会感到不舒服，认为中国人表现得过于亲热，相反，中国人认为英美人握手后立即抽开是一种傲慢和冷淡的表现。

2. 姿势

在走路姿势方面，英美人的典范是军人式和运动员式的，他们的走路姿势是昂首挺胸、大步迈进、双臂摆动幅度很大，而中国人的典范是谦谦君子式和平易近人式，因此中国人的走路姿势往往是头部平正、步履平稳、双臂摆动幅度较小。

在坐姿方面，女性跷起二郎腿坐着，在中国是极其不雅、缺少教养的，而在西方女性看来，虽然这种姿势不是非常的正规，但也无伤大雅，充其量是个较为随意、闲散的动作，是可以被接受的；中国讲究尊师重道，在课堂上老师和学生有地位高低的区别，老师往往是高高在上的，俗话说，"一日为师，终身为父"，因此自古以来学生在上课时要求坐姿端正，认真听讲，体现了对老师的尊重。在英美国家，师生之间通常是一种平等关系，老师对于学生来说亦师亦友，因此西方的学生在上课时的姿势较为随意，甚至可以将脚放在桌子上。这种姿势在中国人看来是懒散和没有教养的，但在英美国家并不忌讳。

中国人崇尚谦虚的美德，当受到别人夸赞时，中国人通常表现出"谢绝"的动作，但内心其实是很开心的。这种行为在英美国家的人看来则过于谦逊，甚至有点虚假。同样的情况下，英美人会坦诚地接受赞美，并回以微笑表示感谢，但中国人可能会觉得他们过于骄傲和不谦虚。

透过以上这些非言语交际的差异性来看，产生这种差异的原因是各国的文化底蕴不同，中国几千年的孔孟思想讲究重礼仪，懂谦卑，崇尚温和；而英美国家多重自由，重平等，讲究舒适。

3. 时间

不同文化在对待时间的态度上有很大差异。中国是一个文化古国，拥有比其他国家更悠久的历史。中国人对时间的感觉是很长的，他们愿意做出未来十年、二十年的规划。英美国家的文化不像中国这么源远流长，他们往往采取"及时行乐"的态度，不会对未来有很长期的计划，更注重此时此刻所做的事情。但是在对时间紧迫度的处理上，英美人更加注重时间利用的效率性，他们对时间很吝惜，中国人做事的节奏速度相对则较慢，常常拖到最后期限。因此当两种文化接触时，英美人会认为中国人过于拖沓谨慎、效率不高、情绪低落；而中国人会觉得英美人不够有耐心、急于求成、节奏快且劳累。

英美人比较自我，他们将时间观念看得很重，不但自己很守时，也不允许别人迟到，认为这是不尊重他人、浪费别人时间的行为。而中国人喜欢谅解、包容别人，不苛求对方，认为这可以体现一个人良好的修养，因此如果对方稍有迟到也会表现得非常大度，不会苛刻地责备对方。在商务或私人约会时，这种文化差异就会造成一些麻烦，甚至造成重大的经济损失，西方人会觉得中国人没有时间观念，中国人会认为西方人过于苛刻、不够通情达理，其实没有真正的孰是孰非，只是两个不同文化背景所造成的文化差异对事物的理解角度不同，因此掌握非言语行为对跨文化交际的影响是非常有必要的。

三、跨文化交际中体态语和副言语的比较分析

（一）体态语与副言语之间的关系

体态语和副言语的差异在于，体态语大多属于动态无声的，而副言语大部分属于有声的，跟言语相关联的。但是与客体语和环境语相比，体态语和副言语之间更具有共同点。

1. 二者都是由主体发出信息的

无论是肢体动作、面部表情，还是语速、语调、特征音等都是由交际方主体临时发出的，与服饰、化妆、颜色等客观呈现信息的手段是有差别的。体态语和副言语在交际中传递的信息可能具有瞬间性的情况，而客体语和环境语则不可能有这种情况。

2. 二者传递信息多数情况下都是有意识的

体态语和副言语在传递信息是无意识的情况（紧张、害怕时表现出的对应的体态语和副言语会因为紧张害怕而没有意识到），但是多数情况下都属于有意识而为之的（握手、拥抱、微笑，或者是说话时借助停顿来拖延时间进行思考，回答问题时利用沉默来代替言语）。

3. 二者传递的信息都是不太稳定的

正是由于体态语和副言语传递信息具有瞬间性，同一面部表情或同样是沉默，但在不同情况下可能具有不同的含义。但是客体语和环境语即使是受文化迁移因素的影响，在一次会话中，会话双方对客体语和环境语的理解也不容易在短时间里发生改变。

4. 二者都属于能够体现主体情绪或心理状态的非言语交际

体态语（面部表情、眼神等）和副言语（语速、语调等）多数情况下反映的是交际者的情绪和心理。

而客体语和环境语则很少反映交际者会话时的情绪或心理状态，客体语和环境语主要体现的是交际者的性格特征或文化背景，或者是较早时间段里的情绪，如早上穿衣时的情绪等。

（二）关于体态语

体态语又称身体语言，也称作肢体动作、身体行为等，包括能够表达交际信息的所有表现和动作。体态语是非言语交流中一个非常重要的手段。而在诸多非言语中，体态语又是研究时间最长、研究成果相对较好的一类。

体态语包括手势、面部表情、眼睛动作及眼神、体触行为等。体态语可以代替言语表达出明确的含义，可以与言语配合补充说明所要表示的思想，可以表露出人们的情绪，对言语行为起到重复、强调、掩饰等作用，还可以调节谈话的节奏和氛围，控制交谈地进行。另外，当人们面对一个陌生人时，在言语交流之前，可以通过他的体态语对其有一个大概的评价。研究体态语可以使人们更准确地理解别人传递出的信息，从而更好地与他人进行交流，并在谈话中占据主动地位。

影响一个人体态动作的因素主要有以下几个方面。

1. 不同文化之间体态语的含义存在差异

比如在表示问候时，不同国家和地区就有许多种不同的身体表达言语，有的是握手，有的是亲吻脸颊，有的是拥抱，有的是弯腰鞠躬。不同文化中手势、身势的理解都有差异。

2. 由于地位和所具有的权利的不同，人们采用的体态语也不同

地位是指一个人的社会位置和社会集团对这个人的评价。在交流过程中，地位高的人的目光更稳定、主动地与对方建立眼神接触、有更多的头部和手部的动作，对整个对话表现出非常的控制力。

3. 不同文化和地位会使非言语体态交际产生不同，同样，人的性别也会影响举止动作

男人流泪是脆弱和不够坚强的表现，而哭对女人来说是发泄情绪的通道。男性习惯表现出威严、主动、独立的身体动作行为，而女性则善于表达出温柔、被动、依赖的体态语。

4. 影响体态语的因素还有很多，会有一些本能的反应

比如瞳孔的大小、眼睛行为及眼神、面红耳赤等是身体机能变化而自然流露出的动作表情，不是人为所能控制的，因此，人们可以通过观察一些自然

表情及动作的流露来了解人们的内心感情。

体态语和有声言语一样，也是文化的载体，在人与人之间的交流中，通过体态语所表达出的非言语信息是非常重要的。人们可以做出很多种表情和动作，也就可以表达很多种信息。而这些动作所赋予的信息会由于不同的文化而产生差异，不同文化背景的人对同一动作有不同的理解，相反，同一种意思在不同文化中也有不同的体态语表达方式。世界性的体态言语符号是不存在的，因为没有一种表情、姿势和动作能够在世界上任何一个国家都表达出同一个意思。

在跨文化背景下，如何正确判定体态语的内涵？人们认为，除了需要了解文化背景，还需要人们结合特定的交流环境，入乡随俗，学会理解和包容。

（三）体态语的具体分析研究

1. 眼睛动作及眼神

眼睛的言语，是人脸部的主要表情之一。眼睛动作主要是指目光所注视的方向、时长、瞳孔变化、眼球转动以及眼睛周围肌肉的变化等。人的眼睛常被认为是心灵的窗口，在交际中，眼睛可以传递出很多的信息。

中外在利用眼睛动作及眼神进行交际这一方面首先具有一些相似性。例如，瞳孔的变化也可以表露感情，当人们看到喜欢或感兴趣的事物时瞳孔会变大，而当人们失望时瞳孔会缩小。

但是，中国和英美国家在眼睛交流方面也存在一些差异，英美人比中国人的眼神热情得多。中国人为了表示礼貌和尊重，会避免一直直视对方。不少中国人对于英美人在谈话中总是盯着人看感到非常的不舒服。英美国家的人是非常注重眼神的交流的，因此眼睛上的动作就频繁得多。相反，英美人也会觉得中国人太害羞，目光总是闪躲回避。因此，英美国家的人和中国人都会在眼睛交流方面产生不解，而唯一的解决办法就是对眼部动作的跨文化交流有一个较深入的了解。将真诚、信任、尊重、平等放在第一位，才能在跨文化交际中正常、顺利地进行交流。

因此，在跨文化交际中，人们可以首先借助眼部动作和眼神交流中的共性来判断对方传递的潜在信息，及时地在话轮转换模式中进行自救。眼睛是心灵的窗口，眼睛在传递信息时更多的是具有世界性的，因此人们也可以借助眼睛动作和眼神来内部辅助判断其他非言语交际所传递的信息。至于在眼睛交流中表现的差异性，可以选择适中的原则，同时遵循会话中的合作原则和礼貌原则就可以回避冲突了。

2. 面部表情

人的面部可以做出很多丰富的表情，据研究，人的脸部可以做出大约25万种表情。有的表情只动用了脸上的某一个器官，有的表情则需要把很多器官一起调动起来；有的表情在脸上稍纵即逝，有的表情会停留一定的时间；有的表情只表达一种意思，而有的表情却是"五味杂陈"。心理学家艾伯特·梅拉贝恩（Albert Mehrabian）曾提到：信息的总效果有7%来自文字，38%来自音调，55%来自面部表情。可见面部表情在传递信息方面的效用之大。脸部是人类最重要的识别部位，是永远暴露在外的。因此面部表情在交际中起着非常重要的作用。从表情可以看出一个人的心态、情绪、性格以及想法。

下面从面部各个部位的动作分别进行叙述。

（1）眉毛。双眉上扬，可以表示欣喜或惊讶；单眉上扬，表示不理解或有疑问。眉毛也可以传递丰富的信息。

西方人在交际过程中使用眉毛传递信息的频率比较高，常常以耸肩加扬眉来表示疑问或表示"没什么、无所谓"等。中国人使用眉毛传递信息的频率比较低，这也体现出中国人的含蓄、内敛。

（2）嘴。人嘴部的动作是很丰富的，它们从某种程度上能够折射出人的性格特征、心理状态。

在与人交谈中，如果人嘴唇的两端稍稍有些向后，表明他正在集中注意力听其他人的谈话。与人交谈时，如果用上牙齿咬住下嘴唇，或是用下牙齿咬住上嘴唇以及双唇紧闭，这多表示一个人正用心地听另外一个人的讲话，他可能是在心里仔细地分析对方所说的话，也可能是在认真地反省自己。说话时用手掩嘴，可能是自己做错了某一件事情，而进行自我掩饰，张嘴伸舌头也有这方面的意思，同时还表示后悔。

然而在不同文化背景下，同样依靠嘴来调动面部肌肉表现的表情，但使用频率、使用环境也会有差异。以微笑为例，微笑通常表达的是友好、赞同、满意、开心等，这在世界范围内都是一致的。但是法国人不会随意地微笑，美国人却会对陌生人微笑来表示没有敌意，俄罗斯人却认为在公共场所对陌生人微笑属于不正常甚至可疑的行为。日本的妇人在自己的丈夫去世时也可以用微笑来掩饰内心的痛苦。中国人一般情况下会对陌生人保持神秘，喜欢隐藏自己的内心情感，而微笑常常被用来掩饰内心的紧张、不安等。

（3）下巴。下巴的动作虽然极为细腻，但能左右他人的印象。

外国人在发怒时，经常将下颌伸向前方，这也可以视为其想将愤怒情感扔向对方的一种攻击欲求的表现。但中国人恰恰与之相反，而以缩下巴者居多，这或许是由于文化底蕴不同所致，较之西方人的表露攻击欲，中国人甚至大到东方人往往深藏不露，以待敌之不备。

3. 手势

手势是非常重要的一种体态语，在人类的非言语交际中起着重大的作用。手部动作实际上是身势语的核心。因为手部（包括手臂）可以做出很多的动作，所以手势语表达起来比较生动自如。不同民族和文化之间，也可以通过手势语来进行交流。

手势语可以帮助人们了解说话人的心理状态，这一点在跨文化交际中是很有用的。紧握拳头的人，可能是比较缺乏安全感，所以防御意识比较强，他们并不是要去攻击别人，可能只是提防别人的攻击。把手指合在一起的人，可能是在掩饰自己，虽然他们的内心是非常不平静的，但他们的表现是泰然自若的。用手指扭头发，这一肢体言语，要分两种情况来讨论：一种是表示这个人很紧张，缺乏必要的安全感；另一种是展现自我，想吸引他人的注意力，用手对所说的话进行补充、解释和说明的人，有时是对一些事物进行夸张，以增强所说的话的效果，很能引起其他人的注意。

不同的文化背景下手势语也具有差异性。表示欢迎，可以张开双臂迎向对方，但是中英的动作稍有差异，英语国家的人通常很大幅度地张开双臂，将对方揽在怀里，而中国人一般只是抓住对方的胳膊。跷起大拇指这一动作，在不同的国家和文化中表示不同的含义：在英国、新西兰等国家，人们数数的时候大拇指代表"5"，所以大拇指跷起时表示数字"5"；在大多数西方国家，大拇指伸出并且朝向地面，是请求搭车的意思；在希腊，突然间将大拇指跷起，是很不礼貌的手势，表示让对方"滚蛋"；而在中国，竖起大拇指表示对一个人的夸奖和认可。因此，如果不了解对方的文化习俗，贸然地就做出某一手势动作，就可能会产生很大的歧义和误会。

4. 头部动作

在观察别人时，首先映入眼帘的一般是对方的头部动作。这不仅是因为头长在整个身体的最上面，最显眼，更重要的是头部动作所传递的信息最多。在不同的场合，由于人们的情绪和态度不同，头部姿势也有明显的不同，并且随着情绪和态度的变化而变化。

因此，从头的姿势可以看出一个人对别人和社会的态度。头部姿势可以概括为四种：直竖着的头；斜偏着的头；向下低的头；用双手在脑后反托着的头。

直竖着的头的姿势的含义是"不偏不倚"。在中国古代哲学中，有"不偏不倚之中"的说法，这种头部姿势是表示中立的态度。

斜偏着头的姿势是表示对某事有了兴趣，包括女士对男性的兴致盎然。当别人在对你说话时，你只需斜着头并不时点头，就会使对方有温馨的感觉。

向下低头的姿势意味着否定或批评，通常还伴随着严厉的面部姿势。

用双手在脑后反托头的姿势常被认为是成功人士的专利，在西方社会，像会计师、律师、业务经理等自信又有优越感的人常用此姿势。

中国人不能理解一件事物而进行深思时，不断做出歪头动作。欧美人一般则是将手掌贴在太阳穴附近表示正在思考。另外，用无名指轻点太阳穴的人也不少。这些动作本身都是一种表示心理上感到疑难的信号。同时，下意识地按住人体要害之一的太阳穴，也可视为是企图对思维予以刺激的行为。欧美人陷入自我侮辱的心理状态时，也有伸出食指朝着太阳穴，做出手枪射击自己脑部的自我接触举动。中国人用手指按摩太阳穴则仅仅是表示有些累或者头痛，没有其他特定含义。

从以上的具体阐释中可以看出，在一种文化中不会产生任何意义的非言语动作，而在另一种文化中可能就会表达出具体实际的意义，成为非言语交际。一切的体态语都有它的文化特性，这种动作分为两大类：本能姿势和符号姿势。本能姿势，可能在不同的文化中都有类似意义的动作，而符号姿势就多种多样了，只有像学习语言一样去学习这些知识，才能正确地理解其中的含义。

（四）关于副言语

副言语（Paralanguage）又叫作伴随言语，一般是指伴随话语而发出的无固定语义的声音。包括音调、音高、重音、语速、停顿、沉默等可以修饰和伴随言语来表达意思的成分。曾经有一位名人这样说过，"人的表情有二，一是呈现在脸上的表情，二是表现在言谈中的表情"，这是一句至理名言。副言语就属于"言谈中的表情"，正如可以借助面部表情来判断会话人的心理一样，副言语是传达很丰富信息的非言语交际之一。

一般说来，在言谈中足以表现出一个人的态度、感情和意见。固然，言谈的内容是表现的因素，但言谈的速度、语调、抑扬顿挫，以及润饰等，也足以影响谈话内容的效果。人们往往无意中会经由这些因素表现出所谓的言外之意，而听者也会设法通过这些因素来试图了解对方的心思。在言谈中，也可能带有弦外之音，但是只要仔细捉摸，便不难看出其端倪，了解其真正的意图。

在说话过程中，人的内心感受会直接影响声音，另外，声音的节奏也是内心活动的一种表现。

（五）副言语的具体分析研究

1. 言谈的速度和音调

一般来说，当言谈速度比平常缓慢时，表示不满对方，或对对方怀有敌意。相反，当言谈的速度比平常快速时，表示自己有短处或缺点，心里愧疚，言谈内容有虚假。从心理学的角度看，这种情形是因为当一个人的内心有不安或恐惧情绪时，言谈速度便会变快。凭借快速讲述不必要的多余事情，试图排解隐藏于内心深处的恐惧。

以中国人为例，说话速度特别快的人多比较外向，比较有青春和活力，朝气蓬勃，总给人一种阳光般的感觉。说话缓慢的人，会给人一种诚实、诚恳、深思熟虑的感觉，但也会显得犹豫不决、漫不经心，甚至是悲观消极。但是这种判定标准只能用于中国人之间。日本人由于受日语发音影响，即使在说汉语或英语时也会一直使用降调，并且语速偏快，显得严肃、生硬。会话时这就不能用来判定对方的性格特征了。

人总是希望借着提高音调来壮大声势，并谋略压倒对方。在平时生活中，人们经常会用到两种语调：升调和降调。升调可以表示疑问、惊奇、反问、请示等意义；降调可以表示陈述或祈使。例如，同样的一句话："这幅画是他画的。"如果用降调来说，则是陈述一件事实。可是，如果用升调来说，那就可能是觉得吃惊，"他"不可能画出这样的画；或是疑问，这幅画是"他"画的吗？

言谈之中，还有所谓的语调的抑扬顿挫，它也是人的外在表现形式之一。从中可以窥见一个人是否足够自信，这往往在演讲、谈话、教学等活动中表现得最明显。因此，本文认为在对外汉语教学中也要注意向学生强调汉语声调、句调的学习，以及训练学生掌握汉语会话的正常语速。

除外貌长相以外，声音往往会给对方留下强烈的第一印象。有些人的声音轻缓柔和；有些人的声音带有沉重威严感。人们往往会根据声音所获得的印象去识人。例如，《红楼梦》第一回中黛玉进贾府，以王熙凤的第一次出场描写得最精彩，未见其人先闻其声，而且是毫无掩饰的笑声，从中足以看出王熙凤的泼辣爽朗的性格。声音的确能表现出性格和人品，有时也是预测个人前途的线索。通过脸部表情、动作、言词等无法掌握心态时，往往可通过声调去揣摩说话人的喜怒哀乐等情绪变化。

在跨文化交际中，需要学习对方国家的语言或选择使用英语，但是人们在使用别国语言时还需要注意其语言本身的表达特点。以英语为例，很多中国人在学习英语的语音、语调时都会感到吃力或产生困惑，他们在语调上出现的失误往往会使第一语言为英语的国家的人产生误解。因此，同样的一句"I will see you tomorrow by bus."如果说话人语调平平，在美国人看来就缺乏热情，好像是被强迫做的事。另外，中国人说话多降调，英语国家的人说话时多采用升调。跨文化交际中言谈的速度和音调产生差异的原因主要在于各国语言的差异，以及不同表达习惯产生的差异。在进行跨文化交际时，在话轮转换过程中可以通过调节语速来缓解沟通压力。

2. 停顿和沉默

在人们的日常交往手段中，最主要的传递信息、表达想法和意愿的工具是有声音的言语。但是，在实际的交谈中，适时的停顿和沉默也可以成为传递信息的一种手段。因此，停顿和沉默也被列入非言语交际的范围内。

人们往往对有声言语给予了更多的关注，而对于无声言语（停顿和沉默）缺乏足够的研究和重视。实际上，与用声音言语来表达信息一样，停顿和沉默也可以起到传递信息、表达情感的作用。

停顿可以有效地控制谈话的节奏和速度。可以使谈话有条不紊地进行，也有助于听话人很好地接受话语传递的信息，以及通过停顿来适时地做出反应，这就有助于话轮转换的顺利进行。良好的谈话控制能力，可以体现出一个人情商的高低以及与人沟通的能力。停顿对语速的控制调节也是很强的，如果一次对话中出现了很多次停顿，那么整个谈话的速度通常也不会很快。停顿也可以示意谈话角色的转换。在某人说话时，如果还没有完全表述详尽自己的意思，为了不被别人从中打断，他可能会发出"呃……""啊……"等一些语气词或声音来填补空白。但当他真正打算停止发言，将话语权交给别人时，他就会较长时间地停顿下来，对方可接着发表自己的意见。而当思维出现中断时，采用停顿的方式比使用无意义的声音词会更冷静、有把握、更注重听者的反应。因此，在跨文化交际中，停顿作为非言语交际的一种是很好的辅助交际手段之一。

在交流的过程中，沉默的作用与有声言语一样重要，沉默可以对言语内容起到烘托的作用。另外，沉默也可以成为传递信息和情感的手段。比如，很多年没见的亲人或朋友重逢，所有的感情都在沉默中表达。在电梯这种狭小、密闭的空间内，人们都保持沉默，来表示对别人的尊重，老板对员工进行批评时，员工沉默不语，表示对老板的畏惧。上级在下属面前保持沉默，是为了显示自己的地位。

沉默本身也可以表达多种含义：默许、无奈、伤心、思考、冷漠、不赞成等。人们通常可以在沉默中思考，在沉默中祈祷，在沉默中想念，在沉默中积聚力量，或者用沉默来表示拒绝或愤怒。

在跨文化非言语交际中，如果出现沟通障碍，中国人往往习惯于用沉默来回应，这是因为在中国，人们喜欢保持沉默，认为"沉默是金"，于是在某些情况下，常常会用沉默来表示对说话人的尊重或表达自己对此观点的认可。但是在外国人看来，也许他们会认为中国人太过木讷，没有礼貌，自己没有得到尊重。因为在西方，无论是"文不对题"还是"鸡同鸭讲"，一定要作出回答，因为在别人提出问题后继续保持沉默，是对对方的侮辱和蔑视。即使是说一句"无可奉告"，也要比沉默不回答要好很多。事实上，中国人的沉默往往是出于礼貌和不打扰他人，并不代表蔑视或不尊重他人。

中国人很重视交际中沉默的作用，适时、恰当的沉默会产生"此时无声胜有声"的奇妙效果，要掌握东西方跨文化交际的技巧，就要了解不同文化间对停顿和沉默的理解和反应。

3. 音量

音量，简单地说，就是指声音的大小。从物理角度来说，气流的强弱决定音量的大小，气流越强，音量越大；气流越弱，音量也就越小。

音量是可以由说话人自由控制的。例如，在一些公众场合，人们都应尽量控制自己说话的音量。如果有人大声喧哗，不顾其他人的感受，就会引起别人的反感；反之，如果音量不够大，别人就无法听到你要表达的内容。

说话人的性别、年龄、体质、性格、情绪、态度等，都可以通过音量的大小反映出来。造成音量大的因素有：男性、青壮年、身材魁梧、体格健壮、性格开朗、做事利落、情绪激动、愤怒、兴奋、高兴；造成音量小的因素有：女性、儿童和老人、身材娇小柔弱、身体染病、性格稳重、做事慢条斯理、情绪低落、伤心难过、心境闲适。当谈话内容可以公开，不怕被别人听到，或是希望大家都听见时，说话时就可以用大音量；若某些信息只想在某些人之间传达，不希望其他人知晓，此时就可以降低说话的音量。

在中国和英语国家，对于音量的控制是存在很大差异的。例如，英语国家的人在节日、聚会等欢快轻松的场合，谈笑的音量超过了中国人聚会时的音量，而在私下交谈或其他公众的场合，音量会尽量控制到最低。而中国人往往不太注意私下相对近距离交谈时音量的控制。又如，在公共场合讲电话时，由于周围环境太吵，有的中国人就会很大声地对着话筒讲话，这在外国人看来就觉得没有必要这么大声喊叫。在听音乐会时，两种文化的人也有不同的表现，在演出中场休息时，英语国家的人会较安静，即使讲话也是两人间的窃窃私语，而中国人和韩国人相对嘈杂，喧哗声相对较大，尤其是韩国人。而在演出过程中及演员谢幕时，英语国家的人会不时地发出喝彩声与叫好声，而中国人则会相对含蓄。这两种截然不同的表现，在跨文化交际中也会出现误解，英语国家的人会认为中国人不够热情，对表演的演员不够尊重。看电视或听音乐时，无论是在家中还是在公交车、教室、餐厅等公众场合，有些中国人都喜欢把音量开到很大，认为这样听起来才过瘾，而没有感觉这样会影响同处一个地方的其他人，使别人无法正常地交流和舒服地相处，甚至会引起别人的反感。而英语国家的人则比较看重私人空间。相反，中国传统女性讲究柔声细语，女性说话声音往往会比较小，语速会比较慢。而美国女性说话音量相对要高。

4. 特征音

特征音也叫作"功能性发声"，比如笑声、哭声、呻吟声、叹息声等。这些具有特征的声音大部分可以用拟声文字表达出来，但是，它们与文字往往不是一一对应的关系，并且不像文字那样有固定的含义。例如，形容怎样的一种笑声，可以用"哈哈"地大笑、"吼吼"地狂笑、"噗噗"地傻笑等符号描写。但是"哈哈"还可以用来表示打哈欠，"吼吼"可以用来表示台风掠过的声音，"噗噗"可以用来表示吃水果吐核的声音。特征音不单是对声音的描述，同时也是非言语手段传递信息的一种方式。

（1）笑声。笑声可以表达一个人的情绪，也可以用来作为一种传递信息的手段。从笑的声音来看，笑可以分为很多种："哈哈"地大笑、"吼吼"地狂笑、"噗噗"地傻笑、"嘻嘻"地微笑、"嘿嘿"地窃笑等。不同的笑声反映了人不同的性格和情绪。

除了可以从笑声中看出一个人的心情和性格，人们还可以运用笑声来达到自己的目的，帮助自己在交际中表现得更加出彩。由于笑声具有很强的感染性，因此常常被用来调节气氛，缓和交际的氛围。

但是，在跨文化交际中笑是要分场合和方式的。中国人一般多微笑表示含蓄，很少大笑，而美国人的笑声一般很响亮，讲究充分地抒发情感。面对夸奖和称赞，中国人往往会选择以微笑回应，而英美国家的人们往往不会如此。在某种场合下，笑也许只是被用来调节气氛，但是在不同文化背景的人看来，可能会被理解为嘲讽、羞辱，常常会产生误解。

（2）哭声。与笑声相对应的是哭声。在自然的情况下，哭是一种内在情绪的表露和发泄。人们在非常难过和悲伤的时候，在非常感动的时候，在非常激动的时候，都会难以自抑地哭泣。而有时，人们为了引起别人的注意、同情或其他原因，也会或故意或虚情假意地哭。不同的哭声，暗含着不同的情绪和秘密，人们可以通过"哭声"这一非言语手段来表达自己和认识别人。

但是，中国人自古强调男子不能轻易地流眼泪，特别是大声哭，除非在特殊情况下，这一点可以看出中国文化中的大男子主义。而美国人注重情感的宣泄与表达，在哭这方面没有过多的约束。

四、跨文化交际中的客体语和环境语的比较分析

（一）客体语和环境语之间的关系

同体态语和副言语相比，客体语和环境语比较具有相似性。具体体现如下。

1. 客体语和环境语

传递的信息都是外在的客体呈现的信息；化妆品、服装、饰品、家具等物品实际上都属于装饰品，独立于会话主体之外，可以因年龄、心态、心情、品位等改变而改变，只是在交际过程中很难瞬时改变。至于时间、空间等环境语是属于会话者的观念范围的交际语，也是与主体的生理、身体没有直接关系的。当然与客体语相比，环境语更具稳定性，不会轻易地改变。

2. 二者传递的信息相对稳定

由前文的论述很容易看出，和体态语、副言语相比，客体语、环境语要相对稳定得多。

3. 二者的形成是潜意识甚至无意识的

个人的喜好、品位等体现在客体语中是潜意识的，究其原因是由性格、文化环境决定的。一个国家的人对于时间、空间所持有的态度也是形成于无意识中的。

（二）关于客体语

客体语指人为的一些装饰用品，包括化妆品、服装、饰品、家具等物品的展现。这些极具个人特征的物品可以显现出一个人的品位和特征，因此客体语也是非言语交际的一种重要手段。

见到一个人，人们可能不知道他的名字，不了解他的背景，但是人们会通过他的面容，以及他的很多身体特征与附属品，对这个人有一个大概的印象与大体的判断。人的服装和其他装饰品可以表现出一个人的职业、身份、地位、性格等。

而在客体语这一方面，中国与英语国家的人们也有一定程度的差异，包括发型、妆容、服饰、饰物、香水等各种元素的风格和使用量，在跨文化交际中可以通过客体语来了解西方人的文化历史、服饰特征、生理特征等；反之，客体语传递的信息也有助于增加沟通话题，这是客体语区别于其他非言语交际的地方。总的来说，英语国家的人更注重凸显个性，想要自己与别人区分开来，有自己鲜明的特点，尽力地表现自己；中国人则是比较谦逊，以稳妥得体为主，朴实无华，不搞特殊化。

（三）客体语的具体分析研究

1. 衣着

服饰可以含蓄、间接地向他人传达许多信息，不同的人有不同的衣着打扮，一个人的装扮，不仅表露了他的情感，反映了他的修养和职业，而且可以显示出他的智慧来。同时，从他的衣着习惯更可以透露出他的人生哲学和人生观。

随着社会的进步与发展，现在从衣着打扮上判断一个人的难度无形之中增大了，因为现在的人们提倡张扬个性，不再拘泥于这样那样的形式，所以不能按照传统的一套进行观察和判断。

也正是由于张扬个性，不拘泥于形式，人们才可以更加充分地展示自己的心理状况、审美观点等，从而让人们可以更准确地把握其性格特征。

衣饰华丽的人，富有自信心；而不注意衣饰的人，性格往往内向；衣饰整洁的人，活泼爽朗；而过分地追求打扮的人，他们的性格多半会有些不正常，他们在社会交往中会产生越轨行为。穿着打扮以素雅、实用为原则的人，他们多是比较朴实、大方、心地善良、思想单纯而又具有一定的宽容和忍耐力的人。喜欢色彩鲜明、缤纷亮眼的服装的人，他们多半比较活泼、开朗，单纯而善良，性格坦率豁达，对生活的态度也比较积极、乐观和向上。喜欢宽松自然的打扮，不讲究剪裁合身、款式衣着的人，多是内省型的，他们常常以自我为中心，而融不到其他人的生活圈子里。

不同国家和文化的人们在服饰衣着上也有不同的习惯和习俗，在跨文化交际中，人们应当注意衣着的差异，尊重不同的文化习俗。

2. 化妆

化妆，除了可以使一个人更加漂亮，在交际中适当地化妆也是礼貌的一种表现。通过化妆，可以在不同场景中对不同的人作出适当的解读。例如，不同国家的新娘妆也具有不同的特色，西式婚礼的妆饰和中式婚礼也有很大的差别。中国人注重喜庆，以红色艳丽为主；西方人认为白色、淡雅比较神圣和忠诚。西方人喜欢举办化装舞会，也体现出他们的豪放、开朗以及追求独特、与众不同的个性。

另外，除了场合需要，从一个人常见的化妆风格也能判断其性格特征。喜欢自然妆的人，他们多是比较传统和保守的，思想有些单纯，富有同情心和正义感；但不够坚强，在挫折和打击面前常会显得比较软弱；为人很真诚，从来不会怀疑他人有什么不良动机。

喜欢用很长的时间化妆的人是完美主义者，凡事总是尽力追求达到尽善尽美。因为他们对自己的外表并没有多少的自信，所以在这方面会花费大量的时间、精力，甚至是财力。但由于他们过分地加以强调外在的形象，总会给人造成一种相当不自在的感觉。

喜欢化异国色彩比较浓重妆的人，有比较丰富的想象力，体内有很多的艺术细胞，希望自己能够成为异国艺术家。他们向往自由，渴望过一种完全的无拘无束的生活。无论在什么时候都化妆的人，他们多对自己没有自信，企图借化妆来掩饰自己在某一方面的缺陷，他们善于把真实的自己掩蔽起来。

（四）关于环境语

环境语也是非言语交际的一种非常重要的手段。环境语与客体语相比，它更具有一种稳定性，不轻易改变。从非言语交际的角度出发，这里研究的环境主要指人的交际空间环境，或者称作交际的"场景"，比如时间、距离、颜色等，而不是指人类生存的自然环境，比如空气、海洋、森林、城市等。环境语可以影响人们的交际，也可以体现出不同的文化和思想。通常在对跨文化交际中的环境语进行研究时，研究者们常常论述的是时间、距离（或者空间）的差异性。本文中注意到了环境语中颜色传递信息的差异性。

高雅、气派的剧院，热闹、温馨的餐厅，庄严、肃穆的大会堂，这些不同的建筑构成了不同的环境场合，也会使人们产生不同的感觉情绪，从而在不同的环境下做出不同的反应。颜色不但可以表达很多的意义，也会对人的情绪产生影响。不同文化的人们对颜色的喜好也不同，本文会在接下来详细地分析跨文化交际中颜色所表达的独特象征意义。气味的影响也很重要，芬芳的花香，甜甜的糕点，汽车的尾气，皮质的家具等这些不同的味道同样会给人不同的感觉。酸、甜、苦、辣、咸这五种基本的味道也是一种环境语，一个人的口味在某种程度上也可以表现出这个人的性格和他所处的文化。例如，意大利人喜欢比萨和意大利面，美国人喜欢汉堡和薯条，中国人喜欢饺子，日本人喜欢寿司；女士喜欢甜点和水果，男士喜欢海鲜和红酒；重庆人喜欢辣食，北方人喜欢面食等。

（五）环境语的具体分析研究

1. 颜色

人们生活在一个色彩斑斓的世界，色彩赋予了不同的象征意义：概括起来说，红、橙、黄为暖色，可使人精神振奋，心情愉快，有增强新陈代谢的作用；蓝、绿为冷色，起抑制、缓和感情冲动的作用。

人们可以利用暖色来振奋精神，增强生命力，提高生活兴趣，促进机体的新陈代谢，而利用冷色抑制与缓和感情的冲动，安定情绪，控制暴露，并用来对人进行心理治疗。心理专家认为，色彩是"世界上最便宜的精神治疗师"，可见其作用不可忽视。相应地，从人们服装的颜色就可以透视其心理了。因此，颜色也是可以传递信息的非言语交际方式之一。

2. 空间距离

在人们的实际交际中，空间距离也可以作为一种非言语交际手段来传达信息，每个人都会占有一定的空间，与别人交往时则需要一定的距离。个人空间是指围绕在一个人周围并随他/她移动的面积范围，即人与人之间保持一定的身体距离。如果距离太近，人们会感到受到侵犯，有一种不安全感。

人们在日常生活中也需要有个人的空间。在公共的长椅上，如果有一个人已先坐在椅子的一端，那么后来的另一个人一般会选择坐在靠长椅的另一端，如果再来人的话，通常会选择最中间，即选择与之前两个人间隔最大的距离，直到实在没有位置，才会坐在陌生人旁边。从这一点可以看出，人们在任何地方，都会有一种空间距离的意识存在。太近了会感觉不自在，太远了会觉得遭到排斥。因此，人们应当对别人保持一个适当的距离，这样才可以确保交际的和谐进行。

空间距离可以显示人际关系。人际关系也可以看作人们心理上的距离，对不同的人的感觉和亲密程度，会体现在与之交流的距离上。亲子之间、恋人之间等，人们可以进入一个较为亲密的范围，在这个区域里面，彼此可以感受到对方的气息，近距离地观察对方的表情，或是零距离地与对方进行身体的接触。但是，如果是外人突然闯入这个范围，人们就会感觉不舒服，比如在上海世博会，很多场馆外都排起了长长的队伍，有的游客会突然转身与后面的游客提出抗议。可以大概猜出应该是抗拒他离自己太近了，侵犯到了其认为安全的个人距离，从而产生一种被侵犯的感觉。

空间距离对情感交流也会产生影响。恋人喜欢去公园、海边等人少的地方约会，公司会组织一些郊外活动来增进同事间的感情，促进团结，而人们在旅行中结交的朋友感情也会很深厚。

大的空间有益于人们的相处和交流，小的空间会使人们产生对立情绪，不利于融洽相处。在人群聚集的商场、公共汽车上很容易发生争吵，这与人均的空间太狭小有一定的关系，狭小的空间容易使人情绪烦躁，当发生争执时，及时驱散围观的人群，将空间扩大，是一个平息争执的一个有效方法。

当然，空间也不是越大越好，如果空间大于一个人的需求时，他就会感到孤独、寂寞，如果空间小于一个人的需要时，他会感到烦闷、躁动。因此，空间距离应该有一个令人最舒适的限度。

五、克服跨文化交际冲突的策略

（一）跨文化交际差异意识的培养

1. 关于跨文化交际差异意识

要克服跨文化交际障碍，首先要培养人们注意跨文化交际差别的意识。所谓"文化"，是在同一个环境中的人民所具有的共同的心理程序。因此，文化不是个别呈现出的表象，而是具有相似的社会经历，受过同等类似教育的人们所共有的心理程序。不同的群体、不同的国家或地区的人们，他们的生活环境、所受教育程度以及思维方式等存在一定的差异，因此也就表现出各种地域、民族、群体间的不同文化，文化也因此存在差异性。

文化差异在生活中的各个方面都可以体现出来，东西方的文化差异就更突出了。例如，西方人喜欢直率，内心活动常常喜形于色；东方人则重视谦虚，时常贬低自己高抬别人。又如，中国人注重大局，个人应融入集体中，往往以牺牲个人利益来顾全整体；而西方人则较为重视个性，愿意凸显个人的能力，表达自己与众不同的想法，突出个人价值。

中西方之间有着不同的地理环境、文化背景、历史积淀和思维方式，在不了解对方文化的情况下，跨文化交际必然会存在误解，进而发生冲突。因此，若要顺利地进行跨文化交际，就必须有意识地学习不同文化间的习俗及处事方法。在中西跨文化交际中，能够产生文化冲突的情况随处可见，比如关于隐私问题的范围、时间观念的差异、不同场合言语的轻重缓急、饮食习俗、穿衣打扮、行为举止等。在实际的跨文化交际中，必须时刻注意各个方面可能引起的文化冲突，才能避免误解，顺利地进行跨文化交际。

2. 对外汉语教学中如何培养学生的交际能力

首先，除语言教学外，还可增加汉语文化的教学内容。最主要的是从文化层面介绍和讲解中国非言语交际行为的表现、含义、作用以及与主要西方国家的差异。

其次，教会学生如何理解和判断言语交际和非言语交际相结合的话语结构中的非言语的含义和文化特点。

最后，可以采用情景模拟、立体呈现的方式向学生解读不同的非言语行为。

（二）克服跨文化交际中非言语交际障碍的具体措施

1. 避免文化的负迁移对跨文化交际的干扰

"文化负迁移"是指当本民族的言语文化与外来民族言语中的某些文化现象产生冲突或矛盾时，人们往往会习惯性地借助于母语的文化习惯、历史背景、思维方式等进行联系与对比，并按照母语的理解标准来进行评判做出反应，造成跨文化交际的隔阂，对外语习得产生干扰作用。因此，为了避免产生不必要的误解，使沟通流畅自然，人们应当尽量避免文化的负迁移对跨文化交际所造成的干扰。

2. 培养"文化移情"意识

为了达到跨文化交际顺利进行的目的，人们应该注意谈话内容的选择以及得体的行为。以对方的文化准则来理解和评价对方所做出的行为。如果硬生生地去触碰对方避讳和敏感的事物，那么就会产生文化负迁移。例如，在西方，年龄、婚姻、职业、薪水等方面属于敏感话题，不易谈论，人们了解后应避免此类尴尬情况发生。所以，在跨文化交际中，应培养"文化移情"意识，也就是以对方为出发点来考虑，从而克服文化负迁移现象的产生。

3. 在跨文化交际中，人们应顾及他人的情感、思想和经验

当然，这并不意味着要完全对别人的情感、经历全部接受，但是在一定程度上，对别人的理解和关注，提起足够兴趣的能力也非常重要：①要知道不同文化背景的人的价值观等是存在差异的；②能够细致观察他人情感的表现，并能读懂且与之产生共鸣，这样跨文化交际就会成功了。在本民族文化或价值观与外民族文化价值观产生原则性冲突时，也能做到不卑不亢，在不失原则的情况下，恰当地"求大同，存小异"。

4.注意交际行为的得体性

交际行为的得体性指交际者的交际行为符合交际语境中交际对象的社会文化规范和行为期待。行为的得体性在不同的场合与交际对象间有不同的准则，在某个环境，面对某个人时得体的行为，在与另一个对象和场合交际时也许就不得体。一个精通中国文化的美国人在与中国人交往时表现出很强的交际能力，而在与阿拉伯人打交道时却表现得手足无措。

5.要学会尊重不同的非言语交际方式，做到入乡随俗

此外，不同文化中人们的生活习惯、行为准则、言语和非言语符号的差别为判断是否行为得体增加了难度。因此，要学会尊重不同的非言语交际方式，做到入乡随俗。例如，商务谈判在美国文化中是被非常重视的一种交际情形，通常谈判地点选取在会议室，谈判双方对面而坐。因此，美国人会认为在阿拉伯文化中谈判人员席地而坐，并且杂乱无章地散坐在各处，这种行为是非常不正式的。同时也会觉得芬兰人集体去洗桑拿的谈判方式难以接受，而在阿拉伯和芬兰文化中，人们认为这样可以给谈判双方营造一种轻松愉悦的氛围，使得谈判可以有更好的效果，达到双方都满意的目的。因此，在跨文化交际中，面对这种差异应该做到以理解、尊重为先。

综上所述，结合具体实例，本文对不同文化背景中非言语交际行为进行分析论述，不难发现非言语交际在跨文化交际中的作用越来越明显。研究跨文化交际中的非言语交际的差异就要对交流双方国家的交际准则、文化背景有很好的了解和把握。

总之，随着经济的发展，不同文化人们之间相互接触和交流的机会越来越多，而且是不可避免的。但是不同地区的文化又存在着差异，而这种差异也在不断的变化中。正是这些文化差异的存在致使非言语交际行为存在很大差异，最终使得跨文化交际产生了障碍。要想将跨文化交际的误解降到最低，就要找出原因及解决的对策。世界如此辽阔，不同地域、不同历史背景的人民有着不同的文化和生活习俗。人们首先要承认这种差异的存在性，从而去平衡不同文化间的隔阂。在与异域文化接触和对比的过程中，对本国的文化也会有更深入的了解，最终人们的目的是使跨文化交流能够和谐、顺利地进行。

第三节　跨文化交际翻译中的文化冲击

　　《英汉大词典》对"culture shock"的诠释是：文化冲击；文化震惊，指面临异族文化或生活方式时可能经受的一种困惑不安的感觉。在跨文化翻译中，译者面对不同于他们母语的一种异族语言和文化，常常碰上一些用自己的语言、文化和社会价值标准无法理解或是无法解释的事、物或是观念，这种跨文化的困惑在翻译实践中是屡见不鲜的。显然，翻译是一种典型的跨文化活动 (intercultural activity)，译者要力求去理解用另外一种文字所表达的含义，当然也要去理解那种文化及其社会。过去由于中国社会的长期封闭，我们老一代的外语工作者在20世纪50~70年代几乎都没有机会接触和了解西方世界，对现代的西方文化生活非常陌生。在国内学英语、教英语多年的英语教师也常有这种文化冲击的感受。

　　翻译不是在真空中进行的，总要打上译者的时代及译语文化的烙印。法国作家雨果曾有过一个一针见血的说法：翻译是对译入国的"侵犯行为"。正因为如此，翻译家在译介异域文化时，就不能无所顾忌，而要受到意识形态的制约，说得具体些，就是要考虑译入国的主导意识，考虑"赞助人"的意愿要求，考虑译文读者的情趣和接受力，并根据这些制约因素，适当地对原文做出"策略性叛逆"。

　　政治影响文学，文学反过来也作用于政治。古今中外有不少著名的翻译家，常常"借着各种操作手段，利用译作表达自己的一套意识形态"。例如，林纾翻译英国哈葛德的小说*Montezuma's Daughter*（《蒙特祖马的女儿》）时，刻意将小说的名字改为《英孝子火山报仇记》，并悉心刻画男主角千辛万苦为母亲报仇的情节；而在翻译狄更斯的小说*The Old Cunbsity Shop*（《老古玩店》）时，也把书名改为《孝女耐儿传》。其实，西方是不讲"孝"道的，上述两部作品中也没有宣扬"孝"道，那林纾为什么要在自己的译作中突出一个"孝"字呢？原来，满清标榜以孝治天下，孝道在人们的头脑中可谓根深蒂固。林纾这样做无疑是为了顺应当时的主导思想，希望通过接近读者的阅读期待而使他的译品更容易为中国读者所接受。

出于意识形态的考虑，遇到可能引起麻烦或纠纷的内容，或者加以删除，或者进行淡化，这在古今中外的翻译界，可谓司空见惯。《安妮日记》是"二战"期间的一个犹太小女孩在躲避纳粹迫害期间写成的一本日记。在世界各地广为传译。这本书译成德语时，译者出于政治上的考虑，也小心翼翼地对原文做了某些变通。比如，原书中有这样一句话："世界上没有比德国人和犹太人之间更深的仇恨了。"译者则译为"世界上没有比这些德国人和犹太人之间更深的仇恨了。"加上"这些"这一限定语，就把斥责的笔锋限定在纳粹党身上，而不是指向全体德国人。正如译者所说的："这本书要想在德国有销路，就不应该包含任何针对德国人的侮辱字眼。"基于这一原因，译者删除了日记原文中所有可能引起德国人不悦的话，或者做些改动，缓和强烈的语气。于是，"一条条针对犹太人的法令颁布了"，变成了"一条条法令颁布了"；安妮及其家人不得不离开德国，"因为我们是纯血统的犹太人"，变成了轻描淡写的"因为我们是犹太人"；等等。显然，这样的叛逆是时势所迫，可谓明智的举动。

文学还要直接地为道德目的服务，培养人们高尚的道德情操。世界上许多国家公开谈论性和露骨的性描写，都被认为有伤风化，因而成了另一个敏感的问题。如古希腊剧作家阿里斯托芬的《吕西斯忒拉忒》被视为一部"性喜剧"，剧中有一句话直译过来应为："要是他不肯把手伸给你，就拉住他的阳具吧。"让我们看看英语翻译家是怎样处理这句话的吧。1902年，希基将之译作："要是有人不肯把手伸给你，就牵住他的鼻子走吧。"1954年，费茨将其译为："女士们，拖着他们的手吧；要是他们不愿意，那就随便拖什么都行。"1970年，迪金森将其译成："要是他们不肯把手伸给你，就温文地拖他们的生命线吧。"

中国是个文明古国，一向崇尚伦理道德，因而对出版物涉及性问题，更加谨慎，严格控制，笔者对此有着深刻的体验。20世纪80年代初，笔者与另一位译者合译美国的长篇小说《狮身人面像》，见书中有一两处还不是很惹眼的"性描写"，便写信征求编辑部的意见，编辑部的答复是："你们先译出来，交由我们处理。"后来我们发现，编辑部本着"点到为止"的原则，对细节做了删减。如小说女主角艾丽卡与法国人伊冯有过一次"一夜情"，作者做了几句具体的描写，但译作发表出来时，这几句描写被删除了，只保留了这样两句话："她向伊冯张开了双臂，她和他一样兴奋。"20世纪80年代末，笔者与另一位译者合译又一部畅销书《寡妇》，书中用了相当的篇幅描写女主角佩吉跟她女儿的男友在水下做爱的情节。在中国人看来，这完全是乱伦；如果再把所有的细节赤裸裸地译出来，势必会引起读者的义愤。因而，译文最后与读者见面时，原文中的露骨描写只留下了"佩吉第二次失去了知觉，而且生平第一次经历了性高潮"一句，以暗示他们在水下的龌龊勾当。如今，随着改革开放的深入发展，中国的"性忌讳"似乎有所"松动"，但是为了国人的身心健康，在这个问题上还是应该有所节制，万万不可放任自流。

总之，译者向国人译介异域文化时，负有双重的道德义务：①他要尽量忠实地传达作者笔下的异域文化；②他又要注意维护自己的意识形态，以免给译语文化造成不应有的侵犯。

思考题：

1. 言语交际原则的内容和应用有哪些？
2. 对外汉语教师在言语交际教学中应注意哪些问题？
3. 什么是非言语交际？其功能有哪些？
4. 意识形态的差异对翻译有何影响？

第六章

跨文化交际下的英汉翻译策略

第一节　英汉词汇翻译策略

一、英汉词汇的区别

英语词和汉语词的不同首先体现在词的构成上。英文词是由数个字母排列而成的，单个字母对这个单词本身的意义不产生影响。英语中词是由词素（morpheme）组成的，所谓"词素"，是指英语中"具有意义的最小单位"，不能单独运用在句子中。例如，单词"electromotor"，前缀词根"electro–"表示"电的"，"mot"表示"move"，后缀"–or"表示名词，那么这个单词的意思就是"电动机"。但拆开来看，三个词根都不具备可独立运用的意义。与英语词相对，汉语词则没有内在结构和形态的变化，汉语词由单个的汉字组成，每个汉字对这个词的意义都可能产生影响。这些组成词的汉字称为语素，是可以单独运用在句子中的。例如，"踏青""单行道""护城河"等词语，词义是由组成词的语素意义拼接起来形成的，每个语素"踏""青""单""行""道""河"又有各自独立的意义，可以在句子中独立使用。

除了了解英汉两种语言构词上的区别，熟悉掌握词汇的语法分类也是非常重要的。英语词可以分为以下几种词类：名词（noun）、代词（pronoun）、数词（numeral）、形容词（adjective）、动词（verb）、副词（adverb）、冠词（article）、介词（preposition）、连词（conjunction）和感叹词（inteijection）。通常，前面六类词语可以作为独立的句子成分，具备实在的词义，如名词可作主语、宾语、表语等，动词可作谓语，形容词常作定语，副词多作状语等，这些词称为实词（notional words）；而介词、连词和感叹词都不能作为独立的句子成分，只有语法意义，称为虚词（form words）。但某个英语词属于哪个词类并不能一概而论，因为在不同的搭配中词所充当的成分是不同的。英语词的另一个重要特征就是一词多义。一个词，其词汇形式不同，如"–ing"和"–闭"形式，词汇的具体意义是不同的。它在某一个句子中充当的成分不同，在该语言环境中的具体含义也是千差万别的。

例如，单词"double"可作形容词，在句子中作定语，表示"双倍的"。

① It will take double the time.

那要花双倍的时间。

可作副词，在句子中作状语，表示"双倍的"。

② He was bent double with laughter.

他笑得弯下了腰。

可做及物动词或不及物动词，在句中作谓语。

③ double the number

数字翻番。

④ to double for sb

做某演员的替身。

⑤ The actor doubled as the king in Act Ⅲ.

这位演员在第三幕兼饰国王一角。

也可作名词，在句中作主语、宾语等。

⑥ The double of sb.

跟某人一模一样的人。

⑦ May I have a double（room）please?

我可以要一个双人间吗?

汉语词的分类和英语基本一致，但一词多义的现象相比英语少很多。因此，在开始动手翻译英语单词之前，心中一定要清楚每一个词的词性是什么，在句中充当什么成分，这样才能在具体语境中找到单词最贴切的释义，而不是在字典上随意找一个释义来拼凑翻译。

二、英汉词汇的翻译原则

翻译是语言之间的转换，更是文化之间的交流，这是翻译的基本性质，因为语言既是文化的组成部分，也是文化的符号，其使用方式与表达内容都具有一定的文化内涵。翻译作为文化交流的桥梁，不仅是语言的转换，也是文化的传输与移植过程。翻译与语言、文化密切相关。原作中不可避免地包含源语民族文化的各个方面，而且原作本身就是一个文化产品；译者是另一文化的携带者，他对原作的解读过程，就是与另一文化的接触过程，在表达时，他要面对本民族语言的读者，需要处理翻译中的诸多问题。从跨文化交际的角度看，译作实际上是原作经过译者过滤后的文化产物。既然翻译是一种文化转换的模式，其主要任务就是把一种民族文化传播到另一种民族文化之中，即在译入语中再现源语所表达的思想内容。因此，从跨文化交际的角度可以把翻译的原则归结为文化再现。

由于翻译与文化有着密切的联系，因此翻译在很大程度上受到了文化差异的影响。翻译的最大困难是两种文化的不同，在翻译中，文化差异往往产生障碍和难题。因此，解决好翻译中的文化差异问题是保证译作成功的关键。这就要求译者必须掌握两种语言，确实如此。但是，不了解语言当中的社会文化，谁也无法真正掌握语言。文化翻译的理论研究之所以特别重要，是因为中华文化与西方文化之间差异很大，忽视这种差异，必然有损于文化交流。

跨文化交际的根本目的是促成不同文化背景的人们之间的信息交流，增进相互了解和友谊，促进人类文明的发展。从跨文化交际的角度看，翻译的目的之一就是要在源语和译入语之间建立文化对等。如何取得文化对等主要取决于文本的类型、翻译的目的、读者的类别以及文化色彩在交际中的重要程度等。从跨文化交际的根本目的来看，达到上述文化对等的途径应是多样的，且对等的标准也不应是机械的。就文化词汇的翻译而言，文化对等主要体现在语义等值和语用等值上，语义等值是语用等值的基础。由此，在很多情况下，等值翻译也主要是指语义等值。在翻译中，语义就是指一句话或一个词所表达的意思。从词汇翻译的角度看，语义可分为表层意义，即词的指称意义和深层意义，即内涵意义。词语的内涵意义指的是"在词语实体指称意义的基础上添加的语义"。因此，文化词汇的文化内涵意义就是指在文化词汇的实体指称意义的基础上，添加的反映某一特定民族文化的语义，即文化附加含义。由于民族文化存在个性差异，文化词汇翻译中的文化信息对等往往很难达到指称意义和文化内涵意义的完全传达。例如，"It is a Greek gift to you. "（这是图谋害你的礼物。）该句中的文化词语"Greek gift"出自希腊神话中希腊人智取特洛伊城的"木马计"，其内涵意义是"图谋害人"。假如把这句话照字面译成"这是给你的希腊礼物"，就会使文化含义丧失殆尽，汉语读者也无法理解，类似的例子不胜枚举。

文化词汇翻译的基本原则是最大限度地做到语义和语用的等值，若不能实现语义等值时，也应至少确保语用上的等值。例如，我国天津市一种有百年历史的风味小吃"狗不理"包子，目前在全国许多旅游城市设立了分店，并远销国外。据说其英文译作"Dog Won't Leave"，与原来中文名的含义相去甚远，根本无语义等值可言，因为中文"狗不理"与"Dog"和"Leave"没有任何联系。也有人把它译成"Go Please"，同样容易使译文读者感到莫名其妙。然而，从语用角度看，"Dog Won't Leave"实属妙译，狗不离包子，自然就不理主人，这样的招牌，对爱狗如爱友的英美食客来说无疑具有强烈的吸引力，在语用效果方面基本做到了对等。再如，我国的交通标语"一慢，二看，三通过"，也不宜照字面译为："Slow down, look around and cross. "而可以忽视语义层面的对等，译成具有大体相当语用功能的英文"Stop"，遵循的也是语用对等原则。

三、英汉词汇的翻译策略

"语词"是指词或词组等独立的可以自由运用的最小的语言单位，也是语篇翻译中的基本单位。对词语的理解不深，或一知半解，或因为粗心大意，必然造成误译或错译，进而影响整个句子、段落和整篇文章的理解。

翻译过程中，无论是英译汉还是汉译英，首先遇到的也正是语词的理解和翻译。由于英汉两种语言在词汇方面存在较大差异，原文词义的辨析和译语用词的表达就成了英汉、汉英翻译的基本问题，也是影响译文质量的一个关键环节。

词义的理解是否得当，除了对英汉语言的本身修养外，还涉及有关专业知识和文化背景知识。对于初学翻译的人来说，切忌望词生义，不求甚解，尤其是遇到一些常用的多义词时，除了在日常阅读时多加注意，翻译中更应勤查字典和有关工具书。

在英译汉中，选择和确定词义通常从以下几个方面着手。

（一）从词的语法分析来理解

对初学翻译的人来说，准确的理解往往离不开语法分析。语法分析主要从构词法、词性、涉指关系来分析词在句中充当的成分。

1. 从词的构词来分析

词的形貌结构体现了词的自身含义，因此分析词的构成有助于弄懂词义，获得词的基本含义，从而为译入语的选词提供必要的参考依据。

此外，名词的单复数不同，其词义可能全然不同。例如：green（绿色），greens（青菜，蔬菜），finding（发现，探索），findings（研究成果，调查结果），damage（损失，损害），damages（赔偿金），air（空气），airs（傲气）。

2. 根据词性创新词义

英语中一个词可以分别属于几种不同的词性。词性不同，词义也有所不同。正确判断词性对理解词语的意义起着决定性的作用。例如，"Workers can fish."此句中的"can""fish"分别被看作助动词和动词时，此句应译为"工人们能够捕鱼"；当它们分别被看作谓语动词和名词时，此句就变成了"工人们把鱼制成罐头食品"。下面再举几例加以说明。

① Your account of what happened is not right.（形容词）

你对发生的事情的叙述不太正确。

② Go right on until you reach the end of the street.（副词）

一直朝前走，直到你到达街道的尽头为止。

③ I have the right to know the truth about the matter.（名词）

我有权力知道这件事的真相。

④ I hope your troubles will soon right themselves.（动词）

我希望你的困境很快就能扭转过来。

3. 从涉指关系来分析

涉指关系指词在上下文中的照应关系，包括人称照应、指示照应和比较照应等。人称照应包括人称代词的各个格，指示代词such和不定代词some、any、each、both等，以及一些限定词much、many、few、little等。指示照应包括名词性指示词this、that、theses those，以及副词性指示词here、there、now、then等。比较照应指有关涉及词的比较级形容词和副词。

① It may be possible to build faster ships, but scientists believe that they couldn't travel as fast as light. So they would still have long journeys ahead of them.（人称照应）

虽有可能造出速度更快的飞船，但科学家相信这种飞船的速度不会达到光速，因此科学家还面临着漫长的探索道路。

② I hate blue shirt; white suits me but gray is the most preferable.（比较照应）

我讨厌穿蓝衬衫，喜欢穿白衬衫，而最喜欢穿灰衬衫。

4. 从句子成分来分析

一个词语在句中充当的成分不同，意义也不相同。特别是当某些词语，从形式上看，既可用作这一成分，又可用作另一成分时，必须根据上下文和全句的意思做出准确的判断，否则就会产生理解错误。

① The inventor began his scientific career as a chemistry teacher.（介词短语用作状语修饰动词began）

这位发明家从化学老师开始了他的科学生涯。

② His first act as an engineer was to labour in the workshop.（介词短语用作定语修饰名词act）

他当了工程师后的第一个行动是下车间劳动。

③ A successful scientist rejects authority as the sole basis for truth.（介词短语用作宾语authority的补足语）

有成就的科学家总是拒绝把权威当作真理的唯一基础。

④ I wrote four books in the first three years, a record never touched before.（画

线部分为评价性质的附加语，对主句做补充说明，不能理解为wrote的宾语）

我在头三年里写了四本书，打破了以往的纪录。

（二）根据上下文和逻辑关系来确定词义

一般地，一个孤立的英语单词，其词义是明确的。句中的词从其所处语法语义关系及其与其他词的指涉关系中获得词义，即当其处于特定的关系中时，它的词义将受到毗邻词的制约而稳定明确。这里的上下文包括词的搭配、一般意义和专业意义、词的文化背景知识、上下文提示、有关虚词的关联作用、逻辑关系等。因此，根据上下文和逻辑关系判定词义都是词义辨析中非常重要的方法。

① You should check your answers again and again before you hand in your paper.

你交卷之前应当反复核对答案。

② The woman guest has checked out of the room before 12 o'clock.

那位女房客已经在12点之前结账离开了房间。

从词的一般意义和专业意义来理解。

③ I will give you all the help within my power.

我会尽力帮助你的。

此例为常用生活用语，power一词根据句中的情境，词义发生转变，此处翻译为"尽力"。

（三）根据词的搭配

词的搭配指词与词之间的一种横向组合关系。英汉两种语言在长期使用过程中各自形成了一些固定的词组或常见的搭配，这些搭配有时可以逐字译成另一种语言，有时则不行。造成英汉词语搭配差异的因素有三种：词在各自语言中使用范围大小不同；词在各自语言中引申意义有所不同；词在各自语言中上下文的搭配分工不同。因此，翻译时应注意英汉两种语言中词的搭配差异，在译语中选择恰当的语言来表达。

1. 要注意定语和修饰语的搭配关系

（1）"open"。an open book（一本打开的书），an open question（一个

悬而未决的问题），an open river（一条畅通无阻的河流）。

（2）soft。soft pillow（软枕），soft cushion（靠垫），soft music（轻柔的音乐）。

（3）红。brown sugar（红糖），black te（红茶），good luck（红运）。

（4）场。football field（足球场），tennis court（网球场），golf course（高尔夫球场）。

（5）杯。coffee cup（咖啡杯），beer mug（啤酒杯），wine glass（葡萄酒杯）。

2.要注意搭配分工

（1）"play"。play chess（下棋），to play football（踢球），play truant（逃学）。

（2）develop。developing（developed）countries［发展中（发达）国家］，develop a model（建立一个模型），develop a base（开辟一个基地）。

（3）做。to make clothes（做衣服），to conduct oneself（做人），to be an official（做官）。

此外，动物的叫声在英汉语言中都有各自的表达法，汉语里描述动物的叫声用得最多的是动词"叫"，但英语中动物的拟声词十分丰富，各种动物的叫声都有自己的表达法。翻译时，如果不加区别地使用，就会出现搭配错误。例如，狗叫Dogs bark，蜜蜂嗡嗡叫Bees buzz，绵羊咩咩叫Sheep bleat，小鸡吱吱叫Chickens peep，鸭子呱呱叫Ducks quack。

（四）注意词的语用色彩

即注意词义的运用范围、轻重缓急、褒贬色彩、语体色彩和政治含义。任何语言都有语体之分，有文雅，有通俗，有粗野，还有俚语、公文语及术语等。因此，为了忠实于原文的思想内容，翻译时应正确理解原作者的基本政治立场和观点，在译语中选用适当的语言手段加以表达。

1.词义的运用范围及其侧重点

翻译时应准确理解词的意义。例如，"country"表示国家的地理范畴，nation体现在共同的地域和政府下的全民概括，"land"给人以国土或家园之感，state指国家的政治实体，"power"表示国家的实力。又如，look、glance、stare、gaze、eye和peep都表示"看"，但各个词的使用范围却有所不同。look是词义范围比较广泛且比较通俗常用的词，泛指"看"这个动作；"glance"，是"一瞥"（a short/quick look）；"peep"表示"偷看，窥视"（a secret glance）；"gaze"表示"凝视，注视"（a long/steady look, often caused by surprise or admiration）；"stare"表示"盯着看，目不转睛地看"（a very surprised look or a very ill-mannered gaze）；eye表示"注视，察看"（watch carefully）。

再如，"offender""criminal"和"culprit"都有"罪犯"的意义，但其侧重点却有所差异。offender指任何违反法律的人，不一定受法律的制裁，如a juvenile offender（少年犯）、an old offender（惯犯）；criminal指严重犯法的人，理应受到法律的制裁，如a war criminal（战犯）、a habitual criminal（惯犯）；culprit指已被起诉犯下罪行的人。

2. 词义的轻重缓急

表示"笑"的词语有很多，如laugh是指"大笑"，"chuckle"是指"抿着嘴笑"，"smile"是指"微笑"，"guffaw"是指"放声大笑""狂笑"，"giggle"是指"傻笑"，"jeer"是指"嘲笑"，"smirk"是指"得意地笑"，"grin"是指"露齿一笑"。

表示"哭"的词语也有很多，如"weep"是指"哭泣"，"teary"是指"含泪的"，"sob"是指"呜咽"，"yammer"是指"哭诉"，"howling"是指"哭哭啼啼的"，"cry"是指"大哭"。

再如，请看下面两个句子。

我国的进出口贸易总额有了较大幅度的增长。

There has been a sharp increase in the total volume of imports and exports.

sharp increase是"激增"的意思，可改译为big increase。

我们必须广泛利用现代科学技术的新成就。

We must utilize the results of modern science and technology on a wide scale.

"成就"译为results，太轻了，可改译为achievements。

3. 词义的褒贬和语体等感情色彩

词义的感情色彩取决于该词在交际情景中的使用情况，反映了作者运用某一词语时所赋予它的或肯定、或否定、或尊敬、或诅咒、或古朴典雅、或庄严肃穆、或诙谐幽默等意义。例如，"ambition"一词既可作褒义，又可作贬义，完全取决于它在句中所含的潜在态度。

It is the height of my ambition to serve the country.

报效祖国是我最大的志向。

We have no ambition for that distinction.

我们并不奢望得到这个荣誉。

Now some of the young men in our society are without ambition.

现在社会上有些年轻人胸无大志。

四、虚词的翻译

英语词分为实词和虚词，汉语词也有同样的分类。实词指有实在意义的词，表示事情、事物、感情、观点等；虚词则不表示具体的概念。英语中的虚词包括冠词（articles）、代词（pronouns）、连接词（conjunctives）和介词（prepositions）。由于没有实际的意义，翻译英语虚词的时候需要根据具体的语境和搭配决定如何将其译入中文。

（一）冠词的翻译

冠词是虚词的一种，没有独立的意义，只能依附在名词之前，包括不定冠词"a/an"和定冠词"the"。与汉语不同，英语冠词的存在非常广泛，含义也很丰富。不定冠词"a/an"与数词"one"同源，表示"一个"；定冠词"the"与"this"和"that"意思接近，表示"这个，那个"，只是指示程度比较弱。一般说来，不定冠词泛指某个事物或人，定冠词特指一个或几个事物或人。而汉语的名词前面是没有冠词的，名词本身也没有明确泛指或者特指的概念。因此，在英汉翻译的时候，要根据具体的语言环境决定如何处理名词前面的冠词。

You should take the medicine three times a day.

这个药每天吃二次。

You，d better take some medicine.

你最好吃点药。

Please give me some salt.

请给我点儿盐。

另外，英语的专有名词、抽象名词和物质名词前一般不加冠词。但需要注意以下情况中加冠词和不加冠词之间意义的区别。

Do you like the music?

你喜欢这音乐吗？

He took the advice immediately.

他立刻接受了这个意见。

（二）冠词的省译

由于不定冠词后面所跟的名词通常是前文没有出现过的事物或者人，一般来说，省译的相对较少；而定冠词后面的名词大多数是之前出现过的，很多时候被省略了。

A man came out of the room.

一名男子从屋里走出来。

汉语名词本身没有指示单复数的作用，因此需要用数量词表示出来。上面这个句子中的"a man"翻译成了"一名男子"，应当是前文中没有提到过的人物或者讲话参与者所不知道的人，因此不定冠词是翻译出来的。"the room"表示大家都知道的房间，所以定冠词"the"就省略了。也有一些情况是不定冠词省略的。

1. 不定冠词省略

I haven't got a thing to wear.

我没有衣服可穿。

原文中的不定冠词"a"没有翻译出来，直接与前面的"haven't got"融合，译为"没有衣服"。

2. 冠词的翻译

英语的冠词在一些情况下是必须翻译出来的。

He died on a Monday.

他是在一个星期一去世的。

这个句子中的"a"表示"某个"，并不是所有星期一中的随意一个，而是说者不确定死者去世的时间具体是什么时候，用"a Monday"表示一个比较模糊的时间概念。如果省略了"a"，变成了"他是在星期一去世的"，意思就和原句相去甚远了。

The news made her all the sadder.

这个消息让她更加悲伤。

定冠词"the"用在"all"与形容词比较级之间，表示"更加……"因此在译文中这个定冠词是与其搭配词的语义融合在一起的；而"the news"当中的定冠词表示"她"当时所听到的那一则特定的消息，所以在译文中翻译为"这"，表示强调。

（三）代词的翻译

代词就是代替名词的词，可以分为人称代词（Personal pronouns）、物主代词（Possessive pronouns）、自身代词（Self pronouns）、相互代词（Reciprocal pronouns）、指示代词（Demonstrative pronouns）、疑问代词（Interrogative pronouns）、连接代词（Conjunctive pronouns）、关系代词（Relative pronouns）、不定代词（Indefinite pronouns）等。代词在句子当中起着名词的作用，也可以作为主语、宾语、表语、同位语等。英汉两种语言相比较而言，代词的用法有相似之处，也有不同的地方。汉语代词一般包括人称代词、指示代词和疑问代词，而英语代词多了名词性代词（mine，his，hers，ours，yours，theirs，its）、关系代词（that，which，when，where，who，etc.）和连接代词等。英语中使用代词的频率更高，指代关系比汉语更加明确，而汉语则倾向于重复人名或称谓，避免指代关系上的混乱。因此，在英译汉的时候，一定要弄清楚英文代词的指代关系，翻译出的汉语要适当减少代词的使用，使译文读起来更流畅、更符合汉语行文的习惯。另外，英汉翻译中，只要不影响读者理解指代关系，代词都应当省略不译。有时，为了让汉语读者明白原文中的指示关系，还需要将代词还原为所指代的名词。

Harmony is about seven meters long and about four meters wide. It will be a passageway between the laboratories and the rest of the space station.

和谐号船舱约7米长、4米宽，将会成为空间站实验室和其余部分之间的过道。

这个例子当中，"it"指代的是前文出现过的"Harmony"，由于前后两个句子的主语都是一样的，所以合并为一个句子翻译出来，更利于读者阅读和理解。

Russia strongly opposes NATO membership for Lithuania, Latvia and Estonia. A Defense Ministry spokesman reportedly said the entry of these countries would threaten Russia's security interest. He says Russia will take extra security measures if they join the alliance. NATO will consider their membership next year.

俄罗斯强烈反对立陶宛、拉脱维亚、爱沙尼亚加入北约。俄国防部发言人称这三个国家的加入将会威胁俄罗斯的国家安全，并称如果这三个国家加入北约，俄罗斯将采取额外的安全措施。北约将于明年考虑是否同意这三个国家加入。

上面这个例子中的代词"He"指的是"A Defense Ministry spokesman"而非"Russia"，因此在翻译的时候不再译为代词"他"，避免造成读者理解上的困难，直接用"并称"，承接前一个分句的主语"俄国防部发言人"，表示是同一个人的言论。后面的代词"they"和"their"显然都是指立陶宛、拉脱维亚、爱沙尼亚，因此翻译时有必要说明是"这三个国家"。

（四）连词的翻译

连词主要在句子当中起连接作用，连接词与词或者分句与分句。英语连词包括从属连词（Subordinating conjunctions）和并列连词（Coordinating conjunctions）。从属连词引导从句，如"that""which""when""where""if"等。并列连词连接两个并列的词、短语或分句，包括"and""or""but"等。

If teacher, parents and psychologists understand the mistakes that can be made in ascribing a meaning to life, and provided they do not make the same mistakes themselves, we can be confident that children who lack social feelings will eventually develop a better sense of their own capacities and of the opportunities in life.

假如老师、父母和心理学家理解孩子们在对生活意义认识方面可能犯下的错误，假如这些人自己不犯同样的错误，人们就会有信心：缺乏社交情感的孩子最终会对自己的能力以及生活中的机会具有更佳的判断能力。

与英语不同，汉语是一种意合性语言，很多地方的连词是省略了的，如"你、我、他"，而形合性语言的英文就必须说成"he, you and me"，这个and是不可省略的连接词。从上面这段英文的译文中也可以体会出汉语意合的一些特征。

译文中只出现了两个连词，原文所有的从属连词全部融入整个句子的意思中了。由于汉语的意合性，汉语的词和词之间、词组之间与句子之间常常没有明显的连词，而是靠人们约定俗成的语言内在逻辑串联起来的，连接得非常灵活。常说的"尽在不言中""言下之意"或"不言自明"便是汉语这个特征的最好写照。而英语的形合性决定了英语行文的结构严密、语法规范。英语连词是虚词的一种，其语法功能远远大过其实际意义。所以，在英译汉的时候，一定要注意英汉之间形合和意合的差别，在翻译连词时，可根据具体的语境选择省译、增补、转译等方法。

1. 连词的省译

通过连词的省译，译文的意合性增强。

Do you want your coffee with or without sugar?

您的咖啡要不要加糖？

lean, t come today or tomorrow.

我今明两天都不能来。

这两个句子当中的"or"在翻译当中都被省略了，直接意合为"要不要""今明两天"。

2. 连词的增补和转译

英语连词的翻译难度不大，但是译文要符合汉语的语言习惯和行文规范，有时候会涉及英语连词的增补和转译。这需要译者对原文的深层逻辑关系有准确的把握。

He went and lost my pen!

他居然把我的钢笔弄丢了！

这个句子中的"and"没有实际的连接意义，只是用"go"之后表示说话者的惊讶或愤怒。因此，在译文当中，人们完全找不到类似"和""且"等表示连接的字或者词。

We got there nice and early.

我们早早就到了那里。

同样，这个句子中的"and"在翻译时也意合到了整个语境中，译为"早早就"。

（五）介词的翻译

英语当中的介词用法繁多，所起的作用也各不相同。一般来说，介词按结构可分为：简单介词（Simple prepositions），如"about""up""during"等；合成介词（Compound prepositions），如"alongside""inside""throughout"等；带"–ing"词尾的介词（–ing prepositions），如"barring""following""including"等；短语介词（Phrasal prepositions），如"according to""on behalf of""together with"等。如果按照意思分类，介词又可分为：引导时间短语的介词，如"at""on""till"等；引导地点短语的介词，如"in""between""among"等；引导其他短语的介词，如"with""in spite of""owing to"等。不管如何分类，所有的介词都没有独立的意思，也不能在句子中作为独立的成分存在，只能与名词、代词、动名词、另一个介词、副词或形容词等以介词短语的形式在句中充当成分。

英汉翻译当中，介词的翻译也是非常灵活的，经常会根据具体语境处理为汉语的动词，也可译成汉语的介词、定语、状语，或采用成语转译，甚至省译。

The old man is familiar with the town.

那位老人对这个镇很熟悉。

The house next to ours was burnt down last week.

我家旁边的房子上周烧毁了。

What are the major differences between British English and American English?

英式英语和美式英语有什么主要的区别？

第二节　英汉语句翻译策略

一、特殊结构句的翻译

（一）汉语无主句、无宾句的处理

汉语是意合性的语言，只要在上下文中，意思上能够理解，就可省去任何东西，而不考虑语法或逻辑关系。在汉语中，没有主语或没有宾语的句型很普遍。英译时常需要将隐含的主语或宾语补上，以符合英语语法习惯。

在翻译汉语无主句时，经常使用以下几种方法：第一，补上人称代词作为主语，这是在口语体翻译中常用的一种办法；第二，补上语义比较虚泛的名词当主语；第三，转为英语被动语态，这种方法常用于正式文体，如科技论文；第四，将汉语句子中的其他非主语成分转成英语主语；第五，补上省略的宾语。

1.补上人称代词作为主语

加强思想政治工作，讲艰苦奋斗，都很必要，但只靠这些还是不够（最根本的因素还是经济增长速度）。

译文1：It is most essential to strengthen ideological and political work and stress the spirit of hard struggle，but counting just on these will not suffice.

译文2：Although we have to strengthen ideological and political work and stress the need for hard struggle，we cannot depend on those measures alone.

《北京周报》译文机械地将"只靠这些"译成"counting just on these"，但使用"counting"充当英语主语不是十分常用、地道。外文出版社译文改用添加人称代词主语we的办法，读上去更口语化、更顺畅。

2. 补上语义虚泛或具体的词语充当主语

过去，只讲在社会主义条件下发展生产力，没有讲还要通过改革解放生产力，不完全。

In the past，we only stressed expansion of the productive forces under socialism without mentioning the need to liberate them through reform. That conception was incomplete.

"不完全"可视为"这不完全"的省略形式，英译时可补上主语。补上的主语可以是较虚的"that"，也可以在可能的范围内将其更具体化一些，上面译文补上了"That conception"，比"that"更具体、更清楚。

3. 转为被动语态

基本路线要管一百年，动摇不得。

The basic line should be adhered to for 100 years，with no vacillation.

以上译文采用被动语态进行处理，语义正确，在书面语中比较妥当。但在口语体中，应避免使用被动语态，可采用添加人称代词当主语，如"We should adhere to the basic line for a hundred years，with no vacillation."。

4. 将非主语成分转为主语

自然而然地也能感觉到十分的秋意。

译文1：And a sense of the fullness of autumn will come upon you unaware.

译文2：And an intense feeling of autumn will of itself well up inside you.

上述两个译文是从客观角度翻译的，都将原句谓语动词译为译文中的主语。

5. 补上省略的宾语

汉语动词往往没有宾语，隐含的宾语需要读者自己通过推理得出。例如，某人说："我有如下一个建议……"另一人说："我接受。""接受"的隐含宾语就是"建议"。英语中及物动词较多，不宜说"I accept"，而应说I accept it，必须把宾语显示出来。

（二）省略句

语言的使用以简洁为贵，人们在说话、写作和翻译时，有时出于句法和修辞的需要，常常省去某些不必要的成分，而意思仍然完整，这种缺少一种或一种以上成分的句子称为省略句。英语和汉语中都存在省略句。省略的形式多种多样，可以是主语、谓语和宾语，也可以是一个成分或多个成分。对省略句的翻译，不管是英译汉，还是汉译英，关键就在于对省略成分的准确理解。然后翻译时，根据译文语言的表达习惯，增加或省略被省略的成分。如果看不清楚被省略的部分，就会产生误解，导致错误的翻译。下面探讨翻译省略句的常用方法。

1.原文中省略的部分，译文中补出

省略是英语句子的一种习惯用法。英语句子中的某个或某些成分有时可以在句中不必出现，或者前面已出现过的某些成分，为了避免不必要的重复，后面可以不再出现。英语中的各种成分，如主语、谓语动词、表语、宾语、定语和状语等，都可以在句中省略。但翻译时，准确理解被省略的成分，可将其在译文中补出。

The symbol for hydrogen is H；for oxygen，O；for nitrogen，N.

氢的符号是H；氧的符号是O；氮的符号是N。（增加主语）

Courage in excess becomes foil hardiness，affection weakness，thrift avarice.（省略定语和谓语动词）

过度的勇气变为蛮勇，过度的爱变为溺爱，过度的节俭变为贪婪。

2.原文中省略的部分，译文继续省略

英语中被省略的部分，有时根据译文需要，也可以在译文中省略。例如，有些从句中省略了和主句中相同的部分，此时，根据需要，可以省略原文中省略的部分，尤其是由than引导的比较从句，从句中被省略的部分常常不译。

What if the sun is not shining？（what will happen if...）

如果没有太阳照耀，那怎么办？

The culture and customs of America are more like those of England than of any other country.

美国的文化和风俗习惯与其他国家相比，则和英国最接近。

在汉译英时，有时根据英语的行文表达习惯，也可以省略一些成分。

（三）倒装句

一般说来，英语陈述句的正常词序为：主语+谓语动词+宾语（或表语）+状语。但英语的词序比较灵活，有时为了强调句中某一成分，从修辞角度考虑，可将句中的有关成分提前，构成倒装。英语的倒装可分为结构性倒装和修辞性倒装两大类。倒装句的翻译关键在于对倒装句的理解，理解的关键在于对句子做出正确的语法分析，找出句子的主干，确定什么成分被倒装。一般来讲，翻译结构性倒装，汉语可采用正常语序；翻译修辞性倒装，可根据译文的需要，或保留原文语序，即仍然在汉语中使用倒装语序，或采用正常语序。

1.结构性倒装的翻译

结构性倒装是由语法结构的需要引起的倒装，主要包括疑问倒装，there be结构倒装，虚拟倒装，以there x here、then、thus、now、so、nor和neither等副词位于句首引起的倒装。结构性倒装的翻译一般采取正常语序。

Are you fond of country music?

你喜欢乡村音乐吗？

Had they been given more help, they would not have failed.

假如给予他们更多的帮助，他们就不会失败了。

2.修辞性倒装句的翻译

修辞性倒装句的目的是加强语气，或为了避免头重脚轻，它包括句首为表示地点的介词或介词短语、否定倒装、让步倒装、only位于句首引起的倒装、为了叙述方便或使情景描写更加生动形象而引起的倒装等。这类倒装，根据需要，可采用正常语序或倒装语序进行翻译。

Little do we suspect that the region is rich in water resources.

这一地区水利资源丰富，我们对此深信不疑。（正常语序）

Talent, Mr. Robert has; capital, Mr. Robert has not.

说到才能，罗伯特先生是有的；谈到资本，他却没有。（倒装语序）

Tired as he was，my brother went on working.

（四）分词短语和分词独立结构的翻译

分词短语可分为现在分词短语和过去分词短语。一般说来，分词短语的翻译并不难，可根据它们在句中充当的成分译成汉语中相应的成分。这里主要探讨分词短语作状语时的翻译。分词短语作状语可表时间、原因、方式、结果、条件和伴随状况等逻辑关系。翻译的关键在于要准确理解分词短语与句子谓语动词之间的逻辑关系，然后在译文中补充表示相应逻辑关系的词语。

Not knowing the language，he didn't know how to ask the way.

他因为不懂语言，不知道怎样问路。（表原因）

The hunter fired，killing a fox.

猎人开枪打死了一只狐狸。（表结果）

Shouting loudly，the children ran to the zoo.

孩子们大声喊叫着朝公园跑去。（表伴随）

当分词短语作状语，带有自己的逻辑主语时，这种结构称为独立结构。独立结构可表示时间、原因、条件或伴随状况等逻辑关系。分词独立结构的翻译关键在于弄清楚独立结构表示什么关系，然后在译文中补充表示相应逻辑关系的词语。

Weather permitting，we will have the match.

如果天气允许，我们就举行比赛。（表条件）

Her leg wounded，Ellen could do nothing but stay at home.

腿受伤了，埃伦只好待在家里。（表结果）

（五）并列结构句

汉语的动词没有形态变化，所以从表面形式上看并列的结构较多。英语动词可以呈现不同的形态，如动词原型、动词不定式、分词。此外，在汉译英中常出现词性转换的情况。例如，汉语动词可转为英语名词、介词等。因此，在英译的过程中，汉语的并列结构常转为不并列的结构，失去原汉语的平衡美感。有时译者应有意识地保持英译文中词汇形态的一致性和结构的平衡性。如果出现形态不一致，可以改变英译文中词汇的词性、词形，甚至增补语义不明显的词汇，以求形态一致。

当然，有时汉语句型结构也会比较随意，翻译时如发现汉语语义上并列，但结构上未处于并列关系，译者应调整词序，使它们处在相应的结构上，这样可增强译文的平衡感和可读性。

1.把汉语并列结构译成英语并列结构

现在，我们发展社会主义市场经济，与马克思主义创始人当时所面对和研究的情况有很大不同。

译文1：At present, we are putting in place a socialist market economy. But the conditions we are faced with are quite different from those the founders of Marxism were faced with and studied.

译文2：At present, we are putting in place a socialist market economy. But the conditions we are faced with are quite different from those the founders of Marxism faced and studied.

通常认为第二种译法较好，该译文用主动的"face"，既与"study"平衡并列，又避免了与前面的"are faced with"重复。

2.把汉语非并列结构改成英语并列结构

鼓励、支持和规范社会力量办学、中外合作办学。

The government will encourage, support and standardize school management by non-governmental sectors or by Chinese-foreign cooperation.

"社会力量"是具体名词，"中外合作"是抽象名词，如果译成"by non-governmental sectors or by Chinese-foreign cooperation"，未取得平衡，因为"sectors"是具体名词，"cooperation"是抽象名词。如果把"cooperation"换成"undertakings"，这一问题便可以解决。

（六）被动句

语态是动词表示主语与谓语关系的一种形式，可分为主动语态和被动语态两种。主动与被动虽是人类认识客观世界的两种不同的角度，但表达了同一个事实。两者在意义上的差别在于：主动语态表示主语是谓语动词动作的执行者，叙述强调的是动作；被动语态表示主语是谓语动词动作的承受者，叙述强调的是动作完成后所呈现出来的状态。

主动与被动表现形式的差异主要取决于语言自身的特点，但同时与一个民族的文化和思维方式有关。中国文化的最高境界是"天人合一"，中国的传统哲学注重物我合一，强调思维上的整体观。在"物"与"人"的关系上，强调"万物与我为一"，也就是说，在人和万物之间和谐统一的关系中，人要起主导作用，体现了中国人思维模式中的主体意识。这种主体意识使中国人认为行为和动作一定是"人"这个主体才能进行和完成的，于是汉语中有许多时候，不管是主动意义还是被动意义，句子多用主动句来表示。西方哲学的"人为万物尺度"讲究物我分明，主客体对立。所以，在西方人的思维中，该强调物时，就是客体意识；该强调人时，就是主体意识。体现在主动和被动的使用上，该强调"人"即动作的执行者时，就用主动句；该强调"物"即动作的对象时，就用被动句。

英语是形合语言，具有丰富的形态变化，特别是动词，英语的被动句是由被动语态来表达的，由"动词的过去分词"构成，是显性的。汉语是意合语言，基本上没有形态变化，动词本身也不具备被动语态，所以汉语被动含义的表达缺乏形态形式标志，是隐性的，是依靠其他手段实现的。

1. 英语被动句的翻译

（1）译为汉语带形式标志的被动句。英语的被动句如果表示的是不幸或不愉快的事，而且句中带有施事者，可以将其译为汉语的被动句，用"被""给""让""叫""由""为……所"等词引出动作的执行者。英语的被动句也有不表示不幸或不愉快的事情，但句中有动词不定式、名词、形容词等表示主语的补足语，也可译为汉语的被动句。

The young woman was abandoned by her husband.

这个青年妇女被她丈夫遗弃了。

（2）借助汉语的词汇手段来表示英语的被动句。

Our foreign policy is supported by the people all over the world.

我们的对外政策受到全世界人民的支持。

（3）译为汉语的意义被动句。英汉两种语言中都有意义被动句，它们形式上是主动句，从逻辑意义上分析，却是被动句。汉语中意义被动句比英语的意义被动句多很多，因此不少英语被动句可译成汉语的意义被动句。

On their domestic stations situation in the Middle East were dismissed briefly.

在他们国内的广播中，中东形势只简单地报道了一下。

（4）状语译为主语，原主语译为宾语的被动句。当被动句中有由介词by引起的状语时，可将这种状语译成汉语的主语，而将原主语译为宾语。

The result of the invention of the steam engine was that human power was replaced by mechanical power.

蒸汽机发明的结果是，机械力代替了人力。

（5）译为汉语的泛指人称句。通过增加泛称主语，如"人家""大家""别人""有人""人们"等，将英语被动句译为泛指人称句。

I did not recognize him until he was pointed out to me.

我起先认不出他，后来等到别人指出才知道。

（6）译为汉语的无主句。

It must be pointed out that China is a developing country and will never be superpower.

必须注意到的是，中国是一个发展中国家，永远不会称霸世界。

（7）译为汉语的"把字句"。

In the first battle of this period two divisions were disarmed and two divisional commanders were captured.

第一仗就把敌军两个师解除武装，俘虏了两个师长。

（8）译为汉语的"进行句"。

The film is showing in cities.

这部电影正在市内各电影院放映。

（9）常见被动式句型的译法。英语中有不少常用的被动结构，一般已有习惯的译法。例如：

The principle of...is outlined.

本文概述……的原则。

An account of...is given.

本文叙述……

An analysis of...was carried out.

本文做了……的分析。

...be known as...

……被称为……

...be spoken of as...

……被说成……，……被称为……

...considered to be...

……被认为……，……被看作……

...be defined as...

……被定义为……，……定义是……

2. 汉语句子向英语被动句的转换

（1）将一些表示情感变化的主动句译为英语的被动句。汉语中表达由客观环境造成的处境、感受和情感上的变化，句子常用主动。而英语在表达由客观环境造成的处境、感受和情感上的变化时，常用被动。

敌军官听说后路已被切断，吓得目瞪口呆。

The enemy officer was stunned by the news that the route of retreat had been cut off.

（2）将一些汉语中的话题评说句译为英语的被动句。汉语中有一些话题评说句，其话题在语义上是受事，这类句子可以译为英语被动句。汉语中还有一些存现句，也可以译为英语的被动句。

城市改革的基本政策一定要长期保持稳定。

The basic policies for urban and rural reform must be kept stable for a long time to come.

（3）将汉语中的一些意义被动句译为英语的被动句。

那不行！前天董事会已经派定了用场。

Nothing doing there，I'm afraid. All the money was allocated to various uses at the board meeting the day before yesterday.

（4）将汉语中的无主句和泛指人称句译为英语的被动句。无主句是汉语中经常使用的句型，这类句子通常省略主语或隐含主语，处理这类句子最常用的方法就是将其译为被动句。泛指人称句指句中的主语是"大家""人家""有人""他们"等的句子，这类句子主语所指不确定，其重要性不及宾语。因此，常将这类句子译为被动句。

我们大家应当把地球作为一个整体去研究解决环保问题。

The problem of environmental protection should be recognized and resolved in the light of that the earth is a whole subject.

（5）将汉语中一些被动句直接译为英语的被动句。这类句子主要有两种：一种是带被动标志（如"被""为""叫""给""由""为……所"等）的被动句；另一种是借助词汇手段，如"受（到）""遭（受）""蒙""挨""得到""加以""给以""予以"等构成的被动句。

社会上形形色色的人物被区分得一清二楚。

People of all sorts in our society have been clearly reveal for what they are.

（6）将汉语中的"是……的"结构译为英语的被动句。汉语中的"是……的"结构用来说明一件事是怎样的，或在什么时间、什么地点做的，带有解释的语气。英译时，常常译为被动句。

那部科幻小说是我的一个朋友译成中文的。

The science fiction has been translated into Chinese by a friend of mine.

二、英语从句的翻译

（一）定语从句

1. 限制性定语从句的翻译

限制性定语从句对所修饰的先行词起限制作用，与先行词关系密切，不用逗号隔开，翻译这类句子可用以下方法。

（1）前置法。前置法就是将英语限制性定语从句译成带"的"字的定语词组，放在被修饰的词前面，从而将复合句译成汉语单句。这种方法常用于比较简单的定语从句。

That's the reason why I did it.

这就是我们这样做的原因。

A man who doesn't try to learn from others cannot hope to achieve much.

一个不向别人学习的人是不能指望有多少成就的。

The few points which the president stressed in his report are very important indeed.

院长在报告中强调的几点的确很重要。

（2）后置法。如果定语从句的结构比较复杂，译成汉语前置定语显得太长而不符合汉语表达习惯时，可以译成后置的并列分句。

首先，可以译成并列分句，省略英语先行词。

He is a surgeon who is operating a patient on the head.

他是一个外科医生，正在给病人头部动手术。

其次，可以译成并列分句，重复英语先行词。

She will ask her friend to take her son to Shanghai where she has some relatives.

她将请朋友把她的儿子带到上海，在上海她有些亲戚。

（3）融合法。融合法是把原句中的主句和定语从句融合在一起译成一个独立句子的一种方法。

There is a man downstairs who wants to see you.

楼下有人要见你。

2. 非限制性定语从句的翻译

英语非限制性定语从句对先行词不起限定作用，只对它加以描写、叙述或解释，翻译这类从句时可以运用下列方法。

（1）前置法。一些较短的且具有描写性的非限制性定语从句可以译成"的"字前置定语，放在被修饰词的前面。

The emphasis was helped by the speaker's mouth, which was wide, thin and hard set.

讲话人那又阔又薄又紧绷的嘴巴，帮助他加强了语气。

He liked his sister, who was warm and pleasant, but he did not like his brother, who was aloof and arrogant.

他喜欢热情快乐的妹妹，而不喜欢冷漠高傲的哥哥。

（2）后置法。后置法的处理主要有以下两种情况。

① 译成并列分句。

After dinner，the four key negotiators resumed the talks，which continued well into the night.

饭后，四位主要人物继续进行谈判，一直谈到深夜。

② 译成独立分句。

They were also part of a research team that collected and analyzed data which was used to develop a good ecological plan for efficient use of the forest.

他们还是一个研究小组的成员，这个小组收集并分析数据，用以制订一项有效利用这片森林的完善的生态计划。

3. 兼有状语功能的定语从句

英语中有些定语从句兼有状语从句的功能，在意义上与主句有状语关系，说明原因、结果、目的、让步、条件、假设等关系。在翻译的时候，应根据原文发现这些逻辑关系，然后译成汉语的各种相应的偏正复合句。

（1）译成原因偏正句。

Einstein，who worked out the famous Theory of Relativity，won the Nobel Prize in 1921.

爱因斯坦由于创立了著名的相对论，于1921年获得了诺贝尔奖。

（2）译成时间偏正句。

Electricity which is passed through the thin tungsten wire inside the bulb makes the wire very hot.

当电通过灯泡里的细灯丝时，会使灯丝变得很热。

（3）译成目的偏正句。

He wishes to write an article that will attract public attention to the matter.

他想写一篇文章，以便能引起公众对这件事的注意。

（4）译成结果偏正句。

There was something original, independent and heroic about the plan that pleased all of us.

这个方案富于创造性，独具匠心，很有魅力，我们都很喜欢。

（5）译成让步偏正句。

The question, which has been discussed for many times, is of little importance.

这个问题尽管讨论过多次，但没有什么重要性。

（6）译成条件、假设偏正句。

The remainder of the atom, from which one or more electrons are removed, must be positively charged.

如果从原子中移走一个或多个电子，则该原子的其余部分必定带正电。

（二）名词性从句的翻译

1. 主语从句的翻译

以what、whatever、whoever等代词引导的主语从句可按原文的顺序翻译。其中，以what引导的名词性关系从句可译为汉语的"的"字结构或在译成"的"字结构后适当增词。

Whoever did this job must be rewarded.

无论谁干了这件工作，一定要得到酬谢。

What he told me was half-true.

他告诉我的是半真半假的东西而已。

以it作形式主语的主语从句，翻译时根据情况而定。可以将主语从句提前，也可以不提前。

It doesn't make much difference whether he attends the meeting.

他参不参加会议没有多大关系。

It seemed inconceivable that the pilot could have survived the crash.

驾驶员在飞机坠毁之后，竟然还活着，这似乎是不可想象的。

2. 宾语从句的翻译

以what、that、how等引导的宾语从句，在翻译时一般不需要改变它在原句中的顺序。

Can you hear what I say?

你能听到我所讲的话吗？

3. 表语从句的翻译

同宾语从句一样，表语从句一般也可按原文顺序进行翻译。

This is what he is eager to do.

这就是他所渴望做的事情。

This is where the shoe pinches.

这就是问题的症结所在。

4. 同位语从句的翻译

一般情况下，同位语用来对名词或代词做进一步解释，单词、短语或从句都可以作同位语。在翻译时，并没有对同位语的顺序做过多规定，一般可以保留同位语从句在原文的顺序，也可以将从句提前。

It does not alter the fact that he is the man responsible for the delay.

延迟应由他负责，这个事实是改变不了的。

He expressed the hope that he would come over to visit China again.

他表示希望再到中国来访问。

此外，在翻译时，还可以采用增加"即"或"以为"，或用破折号、冒号将同位语从句与主句分开的方法。

But it ignores the fact that, though pilots, we potentially were in as much danger of capture as any covert agent.

但忽略了这一点，即我们虽说是驾驶员，却和任何潜伏的特务一样有被俘的危险。

（三）状语从句的翻译

1. 时间状语从句的翻译

对于时间状语从句的翻译，这里以较为复杂的when为例进行说明。在翻译when时间状语从句时，不能拘泥于表示时间的一种译法，要结合实际环境，采用不同的翻译方法。具体翻译方法有以下几种。

（1）译为相应的表示时间的状语从句。

When she spoke, the tears were running down.

当她说话的时候，眼泪都流下来了。

（2）译为"刚……就……""一……就……"结构。

Hardly had we arrived when it began to rain.

我们一到就下雨了。

（3）译为"每当……""每逢……"结构。

When you look at the moon, you may have many questions to ask.

每当你望着月亮时，就会有许多问题要问。

（4）译为"在……之前""在……之后"结构。

When the firemen got there, the fire in their factory had already been poured out.

在消防队员赶到之前，他们厂里的火已被扑灭了。

（5）译为条件复句。

Turn off the switch when anything goes wrong with the machine.

一旦机器发生故障，就把电门关上。

（6）译为并列句。

He shouted when he ran.

他一边跑，一边喊。

2. 条件状语从句的翻译

（1）译为表"条件"的状语分句。

If you tell me about it, then I shall be able to decide.

如果你告诉我实情，那么我就能做出决定。

（2）译为表"补充说明"的状语分句。

He is dead on the job. Last night if you want to know.

他是在干活时死的，就是昨晚的事，如果你想知道的话。

（3）译为表"假设"的状语分句。

If the government survives the confident vote, its next crucial test will come in a direct vote on the treaties May 4.

假使政府经过信任投票而保全下来的话，它的下一个决定性的考验将是5月4日就条约举行的直接投票。

3. 原因状语从句的翻译

（1）译为因果偏正句的主句。

Because he was convinced of the accuracy of this fact, he stuck to his opinion.

他深信这件事正确可靠，因此坚持己见。

（2）译为表原因的分句。

The crops failed because the season was dry.

因为气候干旱，农作物歉收。

4. 让步状语从句的翻译

（1）译为表"无条件"的状语分句。

No matter what misfortune befell him, he always squared his shoulder and said: Never mind. I'll work harder.

不管他遭受到什么不幸的事儿，他总是把胸一挺，说："没关系，我再加把劲儿。"

（2）译为表"让步"的状语分句。

While this is true of some, it is not true of all.

虽有一部分是如此，但不见得全部是如此。

5. 目的状语从句的翻译

（1）译为表"目的"的前置状语分句。

We should start early so that we might get there before noon.

为了在正午以前赶到那里，我们应该尽早动身。

（2）译为表"目的"的后置状语分句。

He told us to keep quiet so that we might not disturb others.

他叫我们保持安静，以免打扰别人。

三、英语长难句的翻译

英语中，由于连词、冠词、介词等功能词的作用和非谓语动词、谓语动词等结构形式的存在，英语句子的修饰成分相当复杂，既可以是单词、短语，也可以是从句，而且这些修饰成分还可以一个套一个地使用。再加上英汉句子语序上的差异，如定语和状语修饰语的位置差异、句子的逻辑安排差异等，就使英语句子结构复杂，长句较多，有时一段可能只有一句话。对初学翻译的人来说，长句的确使人感到扑朔迷离，翻译起来无从下手。实际上，只要方法得当，长句的翻译并不难。

长句的翻译关键在于理解分析。一般说来，对长句的理解分析可采用以下步骤：第一，通过语法分析，判断出句子是简单句、并列句，还是复合句。第二，具体分析句子结构成分。如果是简单句，找出句子的主干部分、定语和状语；如果是并列句，找出连接句子的并列连词，然后具体分析各个并列分句的结构成分；如果是复合句，找出从属连接词，分清主从句，然后分别分析主从句各自的结构成分。这样，通过层层分析，将长句化繁为简，化整为零。翻译时，采用适当的方法，将长句用符合译语表达习惯的语言表达出来。但在表述时，需要注意英汉语言的差异，采用不同的翻译方法灵活处理原文的结构。

（一）英语长句的翻译

英语长句的翻译主要采用以下几种方法。

1. 顺译法

有些英语长句讲述的内容是按事件或动作发生的时间先后顺序或内在的逻辑关系排列的，与汉语的表达习惯基本一致。翻译时，一般可按原句的顺序译出。

When the soft, low call of the wood–doves, those spirits of the summer, came out of the distance, she would incline her head and listen, the whole spiritual quality of it dropping like silver bubbles into her own great hearts.

每当作为夏季精灵的斑鸠儿从远处发出柔婉呼声的时候，她总侧着脑袋倾听，那声音的全部精髓就跟银色的水泡一般落进她自己那颗伟大的心。

One wretched breathless child, panting with exhaustion, terror in his looks, agony in his eye, large drops of perspiration streaming down his face, strains every nerve to make head upon his pursuers.

一个可怜的孩子，累得上气不接下气，神情充满恐怖，目光溢出痛苦，大颗大颗的汗珠从脸上直往下淌，每一根神经都绷得紧紧的，目的是摆脱追捕的人群。

2. 逆译法

英语中，有些句子的表达顺序与汉语的表达习惯不同，甚至相反，尤其是一些复合句，其主句一般放在句首，即重心在前。而汉语则一般按时间和逻辑顺序，将主要部分放在句尾，形成尾重心。对这些句子，翻译时宜采用逆序法，也就是从后向前译。

Does it really help society, or the victim, or the victim's family, to put in jail a man, who drove a car while drunk, has injured or killed another person?

一个人酒后开车撞伤或撞死了另一个人，就将这个人关进监狱，这样做对社会、受害者或受害者的家庭是否真的有好处呢？

You must fix in mind the symbols and formulae, definitions and laws of physics; no matter how complex they may he, when you come in contact with them, in order that you may understand the subject better and lay a solid foundation for further study.

为了更好地学习物理学并为进一步学习打好坚实的基础，当你接触到物理学上的符号、公式、定义和定律的时候，不论它们多么复杂，你也必须把它们牢牢记住。

In reality, the lines of division between sciences are becoming blurred, and science again approaching the "unity" that it had two centuries ago—although the accumulated knowledge is enormously greater now, and no one person can hope to comprehend more than a fraction of it.

虽然现在积累起来的知识多得多，而且任何人也只可能了解其中的一小部分，但事实上，各学科间的界限却变得模糊不清，科学再次近似于两百年前那样的"单一整体"。

3. 分译法

英语句子重形合，汉语句子重意合，这是英汉两种语言句子结构的根本差异之一。英语句子的各种成分前后都可有各种各样的修饰语，主从句之间有连接词，短语可以套短语，从句可以套从句，因而英语句子长而复杂。汉语造句采用意合，少用或不用连接成分，叙事按时间或逻辑顺序安排，因而语段结构流散，语义层次分明。这就使汉语中散句、松句、紧缩句、省略句或流水句较多，而长句较少。因此，英汉翻译时，往往需要根据意合的原则，改变原文的句子结构，化整为零，化繁为简，将原文译为并列的散句或分离的单句，以适应汉语的表达习惯，这就是分译法。分译法既适用于翻译单个的单词、短语，也适用于翻译简单句，还可以用来翻译长句或难句。

The ancients tried unsuccessfully to explain how a rainbow is formed.

古代人曾试图说明彩虹是怎样产生的，但没有成功。（单词分译）

Bad weather prevented us from starting.

天气太坏，我们无法动身。（短语分译）

4.综合法

英语语言的表达习惯往往是将重点部分或概括部分放在句首，然后分析叙述次要部分。而汉语则往往从小到大，按时间或逻辑顺序，层层推进，最后得出结论，突出主题。因而在英汉翻译过程中，使用前面所讲的几种方法的确可以解决很多问题。但实际上，英语中有很多长句，纯粹运用顺译法、逆译法或分译法，并不能解决实际问题。那么，在这种情况下，更多的是根据具体情况，并结合上下文，将这几种方法结合起来，或按时间的先后，或按照逻辑顺序，顺逆结合，主次分明地对长句进行综合梳理，这种翻译方法称为综合法。使用综合法可以灵活变通长句语序，使译文的句法通顺自然，更符合汉语的表达习惯和中国人的思维表达方式。

① People were afraid to leave their house，②for although the police had been ordered to stand by in case of emergency，③they were just as confused and helpless as anybody else.

尽管警察已接到命令，要做好准备以应对紧急情况，但人们不敢出门，因为警察也和其他人一样不知所措和无能为力。

原文共三句，译文将第二句拆分成两个分句，使译文共为四句。从逻辑上看，①句表示结果，②句表示让步，③句表示原因。

Rocket research has confirmed a strange fact which had already been suspected：there is a "high-temperature belt" in the atmosphere with its center roughly thirty miles above the ground.

大气层中有一"高温带",其中心距地面约48千米,对此人们早就有了猜想,利用火箭加以研究后,这一奇异的事实得到证实。

(二)汉语长句的翻译

汉语句子的特点是呈现话题—评述结构。也就是说,汉语句子由于其逻辑语言的特点和句子的表达以意尽为界,没有语法形式的限制,句子的评述没有结束,句子可以一直延续下去,其中的意思只用逗号分开,这样句子就显得较长。而英语句子则不能这样,因为英语句子是主语—谓语结构。不管对主语的说明有没有完,一个句子有了主谓就可以断掉。因此,在翻译汉语长句时,应仔细分析汉语句子结构,弄清句中各层次间的逻辑关系,根据英语的表达习惯选择适当的翻译方法。

汉语长句一般采取顺译、断句和合句这三种翻译方法来处理。

1. 顺译法

当汉英叙述层次一致时,可按原文顺序翻译,在需要的地方加上适当的连接词语。

这种制度实行相当长时间的结果就是只有一小撮富裕的资本家千方百计(大多是不正当的)搜夺了大工业、银行、铁路和造船等的支配权,而且搜夺了大部分自然资源,如煤、石油、铁、铜和木材。

The general result of this system's operation over a long period is that relatively a handful of rich capitalists have, by hook or by crook(most crook), grabbed possession of big industries, banks, railroads and shipping lines, as well as most of the nation's natural resources, such as coal, oil, iron, copper and lumber.

不一会儿,北风小了,路上浮尘早已刮净,剩下一条洁白的大道,车夫跑得更快了。

Presently the wind dropped a little. By now the loose dust had all been blown away, heaving the roadway clean, and the rickshaw man quickened his pace.

2. 断句法

翻译汉语长句时,断句是最常用的一种方法。由于汉语长句多为复句,包含层次较多，逻辑复杂，因此翻译时可根据复句或句子间的逻辑关系，适当地将句子分成几句来译，这样可以使结构利落，译文意思表达得更加清晰、明白，符合英语的表达习惯。

但他性情与人不同，不求名利，不交朋友，终日只是忙于自己的本职工作。

He is, however, eccentric. He does not seek fame and gain, and does not like to make friends. Every day he is only engaged in his own job.

世界上一些国家发生问题，从根本上来说，都是因为经济上不去，没有饭吃，没有衣穿，没有房住，工资增长被通货膨胀抵消，生活水平下降，大批人下岗和失业，长期过紧日子。

Basically, the root cause for social unrest in some countries lies in their failure to boost their economy. Consequently they lack food, clothing and shelter, and their wage increases are offset by inflation. With a decline in living standards, widespread layoffs and unemployment, people have to suffer chronic hardships.

她（刘姥姥）此时已带了七八分酒意，又走乏了，便一屁股坐在床上，虽说歇歇，不承望身不由己，前仰后合，朦胧两眼，一歪身，就睡在床上。

Being still more than half drunk and tired from the walk, she plumped down on the bed to have a little rest. But her limbs no longer obeyed her. She swayed to and fro, unable to keep her eyes open, then curled up and fell fast asleep.

3. 合句法

由于汉语缺少形态变化和足够的关系词，因而汉语组句只能依靠时间顺序和逻辑顺序来安排，行文也就一句一句地发展下去。而英语句子结构呈现叠床架屋结构，如果按汉语结构直译，那么译文就会成为一个简单的独立句，相互之间没有联系，这不符合英语句子的结构特征。因此，翻译汉语时，不能看一句译一句，要对几个句子从意思上一起分析，根据英语句子结构灵活多样的优势，将逻辑上有关系的几个句子合起来处理，译成一句比较精练的英语句子。在汉语句子比较复杂、很难直译或破句时，常常采用合句手段来处理。

有个年轻人，名叫颜回，家里很穷，缺吃少穿，住的房子又小又破。

There was a young man named Yanhui，who was so poor that his family lived in a small，dilapidated house with insufficient food and clothing.

第三节　英汉篇章翻译策略

一、英汉篇章的联系与差异

（一）英汉语篇的共同点

自然语言的语篇，无论是英语还是汉语，都具有以下共同点。

1.语义的连贯性

"完整语义"的语篇必须是一个语义单位，应合乎语法，语义连贯，有一个论题结构或逻辑结构，句子之间有一定的逻辑关系。语篇中的话段或句子都是在这一结构基础上组合起来的。一个语义连贯的语篇必须具有语篇特征，它所表达的是整体意义。语篇中的各个成分应是连贯的，而不是彼此无关的。

例1：A：今天你上街去干什么？B：我上街去买衣服。

例2：A：今天你上街去干什么？B：他父亲是个医生。

例3：Fishing is Mark's favorite sport. She often waits for her sister for hours. But this is not my watch.

例4：Fishing is Mark's favorite sport. He often fishes for hours without catching anything. But this does not worry him.

例1中的一问一答从语义上看是连贯的，因而具有语篇特征。例2中的B句答非所问，因而不具有语篇特征，不是语篇。例3中的三个分句虽然语法正确，但它们之间缺乏语义连贯，无法形成表达一定意义的整体，也就无法形成语篇。例4中的三个句子衔接连贯，构成语篇。

2. 衔接手段相同

衔接是将语句聚合在一起的语法及词汇手段的统称，是语篇表层的可见语言现象。从语篇的生成过程来看，它是组句成篇必不可少的条件，从已经生成的语篇来看是语篇的重要调整之一。在英汉两种语言中，语义的连贯都要靠种种衔接手段，即语篇组织（texture）。

3. 连贯和隐性连贯

以上衔接与连贯框架中的五个层次还可分为显性与隐性两种情况：显性是体现于词汇、语法、结构等语言表层形式的，隐性则有赖于语境和语用因素蕴含的连贯。衔接是连贯的外在形式，连贯是衔接的内在意义，两者既统一（显性连贯），又不统一，即并非有衔接就是真正连贯的语篇，无衔接的也可能是真正连贯的语篇（隐性连贯）。总之，语义连贯是语篇的实质，种种有形的衔接是其组织形式。单有衔接而无连贯不是语篇，两者皆备是显性连贯，有连贯而无衔接是隐性连贯。这种情况英汉语概莫能外，但并非彼此对应，即英语的显性连贯译成汉语可能是隐性连贯，反之亦然。

连贯的语篇是思维连贯性的语言表现，思维的连贯性就是思维的逻辑性，这是人类理智的共同特征和功能，是人与人之间的交流沟通及双互译的根本保证。缺乏逻辑性或违背逻辑的任何语言符号既无意义，也产生不了真正的语言交际。因此，可以说，形成语篇的根本是逻辑，理解语篇的根本也是逻辑，一切语篇无不深藏着思维的逻辑。自然语言丰富多彩，种种语言变化无穷的语篇之所以具有共性和相通性，关键就在于逻辑的普遍性。明确这一点乃是分析语篇、理解语篇的基础，也是英汉语篇对比的基础。也只有明确这一点，才会明白语义相同的语篇，其衔接与连贯的不同只是语言形式上的，只有把握其内在逻辑的一致，才能保证语义内容的忠实传达。

4. 文体的多样性

自然语言的千差万别可以归为文体、体裁、语体和风格的不同，包括口头与书面、正式与非正式、不同语域和区域性的语体分别，不同时代的文风差异，诗歌、散文、小说、论述、应用等各具特色的体裁划分，因人而异的不同风格。文体多样性在英汉语言中同样存在，它们的分类也大体相同，各种分类都能在译语中找到相对应的形式。

（二）英汉语篇的基本差异

英汉语篇的基本差异有内在的思维和外在的衔接与连贯两个方面，内外相互影响，又相互独立。但一般说来，思维层面的差异是决定性因素。

首先，英汉语分别呈现直线形与螺旋式的特征，这从根本上讲是中西方各自重综合与重分析的思维习惯的体现。所谓直线形，就是先表达出中心思想，然后由此展开，后面的意思都由前面的语句自然引出。英语长句"叠床架屋"式的结构最典型地表明了这种思维逻辑。

But I would like to do the same with the acclaim too, by using this moment as a pinnacle from which 1 might be listened to by the young men and women already dedicated to the same anguish and travail, among whom is already that one who will some day stand here where I am standing.

对于人们给予我的赞扬，我也想做出同样的回报：借此国际学界的最高盛会，请业已献身于同样艰苦劳作的男女青年听我说几句话，因为在他们中间，将来站在我现在所站的讲台上的人已经产生了。

汉语的螺旋式是以"起、承、转、合"为典型的，先宣称主题之重要，然后展开反复论述，最后回归主题，并对它再三强调。其根本特征显然是重复，乃至不厌其烦地强调，即词语和结构的复现与叠加，简短的语篇也常见这种现象。英汉语篇思维逻辑的差异继而造成两种语言语篇衔接与连贯方式的不同，上例的译文中皆有体现。

其次，在语言构思方式和语言组织方式上，英语呈现形合特征，而汉语呈现意合特征。形合和意合的区别就是语篇连贯的隐显不同。英语形合指英语必须含有体现词汇语法的显性衔接，也就是从语言形式上把词语、句子结合成语篇整体。而汉语的意合则无须借助词汇、语法的衔接手段，仅靠词语和句子内涵意义的逻辑联系，或靠各种语境和语用因素，便能构成连贯的语篇。因此，英汉互译时，便常见隐显不一的情况。

When it came out in a newspaper interview that I said Nixon should resign, that he was a crook, oh dear, that fur flew.

在一次记者采访时，我说了尼克松应该辞职，他是坏蛋的话。这一谈话在报纸上一披露，啊呀不得了啦，立刻就翻了天。

最后，英汉语篇的差异还体现在两种语言在思维上存在客体意识和主体意识的差别。中国人讲究天人合一、万物皆备于我，因此凡事凡物皆有很强的主体参与意识，语言表现多以"人"为主语。西方因注重个体思维，重理性的分析而执着于主客体分离和区别，所以一方面以"人"这个主体为主语，另一方面更多地抱客观审视的态度，以事物为主语，对其进行客观、冷静的剖析和描述，这就造成了英汉语篇主语或重心的差异。

二、英汉篇章翻译的衔接与连贯

（一）衔接

1.英汉语言语法的衔接

语法连接指借助构造句子的语法手段，即标示词语之间结构关系的因素来实现语篇的衔接和连贯。这些因素可以是具有语法功能的词语，也可以是词语的特定语法形式，还可以是无特定词语的纯结构形式。

（1）英汉语言语法连接的差异。

① 英语的语法连接具有明显的显性连贯，而汉语的语法连接接近于隐性连贯。英语的显性连贯借助形态变化和形式词，明显地标明词之间、词语之间、短语之间或小句之间等的语法关系。形态变化包括起构词作用的构词形态和表示语法意义的构形形态。英语有形态变化，而汉语中却没有严格意义的形态变化。英语中的形式词指用来表示词语间、句子中小句间和语段中句子间关系的起连接作用的词。英语中作为连接手段和形式的词不仅数量大、种类多，而且使用频繁，主要的连接手段和形式有介词、冠词、关系词（包括关系代词和关系副词）、连接词（包括并列连接词和从属连接词）和其他连接手段，如it和there。汉语造句更注重隐性连贯，以意统形，少用甚至不用形式手段，靠词语与句子本身意义上的连贯与逻辑顺序而实现连接。

He boasts that a slave is free the moment his feet touch British soil and he sells the children of the poor at six years of age to work under the lash in the factories for sixteen hours a day.

　　他夸口说一个奴隶从他的脚踏上英国土地的那一刻起就是自由的，但他却把穷人家6岁大的孩子们卖到工厂在皮鞭下干活，一天要劳作16个小时。

　　形态变化包括：名词的单复数（feet，children，years，factories，hours），谓语动词的时态、数以及语态（boasts，is，touch，sells），代词（he，his），冠词（a slave，the moment，the children，the poor，the lash，the factories，a day），介词（of，to，under，in，for），连接词（that，the moment，and），一致关系（He—his，He—boasts，he—sells，his feet—touch）。

　　② 英汉两种语言在语法连接手段上都用语法手段，但各自所采用的具体方式有所不同。例如，英语的时体形式，在翻译时，汉语则要用替代方式。由于英汉语篇在语法衔接手段上存在差异，在英汉翻译时就需要恰当地进行语法连接手段的转换。英语（或汉语）用某种语法连接方式，翻译成汉语（或英语）则要靠词汇手段、逻辑手段或隐性连贯之类。

　　（2）英汉语篇语法衔接的转换。

　　① 从时体形式上分析。英语的时体作为语篇衔接的语法手段。

Roger has finished the thesis, Caroline arrived from New York.

　　罗杰完成了论文，因为卡罗琳从纽约来到了他身边。

Roger has finished the thesis, Caroline will arrive from New York.

　　罗杰完成了论文，卡罗琳将从纽约来看他。

　　② 从替代关系上分析。所谓替代，指用词语代替前文的某些词语，但不是指称性的一致关系，而只是具有同等或类似语义。替代主要包括名词替代、动词替代和分句替代。替代在英汉语中都存在，且往往互相对应。但互不对应难以照译时，需要借助其他衔接或连贯手段。

　　A：I'll have a cup of black coffee with sugar，please.

　　B：Give me the same，please.

　　A：劳驾，我要一杯加糖的清咖啡。

　　B：请给我也来一杯。（试比较：请给我也来同样的。）

　　③ 从省略关系上分析。省略是用词汇空缺的方式达到上下文衔接的目

216

的。语篇分析中常将省略分为三类：名词性的省略、动词性的省略和分句性的省略，这三类省略多数是出于语法结构的需要。语法结构上的省略是英汉语篇衔接的常见形式。无论是英语还是汉语的语法结构上的省略，若无法忠实照译，都是以目的语的词语重复或替代来解决问题。但名词性省略一般英汉语是一致的。

Take these pills three times a day, And you'd better have some of those too.

这些药片一天吃三次，还有那些也最好吃一点。

汉译英中要特别关注的省略现象是汉语零位主语的问题。汉语的零位主语是汉语中的一种普遍现象，与英语中的省略并非完全一回事。这是因为汉语不是主语突出的语言，组词成句是围绕主题而展开的。所以，汉语中主语有时无须出现，而读者自明。这时，汉译英就需要填补上。

2. 英汉语言词汇的衔接

词汇连接指的是语篇中出现的一部分词汇相互之间在语义上的联系，或重复，或由其他词语替代。词汇连接是运用词语达到语篇衔接目的的手段，包括语义的重复再现和各种指称关系。英汉语篇的词汇衔接手段不仅总的具体方式完全相同，而且几乎都能够对应照译，特别是在语义重复方面。但也有不一致的地方，尤其在指称照应方面，不同多些。

（1）语义重复。语义重复指运用同义词、近义词、上义词、下义词、概括词等构成的词汇链。它包括完全相同的语义词汇的直接重复，具有各种语义关系的词的同现，以及具有因果、修饰等组合搭配关系的词的同现。

The recovery of organs does not begin until after the heart stops beating and death is certified by a physician not affiliated with the transplant program.

器官的复原，应在心脏停止跳动，死亡已被与器官移植无关的医生证明之后，才能进行。

（2）指称照应。指称照应是语篇衔接的重要手段，涉及人、物、事、时间、地点和词语等一切方面，既有对外部现实世界的外指，又有对语篇内语言要素的内指，既有回指，又有下指。指称照应是为了语篇上下文的照应，形成一个照应性的系统，即一个意义完整、有机统一的语篇。英汉语在指称照应上的差异主要体现在人称指称和指示指称上。就英汉翻译而言，人称指称和指示指称是最具实践和理论价值的语篇现象。

人称照应在有些上下文中是至关重要的，尤其是英译汉。如果理解不正确，译文就会出现错误。

The patient shook her head and stretched out her hands towards the baby. The doctor put it in her arms. She kissed it on the forehead.

病人摇了摇头，把手向婴儿伸去。医生将孩子放到她怀里，她吻了吻孩子的前额。

There are two classes of people: the selfish and the selfless; these are respected, while those are looked down upon.

世上有两种人：自私者和忘我者；忘我的人受到尊敬，而自私的人则遭到鄙视。

3. 英汉语言的逻辑衔接

逻辑连接的差异是语篇内深层次的最普遍的连接，是保证语篇的必备条件之一。逻辑连接也有显性与隐性之分。显性逻辑连接指使用了and、but、then、for等连接语的衔接。隐性逻辑连接指那些不使用连接语而靠语用、语境等实现的连接。就英汉语比较而言，逻辑关系总的来说是英汉相通的，即时空、因果、转折和表示相类同的推延等基本的逻辑关系是一致的。但是英汉语的逻辑关系有时也有差异，如英语的时空关系，汉译时常改为因果关系，反之亦然。总的来说，由于英汉连接语的差异和逻辑关系显性与隐性的差异，英汉翻译时，译者应选择正确的逻辑连接词或连接语，或隐或显，以使译文符合译语的表达习惯。

Where there is a will, there is a way. （空间关系）

有志者事竟成。（条件推断）

When Mr. Brooker, who had a license to carry a gun, drew his pistol to try to stop the robber, one of them fired a shot that killed him. （时间关系）

布鲁克先生有执照，可以带枪，便拔出枪来想阻止这伙强盗，可是一个家伙一枪把他打死了。（转折关系）

（二）连贯

在翻译中，如果一句一句孤立地看，有些译文似乎问题不大，但从通篇或整段来看，译文却犹如断线残珠，四下散落，没有贯穿连成一气的逻辑线索或脉络。究其原因，主要是忽视了原文中或明或隐的连贯性，没有在翻译中采取相应的连接和连贯手段，使译文不能成为一气呵成的有机整体。由此可见，连贯性在翻译中起着非常重要的作用。连贯是语篇中语义的关联，连贯存在于语篇的底层，通过逻辑推理来达到语义连接。它是将词语、小句、句群在概念和逻辑上合理、恰当地连为一体的语篇特征。连贯的语篇有一个内在的逻辑结构，从头到尾将所有概念有机地连接在一起，达到时空顺序明晰、逻辑层次分明的效果。

实际上，连贯总是和衔接密切相关的，它们都是构成语篇的重要特征之一。但这两个概念也有区别。衔接是通过词汇和语法手段得以实现的，而连贯可以借助信息的有序排列来达到。要实现语篇连贯，通常采用"明显"和"隐含"两种方法。前者与语篇的衔接有关，指运用词汇手段（连接词）来形成连贯标志；后者指信息的合理排列，这是一种无标志的连贯。试比较下面的例子，看看各自语篇的连贯是如何实现的。

Swiveling from languor to ferocity, from sorrow to sarcasm, from command to confusion, Pryce is a Hamlet for our time of cosmic jitter and colliding antitheses.

普莱斯扮演的哈姆雷特，性格不断变化：一会儿心灰意冷，一会儿狂暴凶煞；一会儿满腔愁绪，一会儿讽世讥俗；一会儿镇定自如，一会儿无所适从。他是我们这个高度紧张、激烈冲突时代的哈姆雷特。

在翻译过程中，译者最终提供给读者的是怎样的一个语篇，完全取决于译者对原文语篇内容的理解、结构的认识及译语语篇的构建能力。从语篇连贯性而言，译者首先要充分把握原文，认清原文的逻辑层次和脉络，也就是说，要对原文语篇的连贯结构有明确的分析和把握，这是保证译文具有连贯性的前提。另外，在对原文语篇连贯结构充分理解的基础上，译者要依照译文的连贯模式和规律对原文语篇进行重新构建。

译文连贯不当可表现在词或词组、句子内或句群内。

That night he sat alone during dinner, careful, he later told us, not to "get in love's way". But he glanced often in our direction, and we knew he was not alone...

译文1：那天晚餐时，他一直独自坐着，小心翼翼地，后来他告诉我们，那是为了"不妨碍别人谈情说爱"。可是他不时朝我们这边瞟上一眼，我们知道他并不孤独……

译文2：那天晚餐时，他一直独自坐着，尽量"不妨碍别人谈情说爱"（那是他后来告诉我们的）。可是他不时朝我们这边瞟上一眼，我们知道他并不孤独……

原文中的两句话是靠"but"连接起来的，而且第一句中的"he later told us明显是一句插入语。翻译时，如果处理不当，必然会影响读者对两句之间关系的理解。译文1混淆了时间概念，会让读者以为"可是……"一句的动作不是发生在"那天晚餐时"，而是发生在"后来"。译文2将原文的插入语放入括号内，加强了两句的联系，也避免了时间概念上的混淆。

总之，翻译过程不仅是一种语言符号的转换过程，也是逻辑关系的转换过程，也就是连贯结构的重新构建过程。从本质上看，这一过程涉及思维的转换过程，也就是说，译者的思路要经历一个从原文连贯结构到译语连贯结构规范的转换。这种转换体现着两种语言、两种文化的思维定式的对应、对照，甚至冲突，这就需要译者在思维方式上进行调整、变通，并把这种调整在译语语篇的连贯结构中具体体现出来。

三、英汉应用文体翻译现状及策略

应用文体并非专指某一种文体，而是指一种特定的文体类别。一般来说，应用文体是与文学文本相对应而存在的文体，或称为"非文学文体"。公函、书信与合同、协议、通知、电报、演讲等均属应用文体。概言之，应用翻译内容广泛，涉及除文学及纯理论文本以外的各个领域，如政治、经济、法律、旅游、科技和文化等内容。

（一）应用文体翻译概述

翻译不仅要译出原文的意思，而且要译出原文的文体风格，翻译家应具有独特的风格。可以按照不同文体，定不同译法。从翻译理论角度看，译者要传达原作的思想时，必定会使用两种不同的语言，因而在翻译的过程中不可避免地会受到多种因素的制约。其中最重要的两个制约因素：第一，译者对原作所表达的"思想"的理解的程度、精确性和方式；第二，译者把理解所得转换成自己熟悉的语言时，往往会不自觉地体现译者自己的个性特色。作为主体的译者在翻译的过程中，不仅会自然或不自然地在理解原文时流露出自己的个性，还会在具体表达时显示出自己的个性，这就是译者风格形成的理论基础。从翻译实践的角度看，我国现代和当代翻译史上的大家无一例外地都具有自成一家的风格。

基于此，在翻译教学和实践中，有必要注意文体的问题。概言之，译者必须熟悉英汉各种文体类别的语言特征，才能在英汉语言转换中顺应原文的需要，做到量体裁衣，使译文的文体与原文的文体相适应，包括与原文作者的个人风格相适应。

一般来说，文体风格不仅包括因时间、地理、阶级、性别、职业、年龄、情景等所引起的语言变体，如各种方言、正式用语、非正式用语等，还包括各种体裁的作品，如应用文体、科技文体、论述文体、新闻报刊文体等。

（二）功能目的论与英汉应用文体翻译

人类的主动行为都有其目的，翻译行为自不例外。但翻译行为毕竟是一种特殊的人类主动行为，因此其目的也必然具有特性。从功能的角度将翻译定义为：翻译是创作使其发挥某种功能的译语文本，它与其原语文本保持的联系将根据译文预期或所要求的功能得以具体化，翻译使由于客观存在的语言文化障碍而无法进行的交际行为得以顺利进行。在这个定义中，原文和译文之间必有一定的联系，这种联系的质量和数量由预期译文功能确定，它也为决定特定语境的原文中哪些成分可以"保留"，哪些成分可以或必须根据译语语境进行调整甚至"改写"（包括可选择的和必须进行的改写）提供了标准。

根据文本不同的内容和文体把文本划分为表达功能（expressive function）、信息功能（informative function）和呼唤功能（vocative function）三种。以表达功能为主的文本主要包括文学作品、散文、自传、个人信件等，其目的在于表情达意，将个人的感情表达出来。以信息功能为主的文本包括非文学作品、教材、学术论文、报纸杂志上的文章等，其中心是涉及语言之外的现实世界的现实生活。以呼唤功能为主的文本旨在向读者呼吁，号召他们采取行动、去思考、去感受，这类文本通常涉及通知、宣传、口号和广告等内容。

从语言用途的角度划分，应用翻译属于"特殊用途英语"（English for Specific Purposes，ESP）的范畴。专门用途英语是现代英语的一种变体，涵盖的语篇体裁非常广泛，几乎包括了除文学诗歌类语篇之外的所有体裁。

（三）英汉应用文体翻译的策略

关于应用文体翻译的原则和标准，应用文体包罗广泛，不同的次语域具有不同的特点。信息性、劝导性和匿名性是绝大多数应用语篇具有的主要特点。根据不同的问题特点及翻译委托人的要求，应采用不同的翻译策略。应用文体翻译的三条原则——达旨、循规、共喻，从翻译理论的层面和高度提出了应用文体翻译需遵循的原则和采用的标准。

为了进一步加强应用文体翻译的研究，提高应用文体翻译的理论和实践水平，建立应用文体翻译学可能且可行，已有可观成果，也可持续研究。本学科的建立可以提升并解释译艺，上可升华为基本理论，下可直接指导实践，奠定译学基础。应用文体翻译学的分立研究将升华整个译学研究。由此可见，加强应用文体翻译研究具有非常重要的意义。

尽管不同文体会有不同的语言特征，但对译者来说，首要的还是要实现原作的"文本目的"，减少读者的"理解成本"，即要让不懂原文的读者通过译文知道、了解，甚至欣赏原文的思想内容及其文体风格。而要实现这一目的，就必须追求目标语文本与源语文本之间的意义之相当、语义之相近、文体之相仿、风格之相称。这里的"文体之相仿、风格之相称"是应用文体翻译过程中必须解决的问题，以免给译语文化造成不应有的侵犯。

思考题:

1. 讲一讲英汉词汇的区别是什么?

2. 汉语无主句、无宾句应如何处理?

3. 说一说英汉篇章翻译的衔接与连贯应注意哪些方面? 可举例说明。

第七章

跨文化交际中的语用失误

第一节　跨文化交际中语用失误的表现

　　在跨文化交际中，由于人们的文化背景不同，难免会出现交际冲突或误解。对于跨文化交际中语用失误的研究，无论是对外语教学还是语言研究都有极其重要的意义。从这个意义上讲，一个人的语言能力越强，对其语用失误就越不能原谅，前者涉及语言能力问题，后者则会被认为是动机问题。

一、语言的语用失误

（一）语音与语用失误

　　作为语言物质外壳的语音，是不论何种语言共同拥有的一个要素，语音所具有的物理、生理、社会属性也是其普遍性质，但如果从区别特征上看，两种语言的不同之处首先表现在其语音的不同上，跨文化交际中如果对目的语的语音特点了解不够，不能正确掌握其发音原理及方法，就很容易造成语音上的语用失误。

　　有位英国小伙总爱一口一个"我的老伴儿"，二十岁出头的年轻人何来的"老伴儿"呢？听了几次我才恍然大悟：他是在说他课余打工的老板，只不过他自作主张将"老板"加上了儿化音，成了"老伴儿"。

　　除了声、韵、调等方面，话语表达时的语气、语调、停顿、语速等方面也会造成跨化交际中的语用失误。例如，一位美国人请朋友到家作客，他对一位中国朋友说："I'm going to have a party tonight at my home, Come if you want."这位中国人听了他的话感到困惑，不知应不应该去作客，因为从中国文化角度看，这种邀请似乎不够盛情，语气不够强，其实美国人认为是诚心诚意的，对朋友的邀请看上去比较 informal（不正式），但是因美国人追求一种平等（equality），他想请你，但又不想把来作客这件事强加于你，因为大家都是平等的。所以用 come if you want，如果这位中国人了解这种语气的美国文化背景，把这个邀请理解为"请您到我家做客"就不会产生误解了。

　　由于特殊语调而产生的寓意对跨文化交际中的外族人来说很难理解，也很容易出现语用失误。例如，一个刚学汉语的外国小朋友看见两个中国小孩在争一张漂亮的图片，小男孩说："这是我的，你还我！"小女孩听后往小男孩面前一伸，笑笑说："这画是你的？我还你！我还你！还你！"边说边撕图片，外国小朋友感到莫名其妙："说还为什么还要撕呢？"因为外国小朋友没听懂小女孩的第一句话用了升调表示反诘，其含义为"这画根本不是你的"。

　　停顿同样会使跨文化交际者产生误解。一个人说话之后停顿多久才意味着一个话轮的结束，不同的文化认识不同，那就可能产生这样的情况：甲认为乙沉默不语，乙认为甲抢说话。比如，美国人常指责法国人缺乏教养，因为美国人认为法国人与他们谈话时老抢嘴，或打断他们的话。法国人则认为美国式的交谈令人厌倦，这是因为法国人与美国人讲话时，话与话之间停顿的时间不一样。美国人是0.5秒，法国人只有0.3秒。也就是说法国人等对方讲话停顿超过0.3秒就会插话，美国人则要等0.5秒。结果，当美国人还在有礼貌地等的时候，法国人又重新讲话了。美国人老插不上嘴；或者说美国人话还没讲完，只是中间停顿，法国人就插话了。因此法国人在交谈中往往给人一种咄咄逼人的印象。有一个法国人与美国人结婚，住在美国，有一天，她的小女儿问她："妈妈，为什么法国朋友到我们家时，你老跟他们吵架，而跟美国朋友就不吵架？"在很多文化里，抢着讲话，打断别人，被认为是很不礼貌的。但法国人似乎并不这样认为。他们觉得，在对方讲话的空隙，插插话，只要次数不太多，不但可以加快谈话的节奏，活跃气氛，而且可以表示自己对谈话的积极参与。很多交际中的误解，就是由于停顿的不同理解造成的。

（二）词汇的语用失误

　　词汇作为语言的基本要素，是语言赖以存在的基础，当人们想要用语言表情达意时，首先要选择恰当的词，选词恰当与否，是跨文化交际能否成功的重要一环，选用词语实际是对词义的运用。词汇的语用失误集中体现在词义方面。词义分为七个层面：第一层面，概念意义（conceptual meaning）；第二层面，内涵意义（connotative meaning）；第三层面，风格意义（Stylistic Meaning）；第四层面，情感意义（Affective Meaning）；第五层面，联想意义（Reflected Meaning）；第六层面，搭配意义（collocative Meaning）；第七层面，主题意义（Thematic Meaning）。上述七个意义层次中，第一层面一般在交际中并不构成严重障碍和困难，其他六项都具有不同的语用特征，往往与人们的生活经验、语用意图、情感以及特定语言集团的社会文化特征密切相关，因此有的语言学家称为社会文化意义（Social-cultural Meaning）或语用意义，社会文化意义的差异是造成跨文化交际词汇语用失误的主要原因。在对词的含义还有不同见解时，人们是不会取消相互谅解和一致意见的。布尔登说得好："只有当一个词或词组对说者或听者、对写者和读者都是同样意思时，理解才是充分的。"因此了解不同语言里词义的异同是有效进行跨文化交际的关键之一。

1. 词汇对应关系与跨文化语用失误

比较两种语言，其词语上的关系可以粗分为以下两种：

（1）词汇对应。人们虽然生活在不同的国家和地区，但是生活在同一物质世界里，拥有共同的大自然、世界和宇宙，拥有共同的思维能力，"人类在认识主、客观世界各种现象的过程中把自己的认识内容跟特定的词语结合起来，固定下来，这样，这种认识内容就构成了词语的语义内容。由于人类自身和所处的客观世界是基本相同的，不同语言的词语在语义上有相通之处。"一般来讲，凡世上存在的事物，都会有代表它的词语，词语反映客观事物、现象、关系的职能对每个民族的语言都是平等的，它承载着人类共同的客观环境、生存条件以致思想意识。从这个意义上讲，只要事物是各国共有的，就能找到各国语言间相互对应的词语，这些词语只有发音形式的不同，而作为"事物、现象或关系在意识中的一定反映"，这部分词义核心来说民族的或全人类的是基本相同或完全相同的。诸如"花园、森林、财富、善良、仇恨、空气、水、太阳、月亮、铁、氧、大、小、长、短……"这些汉语中的词汇在其他民族的语言系统中也能找到词义内涵相同的概念，即这些人类共同感知、共同经历的客观环境或社会形态可以通过任何一种语音形式表现出它们的词义。

词汇对应关系在跨文化交际中一般不会出现理解或运用上的障碍，这也是不同语言之间能够相互翻译的前提和基础。

（2）词汇的不对应。由于不同民族在不同的社会历史过程中对主、客观世界的认知方式有差异，分类和概括范围有所不同，所以具体词语的语义内容就有差异，大多数人想象，一种语言的词语可以准确无误地译成另一种语言，而译者只需借助一本双语辞典即可。但事实并非如此，因为前者的一些常用词语往往难以在后者找到对应说法。不同语言各有一批文化限制词，由于社会历史文化不同，在另一语言中找不到对应的词语。这种在词语的宏观对应关系中存在着许多不对应或不完全对应的情况容易造成跨文化交际中的失误，具体分析，这些不对应关系包括：

① 词汇空缺（lexical gap）。每种语言都有所谓的文化局限词（按：意同胡明扬先生说的"文化限制词"），这类词是和说那种语言的人的文化背景有关的，是代表那种独特文化产生出来的东西的概念。另一种文化没有这种东西，于是也就没有对应词。在不同文化中，词汇空缺是十分自然的现象，词汇空缺概括为三大类：由于生活经验的差异而引起的词汇空缺，由于世界观的不同而引起的词汇空缺，由于语言、文化本身的原因而引起的词汇空缺。显然，当一种语言的词在另一种语言中空缺时，该词是不可译的。譬如，汉语中的"饺子"在英语中就是空缺的，因为这是中国的名吃。英语中虽然也有表示类似于"饺子"此种食物的词，如"dumpling"和"ravioli"，但"dumping"是"汤圆、团子、苹果布丁"，"ravioli"指的是有馅的小包子，西方是没有"饺子"一词的，只得音译成"jiao zi"。例如，"馄饨、荔枝、冰糖葫芦、炕、和尚、知青、磕头、武术、麻将、旗袍、气功、乌纱帽"等，在英语中都没有对应的词，严格地说，它们都是无法翻译的。同样，英语中的一些词在汉语中也是空缺的，如汉语中的表亲关系泾渭分明，表兄和表弟、表姐和表妹，区别甚严，既要说出性别，还要分出大小，而英语却笼而统之，一律称为"Cousin"。同理，英文中的uncle和aunt在汉语中也无外延完全相同的对应词，如下所示。

汉语严格区分亲属关系，源于汉民族的古代文化。例如，印度koyas族人居住在亚热带，熟悉任何与此自然条件相关的事物，因此就用不同的专门词语描述七种不同的竹子，而其语言却难以辨别fog（雾）、dew（露水）、snow（雪）；而生活在冰天雪地中的爱斯基摩人却能把不同的雪（snow）叫出至少五六个名称，这种民族特有的事物名称确实难以在其他语言中找到对应词。这种只以本民族文化内容为依托而在其他民族文化中找不到对应概念和形态词义，其理解和运用也如同它的文化属性一样被限定在一种语言即一个民族、地区、时代中，它们赖以产生的环境就是它们唯一存在的"词域"，离开这个"词域"，它们的词义将无所依托从而失去交流信息的意义。当词汇空缺出现在跨文化交际中时，接收信息的一方无法理解，但是也不容易误解对方的意思。接收一方可以通过询问对方，让其用接收一方可以理解的词汇去解释它，这也是信息接收方向对方学习的好机会。

②　概念意义等值，文化意义有别（不等值）。"词汇空缺"只不过是文化海洋中的一滴水，更能反映文化差异的乃是不胜枚举的词汇的社会文化意义，不同民族之间总是存在着词汇的对应关系，这是双语词典编撰的基础，也是跨文化交际的基本条件，但这远非词义的全部，甚至可以说仅是词义中的很少一部分内容。表达同一理性概念的词，由于在不同的文化氛围里不断使用，就得到了附加在理性概念意义之上的不同的社会文化意义，这种文化意义的差异既表现在此有彼无或此无彼有，又表现在截然相反，因而会引起不同的心理反应。不了解这些差异，就不能吸收语符所承载的全部信息量。

例如，几年前有过这样一件事，一个小青年跟一个外国学生开玩笑，说："你是二百五"。这个学生说："不，不，我不是二百五，我是汤姆。"学生只知道作为数字的"二百五"，并不知道字面以外的特殊文化内涵，出现误解。数字"13"在中文和英文中字面意义相同，但该词在英文中有贬义的文化色彩，在汉语中既无褒义也无贬义。汉语中的"松、竹、梅"能使汉族人联想到"岁寒三友"，具有"傲霜斗雪""高风亮节"的伴随意义，但英语中的"pine、bamboo、plum"却不能使说英语的人引起类似联想，也不具有伴随意义。

又如，中英两个民族都有养狗的习惯，但对狗却有截然不同的看法。英语中的"dog"具有肯定的伴随意义，"dog"被认为是"人类最好的朋友"（man's best friend），甚至被看作家庭中的成员，狗常用来比人：Every dog has his day（凡人皆有得意之日），Dog does not eat dog（同类不相残），lucky dog（幸运儿），Love me，Love my dog（爱屋及乌），a top dog（胜利者），help a lane dog over a stile（助人渡过难关），a old dog（老手）等谚语就是很好的证明。在汉语中，狗基本上具有否定的伴随意义，狗有时虽被认为忠实、可靠，但用狗来形容时却全是坏的意思：走狗、狗汉奸、狗急跳墙、狗咬狗、狼心狗肺、狗仗人势、狗眼看人低……甚至连狗身上的东西也是坏的代名词：狗腿子、狗头、狗屎等。正是这种差异，所以汉语中的"走狗"译为"running dog"，英美人并不认为可憎，反而有点"可喜"。据说有一位留学生看到老师在运动场上跑得很快，便说："老师跑得像狗一样快。"结果弄得老师哭笑不得。这一误会的产生就是因为外国学生不了解"狗"一词的文化差异，按母语习惯来使用的结果。当中国人毫不留情、痛打骂落水狗时，西方人却同情心油然而生。再如，虽然"狐狸"和"Fox"在概念意义上等值，但在文化意义上是不等值的。英语中"Your wife is a fox"表示对女性的赞美，因为英语中的"fox"除了狡猾意义，还有"漂亮、可爱"等意思，在汉文化中，女人和狐狸之间的相似点只能是"风骚"，所以如果一个外国人对中国男性说："你老婆是狐狸！"便只能是骂人的话，而引起对方的误解。

跨文化交际中，一旦信息发出者和信息接收者赋予词语的社会文化意义在质上出现差异，就很容易引起误解，甚至导致交际的冲突。如果信息发出者的词语文化意义是褒义，而接收者那里没有褒义，信息接收者就会失去友好的信息含量，就不能了解对方的好意；如果信息发出者的词语文化意义没有贬义，而在信息接收者那里却有贬义的话，接收者就会增加不友好的信息量，引起冲突，词语文化意义如果在双方刚好相反时，交际冲突就会更加强烈。

2. 常见的词汇语用失误

（1）时间词语。中西文化都把时间看成一个连续体，但由于文化的差异，在用"前"与"后"分别指称过去与未来时，采取了不同的观点。中国人喜欢追忆往事，沉醉其中，他们仿佛是面朝着过去站着，把已经发生的事情看成在前面，而把待发生的事情看成在后面，因而有"前无古人，后无来者"以及"前所未有""后继有人"之说，而西方人的特性较多地表现在不计成败，憧憬未来，站在"现在"这个点上，面对将来，将来在他们的面前，过去则在他们的背后。试比较：

But we are getting a head of the story.

不过，我们说到故事后头去了。（不是前头！）

例如，英语的the latest news，译成中文就不能译成"最后消息"，而只宜译为"最新消息"。类似的例子还不少，如"the latest development of sth""the latest discovery of sth"等。如果我们对这种时间观念差异缺乏认识，那么在翻译下列这段文字时就免不了要出差错。

The first is in the two essays of part Ⅱ on culture and biological evolution where the fossil datings given in the original essays have been definitely superseded. The dates have，in general，*been moved back in time.*

如果将句中的斜体部分译成"推后了"而不是"提前了"，那么译文就会同原意正好相反。

例如，一次，一个外国学生拜访他的中国老师，老师想请他吃饭，就说："你下星期六来我家吃饭，好吗？"学生很高兴地接受了邀请，并约好了具体时间。过了两天，到了星期六，学生来了，老师很感意外，由于毫无准备，老师很尴尬，幸好跟这个学生很熟，于是就说"前天我说的是下星期六请你，你看，今天我什么也没准备……"学生说："前天说下星期六请我吃饭，不就是今天吗？"

这场误会完全是对"下星期六"的不同理解造成的。在实际运用中，"上星期六"和"下星期六"与英语的"last Saturday"和"next Saturday"有时却不是对应的，其区别是英汉观察时间的参照点不同，汉语说"下星期六"时，是以说话时的那个星期为参照点，如说话时是星期三，那么说"下星期六"就是指了这个星期以后下一个星期的星期六。而英语则是以说话的这一天为参照点，假如说话时是星期三，那么说"下星期六"是指过了星期三以后即将到来的那个星期六。于是就发生了上面所说的误会。

（2）颜色词语。颜色词也有着特殊的文化含义，不仅在于人们对颜色进行的客观上的切分不同（光谱学切分），更在于颜色词有其特殊的联想意义，它能引起人们的特殊联想，产生特别的社会意义。比如，"红""白""黑""绿"作为基本颜色词时，中英文的字面意义是相同的，但其象征意义则各有千秋。

如汉语中用红白喜事表示英文中的wedding和funeral，把"白事"和funeral联系在一起很让西方人费解，因为西方人举办婚礼时新娘穿白色婚纱。有时，同一所指对象的字面意思不同也会造成跨文化交际中的语用失误，英美学生可能会问中国人："你喝绿茶还是黑茶？"何为"黑茶"？显然是错把英语中的black tea直译成汉语"黑茶"了，而没注意到汉语并非叫黑茶，而根据茶的汤水颜色称之为"红茶"，英美人是根据茶叶本身的颜色称为黑茶的。

（3）称谓词。称谓与交际的关系极密切，代表了人与人之间的一种社会关系。双方见面只要开口说话，一般先有称谓，故而这也成为跨文化交际失误的重点"雷区"，在跨文化交际中，由于双方文化背景不同，称谓的差异也很大，如果彼此对对方称谓的构成或使用缺乏了解就会经常出现语用失误的现象。

一种称呼准则的特色不在于其他文化有没有这项准则，而在于用作称呼语的词项上。汉语里很有礼貌的称呼在英语文化里却可能是不礼貌的，如"小十姓""老十姓"等在汉语里是个亲切的称呼语，但若如此称呼英美人，对方听起来就会不舒服，这对他们来说是不礼貌的。反过来，英美人喜欢用名字称呼对方，或以姓相称以示亲切，即使是子女对父母、学生对教授也可直呼其名其姓。美国电视连续剧《我们的家》中，媳妇洁茜就常直呼其公公为格斯，这在中国简直就是大不敬，而美国人则习以为常。如果外国学生直呼中国老师其名、其姓（"王""李"等），听起来就很刺耳，如果外国人直呼一个不太熟悉的女士王丽娟为"丽娟"或"王"或"娟"就很容易造成误解。

再以亲属称谓为例，汉语中惯将大量亲属称谓引入社交场合，扩大到社会甚至用于陌生人（即泛化），如"爷爷、奶奶、叔叔、阿姨"等都可以用来称呼非亲属成员，但在英美文化里是行不通的。一位美国人吉娜（Gina）曾讲述过自己的一段亲身经历，她应邀去参观一家中国的托儿所，刚进门，孩子们便一拥而上，喊着"Aunty""Aunty"，Gina为此感到莫名其妙，她不是孩子们的Aunt，怎么能这么称呼她呢？一位中国留学生初到国外，当他对房东太太称"Grandma"时，就被对方回绝，她宁愿让学生直呼其名，而不愿领受"奶奶"的尊称。与此相反，在说英语的本族人之间，上年纪的人有时会称年轻人为son以示亲切，这种称谓不免有"倚老卖老"之嫌，但并无侮辱别人之意。可是，在汉语里，称别人为"儿子"是不可容忍的。

此外，尽管有时汉族人和外国人都可以用姓名称呼对方，但由于中外姓名构成次序不同，不少国家名字是名在前姓在后，汉语名字是姓在前名在后，所以两种文化的人在交往过程中常常出错，若干年前，当时的中国外长黄华要访问某国，该国一家大报的头版头条大字标题是"华先生来访"。看了消息才知道，"华先生"就是"黄华先生"，他们误以为中国的人名也和他们一样是名前姓后的。

至于谦敬词、成语、典故、俗语等造成的语用失误在学术界研究颇多，读者可自行参阅，这里不再作具体分析。可见跨文化交际中的语译绝不能像"对号入座"那样完全对应，必须考虑这些语符能否在原语和译语接受者中间引起相同的反应。不了解一个词的文化含义，就不可能理解该词的意思（尽管他也能说出或译出这个词），这种无知会造成很多误会，只知道怎样说一个词是不够的，必须知道该词在何种情况下使用，在何种情况下又必须避免使用，使之在交际功能上协调一致。

（三）语法的语用失误

一种民族语言的语法，是民族思维活动形式的凝结，是从长期的民族历史中积淀下来的，是民族文化的组成部分。在相当程度上语法结构方式正是一种心理模式和思维方式的语言表现。而心理——思维对语言的词语句法结构具有潜藏的、内在的支配力，它不仅是静止的，对语言使用者来说它直接起着支配的规约作用。不同的民族语言中，有些语法结构方式是相同的或相似的，这反映了人类思维活动或人类文化的普遍特征，但有些语法结构方式差异很大，甚至为某一民族语言所独有。跨文化交际中，对目的语的使用是要求交际者建立一套崭新的语言系统，所以交际者在没有形成目的语的语法观念原则之前，在对目的语语法结构方式的理解上常常表现为思想上的迷惑，而造成跨文化交际中的语法语用失误。这里仅以中英跨文化交际为例对语法的语用失误作一简要分析。

语法的语用失误主要表现在以下几个方面。

1. 不能理解语言形成的多种交际功能

在对外汉语教学中常告诉学生某一句式可以表达某种功能，如要求别人做什么或不做什么时用祈使句，要提问就用疑问句，这让学生有一种错觉：某一句式只能表达某一种功能。殊不知言语交际的方式是灵活多变的，而绝非直来直去一个模式，这常造成语用失误。如下面一句话"你能不能把饭吃完？"就有"疑问、祈使、否定"等表达功能，到底表达哪种功能要依语境而定。

这个例子很能说明问题：

一个美国留学生拜访他的中国老师。

美国留学生：你的太太很漂亮。

（老师的妻子脸红）

老师：哪里，哪里。

（学生纳闷老师为什么要问他的妻子哪儿最漂亮）

美国留学生：脸漂亮、眼睛也漂亮、鼻子也漂亮，都漂亮。

老师：……

这种笑话的产生，是留学生不懂得"哪里哪里"除疑问的功能外，还有非疑问的功能用法，错把老师的客气自谦当作询问。很可能他学汉语时，老师只教了与英语肯定对应的应答和回答。

2. 对目的语句子的肯定否定不能把握

是非问句在汉语和英语中都很常用，看起来也很简单，但对是非问句的应答却反映出不同语言思维方式的差异。如有一次老师组织外国学生去颐和园游览，老师听说一个外国学生约翰不想去，就想确认一下他是不是真的不去，就问："约翰，你不去吗？"约翰回答说："不，我不去。"约翰的回答显然是不符合汉语习惯的，汉语中回答是非问句时的"是"或"非"是对提问者所说的话做肯定或者否定的回答，如对"你不去颐和园吗？"的肯定回答是："对/是的，我不去。"否定回答是："不/谁说的，我去。"英语对是非问句的肯定或否定回答不是针对对方，而是表达答话人自己"去"或者"不去"的意向。"去"则做肯定回答，"不去"则做否定回答，不考虑问话者的语气相承，所以英语中回答"Aren't you going to the Summer palace？"时，或者是"Yes，I am."或者是"No，I am not."与此相似的又如：对否定陈述句的反应。

A：She is not at all happy working here.

她在这儿工作一点也不愉快。

B：Yes，he is.

不，她很愉快。

NO，she isn't.

对，她不愉快。

对反意疑问句的回答：

A：She has not gone to town，has she？

她没进城，对吧?

B：Yes，she is.

不，她进城了。

No，she isn't.

对，她没进城。

存在这种是非颠倒差异的根本原因是：英文化的人着眼于自己对客观事实的主观看法或态度，汉文化的人则着眼于对交谈对方所发出的信息或表明的态度所做出的反应。即"承认（或不承认）那否定的意思"，强调的是交际双方的呼应和配合。

又如汉语的肯定和否定句法结构并存但表义相同的句子：好容易找到你——好不容易找到你；难免要犯错误——难免不犯错误；差点儿要滑倒——差点儿没滑倒；看我打死你——看我不打死你……表示的到底是肯定还是否定，对留学生来说很难理解。

3. 词语的使用规则和句法结构不同造成语用失误

每种语言都有各自词语使用的语法规则。语法系统不同，词语的语法规则也就不一样，跨文化交际中由于缺乏对词语语法规则的了解造成的语用失误也很多。

如英语的词有多种形态的变化，随表义需要而定，如果在交际中不遵循词的这些使用规则，就会出现表义错误，Do you like she？和Did you like she？意义上的差别就在于句首助词的形态变化，如果不遵守语法规则进行表达，意义就会大相径庭。

又如，汉语量词的使用规则是令很多外国人头疼的事，汉语的数词和名词之间一般要加量词，而且名词对量词具有较强的选择性。但在交际时，外国人往往漏用或误用量词造成语用失误。如很多留学生把"我给你一把刀"说成"我给你一刀"，显然二者意义迥然不同。一位外国学生告诉我，他在山涧公路上见到"一张兔子"，我立刻纠正道，应当是一只兔子，他却理直气壮地反驳说千真万确是一张兔子，因为那只兔子已经被汽车轧死了，轧扁了的兔自然变成了一张兔子。诸如此类的还有：一对裤子、一头羊、一个马等误用量词的情况。外国人之所以用错量词，是因为他们的语言中没有量词这个词类，没有那么丰富的量词体系，又缺乏对量词使用规则的了解，造成了语用失误。不但量词，其他词运用时如不遵守语法规则也会造成语用失误。如外国留学生不懂"对"和"对于"的使用规则，就出现过一位姑娘说"啊，今天我终于知道我是属于猪的"这样的失误。句法结构不同造成的语法语用失误是很多的，大家也很熟悉，在此不再多加说明。

4.遗漏成分或歧义造成的语用失误

例如，在一次汉语课上，坐在后排的一位留学生对老师说："你说的话很难听。"这里应该是"很难听到"或"很难听清楚"的意思，但"难听"又有"听着不舒服"的意思，会造成误解。再如，一位外国人到市场上买鳖，走到卖鳖的人跟前问："你这鳖是怎么卖的？"卖主一听大为不悦，造成误会的原因是编码和解码形成的歧义引起的。外国朋友是把"你这鳖"按领属关系"你的这鳖"编码，而卖主却按"你=这鳖"同位关系解码，因而不高兴。

二、社会的语用失误

语言作为一种社会现象，它具有历史文化功能或"载储功能"（即积累和储存文化历史经验的功能），但最本质和最主要的当然还是它的交际功能，语言交际是一个信息交换过程，语言的使用不能脱离文化而独立存在。不能脱离社会流传下来的，决定我们民族生活面貌的风俗和信仰的总体。语言的交际功能是同它的载储功能紧密相连并互为条件的。每种文化都有其独特的风格和内涵，每种文化在其准则、规范、行为模式的表面下，都有着整套的价值系统、社会习俗、道德观念、是非标准、心理取向、思维特征等，正是它们决定着语言的使用。每种文化中都有大量其他文化所没有的特殊现象，有些在某一民族文化中习以为常的现象，在其他文化中却无此传统和习惯，这些现象在跨文化交际的社会成员中经常起作用，并反映到语言上，要想使跨文化交际能顺利有效地进行，就必须注意并了解双方文化的背景特征，并采取相应的言语行动，对双方文化背景了解得越充分，跨文化交际的效果就越好，质量就越高。

（一）社会语用失误的表现形式

在纷繁复杂的文化因素中，可以将文化构成模式的定型行为单位划分成不同的功能项目，这项工作有许多人在做，而且已取得了可喜的成果。那么组成一个功能项目的因素有哪些呢？每一项功能项目都包括形式、功能、分布。形式包括语言的和非语言的；功能即一个功能项目要达到的交际目的；分布是指交际进行的环境，包括上下文、时间、对象、语言方式等。

语言使用的失误主要是因为双方文化背景的不协调，一方常将自己的文化模式套入对方的语言文化模式中，这种由于社会文化因素导致的语用失误有三种表现形式，分别举例说明这三种情况。

1. 同一功能用不同形式表达

例如，在任何一种文化中，都要表达感谢，但表达方式不同，中国人现在多用口头语"谢谢""非常感谢"等，有时配以双手拱拳的手势语。日本人表达感谢的方式与汉语不同，日本人在接受别人的帮助后，只说"谢谢"不足以表达谢意，还常常一边鞠躬一边说"对不起"，这一点常让异族人感到困惑：你没有做什么对不起我的事，为什么老说"对不起"呢？在日本人看来，别人帮忙是给人添麻烦，于是"对不起"还兼表歉意的意思。又如，在分手道别时英汉语言表达法也有所不同。英语除"Bye""Bye-Bye""Good-bye"外，多半说些表示祝愿的话，如"Wish you a pleasant Journey！""Have a good trip！"或者"Good luck！"；有时还表达彼此见面的愉快心情，如"It's a nice meeting you！""Pleased to meet you"。在汉语的道别语中，人们除说"再见""一路顺风"之类的话语外，很多时候会说"恕不远送""慢走""走好"等表示关切、友好的话。被送的人在热情送别的情况下往往说声"请回""请留步"等，这些话直译成英语就会让人感到困惑。说英语的人是不会使用这类话的，特别是送人者说的"慢走"，他会奇怪：为什么要慢慢走，快点走就不礼貌吗？

2. 同一形式表达不同的功能

例如，外籍教师刚上完课，一位中国教师见了热情打招呼说："你好，辛苦了。"如直译成英语"Good morning，you must have had a tiring job"或者"You must have been tired"都会产生误解，因为这一问候语在外国人那里可能会产生两层含义：一是这个班级很糟，教师上课很费力；二是教师的体力或能力很差，上一堂课似乎就感到累了需要休息。外籍教师若取此义就会感到受辱而气愤。

3. 同一功能，同一形式，不同分布

表示感谢，英汉两种语言用"Thank you!"或"谢谢你"，但在英语中使用频率更高。因此这两种文化的人交往时，汉族人会觉得他们感谢太多，过分客气，甚至有点虚伪，英美人则觉得中国人过于冷漠，该道谢时不道谢，不大懂礼貌。在中国，关系越密切，使用得越少，道谢话一般是在与陌生人交往时或在正式场合使用，好朋友之间一般不用致谢，因为使用"谢谢"似乎让人感到关系距离拉大，因此即便谢谢，对方回答也常常是"自己人，谢什么"，表示不用客气。在英美国家，哪怕是子女和父母之间，只要为对方做一点事情，对方都会说声谢谢。而在中国，家庭成员之间很少用"谢谢"一词，如女儿给妈妈倒茶，妈妈不说谢谢，认为女儿这样做是理所当然的；妻子给丈夫倒茶，丈夫如果说"谢谢"，妻子会疑心丈夫有意疏远自己。

表达请求。一般使用比较客气的语气，但客气的程度要依谈话对象而定。"如果您现在不用的话，能不能让我用一下您的词典？"这句话如果用于陌生人或长者、尊者是合适的，如果对很熟悉的人则不必如此客气。在饭店付账时，只需叫一声"小姐"或"先生"，他（她）即会过来，如果我们说"对不起，你能不能过来一下，我们现在可以付钱吗？"则会让人觉得好像是讽刺。

（二）常见的社会语用失误

1.问候语的社会语用失误

日常生活中，问候语所起的作用非同一般，它是人们之间联络感情、增进了解的不可或缺的纽带，如果熟人相见，态度冷漠，无疑会给人际关系罩上一层阴影。问候语一般不传递什么实质性的内容，但具有重要的寒暄功能。使用问候语时，不同文化背景的人经常出现失误，产生误解。例如，一位从美国来上海教英语的女教师，听到人民公园有一个"英语角"，便去那里观光一番。回来后有人问她观感如何，她面带不悦之色回答道："我好像去了一次海关或警察局，因为他们老是问我'你叫什么名字？'（What's your name？），'你几岁？'（How old are you？），'你有几个孩子？'（How many children do you have？），'你丈夫是干什么的？'（What does your husband do？），'你在中国挣多少钱？'（How much do you earn in china？）"这些问句在语法上都是正确的，问题在于提问的内容涉及英美人所谓的"隐私"（Privacy）。各个语言社团的人都有自己的隐私。在英美人看来，凡是关乎个人圈子的事，如行动去向、年龄、收入、支出、家庭婚姻状况等，都属于隐私的范围。跟他们交谈，不要随便问："Where are you going？"（你上哪里去？）"What are you going to do？"（干嘛去呀？）或"What did you do？"（干嘛去了？），不要直接问："Are you Married or single？"（你结婚了吗？），不要打听："Where do you come from？"（你从哪来啊？）对这些问话西方人在心理上的反应（一般情况下不会说出）是："Why do you ask？"甚至是：It's none of your business（关你何事）。其实例中及以上所列诸种问候语，好多都是中国人习用的客套话，是一种随和、友好、亲昵的问候方式，表明了中国礼俗语言的特殊含义：一见如故，待朋友如亲人。中国人习惯通过问候给人以亲切温暖之感，因此汉语问候与客气话中大量涉及个人情况，问话人并不是真想弄清被问者的情况或行动去向。即便是不涉及隐私的普通问候语"吃了吗？"（Have you eaten yet？）"你早"（You are early）等也会引起他们的误会，他们会真以为你要请他们吃饭。

另外，中国还有两种问候方式让外国人难以理解：一是明知故问。如知道对方是昨天到的，还要问上一句"Did you arrive here yesterday？"明明看到熟人蹲在那里修自行车，他会凑上去搭话："怎么，修自行车了？"等。二是见什么问什么，见熟人拿着菜篮子，问："上街买菜了？"见对方夹着皮包，问："上班去了？"见对方提着行李，问："出差了？"等，这些问候让外国人听起来感到全是废话，没有丝毫意义。

2. 恭维语和自谦语的社会语用失误

语言学家利奇曾谈及话语交际的两大基本原则：合作原则和礼貌原则。前者包括质的准则（即要讲真话、实话），后者包括赞誉准则和谦虚准则。恭维就是在交际中要不失时机、恰当得体地赞誉对方，自谦是指最小限度地赞誉自己，最大限度地贬低自己，人们在谈话中往往是抬高对方，贬低自己。

恭维话在社会上颇有市场，因为人人都爱听好话，俗话说：良言一句三冬暖，恶语伤人六月寒。当然，恭维话不能过火，否则会有虚伪、吹捧之嫌。利奇曾说：语用规则基本上是共有的，但它们的相对重要性由于文化的不同而异。不同的语言有各自不同的文化背景，对语用规则的认识、衡量标准与表现形式都会有差别。一种语言的恭维话在另一种语言中可能会被理解成其他的意思。例如，一位外国留学生到中国人家里吃饭时说"我可以全部吃了"（I could eat all of them），以此表示他欣赏那些菜，可是让不懂英语的人听了还以为是嫌菜少呢！

中国自古以来的语言交际，几乎涉及对方的都用敬辞，如足下、令尊、令郎、贵府、府上、大作、高见等，形成了一套完备的敬辞体系。而在英语中，却很少有专用的敬辞，但这并不妨碍使用英语的人讲究礼貌，他们也和中国人一样，善于恭维和赞誉对方。

中西在自谦的运用上迥然不同，产生了大相径庭的交际心理，在言语交际中产生摩擦。"中国式的谦虚"是令外国人很难以理解的表达方式。

下面是新加坡一家家具公司的美籍经理与求职华人木工的一段对话：

美："你会干什么？"华："不敢说会，只能说打过家具。"美："从业时间有多长？"华："混了三十多年。"美："你能在本公司作坊打一张书桌给我看吗？"华："在您这样的行家面前打桌子，岂不是班门弄斧吗？不敢不敢。"

美国经理一听大为不悦，幸好一位在场的华人职员明白其中意思，就让木工留下来打一张书桌试试看，结果打出来的书桌精美绝伦，直乐得那位美籍经理连称"OK"。事后，美籍经理问那位木工："先生当初何不说实话？"木工答道："中国人瞧不起'王婆卖瓜，自卖自夸'的人。"美籍经理又无言以对了。这样的误会在跨文化交际中有很多，又如中国人宴请外国朋友，总是说："今天请各位吃顿便饭，没什么好菜招待，做得不好，大家随意吃，随意吃！"西方人就会想：既然请我们吃饭，就应该吃最好的，饭菜不好又何必请我们呢？中国的专家在欧美作学术报告时也说："我对这方面研究得不够，所知甚少，也没好好准备，啰啰嗦嗦，讲得不好，浪费了大家不少时间，请多原谅。"听众一定会哗然：你既所知甚少，又未好好准备，且明知道讲不好还要浪费我们的时间，干吗还来讲话？！

说汉语的人和说英语的人在接受恭维时所持的态度和反应也不大相同，这一点很容易造成会话障碍。如一位英国女教师称赞一位中国女学生的书法"Oh，what beautiful handwriting!"但中国学生却说："No，No，not at all." "you're joking."（哪里，一点不好。你在开玩笑）结果英国女教师很生气。这里虽然中国女学生恪守着谦逊准则，但她的回答可能暗示着受话人在嘲笑说话人不懂书法，缺乏审美观和鉴赏力，这对外国老师来说意味着是对恭维的否定，她会感到对方不够真诚，怀疑她的判断力。中国人习惯用"否认"或"自贬"的方式表谦虚，如"哪里，哪里""过奖了""不敢当""差远了""不好""惭愧，惭愧"等。因为贬己尊人是中国式礼貌最大的特点，被公认为一种谦虚的美德。

又如：

（1）外：You speak beautiful English.

中：Oh，No，my English is quite poor.

（2）（西方客人赞扬中国女主人甲的菜做得好）甲：No, I'm sorry, The food is not dilicious, I'm not good at cooking.

（3）（一位外籍教师赞赏中国同事甲赠予的礼物）甲：Oh, no. it's nothing valuable/or：It's only a little thing.

中国人喜欢对别人说恭维话，却又常以拒绝的方式回应别人对自己的恭维以示谦虚，这种有礼让的答谢让西方人觉得有些虚伪，他们误认为中国人对别人的赞扬太不领情了。因为西方人在上述场合里一般都会直接感谢对方的赞誉或表达自己听后的喜悦心情，如 "Thank you" 或 "I'm glad to hear that" 等，他们甚至还会 "当仁不让" 地自我夸耀说 "This is the best food I cooked for you"（这是我的拿手好菜）， "I've spent the whole morning choosing this for you."（我整整跑了一上午为你挑这礼物）。

再如，一位外国游客与导游道别时说 "Thank you very much for what you've done for me"（非常感谢你为我们所做的一切）。导游却说："Not at all, That's my duty to do so."所谓 "That's my duty to do so" 在汉语中是礼貌表达法 "那是我应该做的"，但英语中却含有：我是没办法才这样做的，因为这是我的职责，否则我是不会来陪你的。因此，满怀谢意的客人自然会被这句不领情的话弄得尴尬不快。

这里面的冲突在于我们认为他们的迎合方式不够谦虚，自以为是，他们把我们的 "否定自贬" 看成不看对象、自卑虚伪、言不由衷，中国人甚至不惜以牺牲讲真话的准则为代价，这种过分自谦容易变成客套，妨碍跨文化交际的进行，因为人们交际的目的在于沟通感情增进了解，这是两种不同文化传统带来的结果。人们强调社会和集体的力量，不提倡个人突出，而他们则注重个性解放与发展，肯定突出自我。

3. 禁忌语和委婉语

禁忌和委婉紧密相联，既然有禁忌就得采用委婉语加以避讳。每种语言当中都存在着大量的禁忌语和委婉语，这是社会成员长期生活中在遵循礼貌原则的基础上共同约定俗成的产物，因而具有广泛的共同性，但是不同的文化传统对哪些现象或事物以及这些事物的哪一部分是可接受或者是受禁忌的却有不同的标准。社会价值观影响着语言，当然也影响着禁忌语和委婉语。不同社会、不同文化之间，除了那些人类共同的言语禁忌及委婉表达方式，还有各自社会价值体系中所特有的某些禁忌语和委婉表达方式。跨文化交际中，如果一方以自己民族语言的禁忌和委婉方式去表达或理解而忽视对方的禁忌和委婉习惯，势必会造成种种误解。如向外国朋友介绍中国菜时，作为菜肴的 "鸡"，一般都说 "Chicken"，而不怎么说 "hen（母鸡）"，更不说 "cock

（公鸡）"，因为"cock"在英语俗语中就是上海方言中"鸡巴"的意思，是不上台的，所以必须忌讳。

各民族文化决定了他们语言里所要禁忌的范围和对象，也就由此产生了相应委婉用语，以避免说话粗鲁无礼。然而委婉语的文化内涵是千差万别的，反映了不同民族的心理特征、价值观念、风俗习惯等，这些是引起委婉语使用时产生误解的原因。如英语中有关"老""老人"的委婉语特别多，这反映了西方人特别讳"老"的社会心态，与其家庭结构松散密切相关。由于西方有子女成人后即与父母分居的习惯，社会养老机制又无法完全取代家庭养老，老人生活孤单寂寞，"老"成了生活中的一个大忌，千方百计忌讳"old"一词，常借用其他的词来委婉地表示"老"或"老年"这些概念。于是老人变成了"政界元老"（an elder statesman），起码也是"年长公民"（a senior citizen），明明是风烛残年，却美其名曰"黄金年华"（golden years），还有什么elderly（年龄较大的）、mature（成熟的）、an adult（成年人）、a distinguished gentleman（尊贵的先生）、a grande dame（贵妇人）、to feel one's age（感觉到自己的年龄）、the third age（第三年龄），如此等等，花样繁多。养老院也非理想去处，被婉称为a home for adults（成人之家）、a nursing home（护理之家）、a rest home（休养所）、a private hospital（私人医院）、a convalescent hospital（康复医院）等，怕"老"成了整个西方世界的社会心理定势。

汉文化并不以"老"为禁忌，汉民族历来有"敬老尊贤"的传统价值观，汉族社会家庭结构紧密，素有"养儿防老"及"合家团聚"的生活习惯，老人在家中普遍受到尊重和照顾，年老并不可怕，这方面的委婉语就较少。"老"字在汉文化中非但不是一个令人畏惧的字眼，相反它给人一种"德高望重"之感，资历深，富有经验，"老将出马，一个顶俩""姜是老的辣""嘴上没毛，办事不牢"等俗语充分说明了这一点。人们爱用"老"表示尊敬与爱戴，如"您老、刘老、郭老、老张、老先生、老师傅、老干部、老革命、老教授"等，这些是对老人的尊称，显得亲切、文雅有礼，但这在英美文化中是不可思议的。英美人一般不当面称人"old"，因此如果对英美老人用中国的方式问"您老高寿？"或"几天不见，您老精神看起来更好了。"虽然看起来很礼貌，但对方一定会不高兴，因为他可能会认为你是在咒他，嫌他死得慢，或嘲笑他老不中用。

4. 关于邀请和致歉语

出于礼貌，讲汉语的人接受对方邀请赴宴或参加晚会等时，往往不是直接爽快地答应下来，或干脆拒绝，而总是半推半就"别麻烦了""再说吧""我争取来"等，这种态度往往使讲英语的人感到困惑不解。例如，一位在美国的中国访问学者，接受导师的邀请赴其家宴时，在电话里不停地说"Thank you"，还加上一句"All right，I'm try to come"。导师着急起来，干脆问他"Yes or no？"遗憾的是那位学者长时间反应不过来，仍然不断地说"Thank you""I'm try"，令这位导师觉得中国人怎么这样含含糊糊，不着边际。其实双方都觉得对方怪，根源在于发出"邀请"的同时，不同文化的人对反应方式有不同的期待。欧美人重视个人权利与私人领域，在完成"邀请/接受"这一组织活动时，双方采取的是一种流线型的行为模式，即请的人只说一遍，被请的人也当场表示"接受"或"不接受"，最重要的是明确。邀请者不再三强调，因为这样做会被认为是对对方自主能力的怀疑。中国人是一个注重礼仪、重面子的民族，这样的一种文化价值取向决定了我们在完成"邀请/接受"这一组织活动时，采取的是一种循环式的行为模式，即甲邀请，乙先拒绝，甲再邀请，乙再半推半就地接受。这样循环于双方的面子都有好处：第一轮拒绝，便于邀请的人充分表现诚恳与热忱，也便于被邀请的人探测对方的真实心意，同时避免被人认为贪吃。"第一轮接受"和"第二轮接受"的社会意义是很不一样的。前者接受的只是邀请，后者接受的除了邀请，还有对方的谆谆之情，而且被请的人是在"恭敬不如从命"的情况下才接受的。这样一来一往，双方脸上都有光，因此邀请一个中国人往往要邀请好几次，且要明确说明赴约的时间、地点等。

类似情况还出现在接受对方"提供服务"时的应答。当讲英语的本族人问一句"Will you have a cup of coffee"，我们不能按汉语的方式只用一个"谢谢"（Thank you）来表示接受；正确的英语表达方式一般以"Yes，please"表示接受；以"No，Thank you"表示拒绝。含糊的"Thank you"同样使"提供者"不知所措，他不知道是否应该给那位只说一声"谢谢"的人递上一杯咖啡。

"道歉"言语行为是说话人公开承认做了不应该做的事或没有做应该做的事。

"道歉"的功能是补救某种无礼的言行，建立或恢复谈话双方的融洽关系。知道在什么时候道歉和怎样道歉，是许多社会里言语礼貌的一个重要组成部分。在道歉时，英汉两种文化也存在一定差异。中国人在道歉时常说："对不起，我错了，我不应该这样说你"等，而英语常说"I apologize for what I have said""I apologize"或"I take back what I said"。中国人则认为，说过的话是收不回来的，而怀疑对方道歉不够真诚。另外，英语中的"Excuse me"与"Sorry"在语用上有明确的分工，"Excuse me"可用于向陌生人打听消息、用于请求打断别人发言，请求退席、让路，用于发出不由自主的声响（如当众咳嗽、打喷嚏），用于演讲、朗读时出错等。"Sorry"一般用于冲撞冒犯某人之后的道歉，但汉语中"对不起"却能用于"Excuse me"和"I'm sorry"的所有的场合。

总之，通过以上分析可以明显地看出，跨文化交际中确实存在文化语用障碍，话题内容、表达方式或交际策略等最能反映出不同文化在人际关系、价值观念和行为道德规范上的不同取向。若再进一步从文化形成的深层结构来分析，还可以发现这些语用失误背后更深刻的历史、社会和经济文化根源。

第二节　跨文化交际语用失误的防范措施

一、跨文化交际能力解说

不管是传统语言学、结构语言学还是转换生成语言学，都以为语言学研究的对象只是语言本身，把语言当成单一的自足自立的结构体系，脱离社会的环境来研究它，把语言教学置于文化的"真空"里进行机械的操练。

"交际能力"（communicative competence）理论的提出，不仅是时代的需要，而且是跨文化交际学发展的必然产物，对国内外语言教学产生重大影响。首先需要说明的是，探讨跨文化交际能力，完全可以与探讨普通交际能力同步进行，因为跨文化交际与普通交际（intercultural communication）的差别，就在于交际双方来自不同的文化背景，除此以外，跨文化交际与普通交际的运作程序和运作机制是一样的。

实践证明，语言能力（Linguistic competence）或语法能力（grammatical competence）和交际能力是互为补充、相辅相成的关系。语言能力是交际能力的基础，没有语言能力，交际能力就会成为无本之木、无源之水，但具备了语言能力，并不等于具备了交际能力，例如：学习Lovely Weather，Isn't it？这句话不仅要注意其语音（音素、语调、节奏等）、语法（反义疑问句的构成）和词汇（Lovely用法）等方面，还要知道这句话在什么场合使用，假如在一个追悼会上遇见一位朋友，你劈头就问"Lovely Weahter，Isn't it？"大家一定会觉得你头脑有些不正常。可见交际能力是实现双向沟通的关键因素。

交际能力包括艾弗拉姆·诺姆·乔姆斯基（Avram Noam Chomsky）的语言能力以及影响语言使用的社会文化意识能力（Sociocultural competence），既包括语言行为的语法正确性，又包括语言行为的社交得体性，如果不是逐字照字面直译的话，可简要概括为"何时、何地、对何人、就何事、以何种方式可以说或不可以说什么的能力"。

（一）基本交际能力系统

这一系统主要由交际个体为达到有效交际所应掌握的语言和非语言行为能力、文化能力、相互交往能力以及认知能力组成。

1.语言能力

按照乔姆斯基（Chomsky）的理论，语言能力是人的内在能力，即辨认什么句子合乎规则的能力。语言能力分为三部分——语音、词汇和语法。语言能力是跨文化交际能力的基础。在跨文化交际中，目的语的习得和运用过程就是交际者目的语规则的形成过程，即交际者不断从目的语的输入或输出中尝试对目的语作出假设，并进行检验与修正，逐渐向目的语靠近并建构目的语的规则体系。从这个意义上说，语言能力也就是建构语言规则的能力。在跨文化交际时，由于交际者缺乏相当的语言能力，不可避免地受到母语或目的语的干扰，造成语音、词汇、语法方面的失误。例如，语音方面，很多母语为印欧系语言的学生不分送气音和不送气音，一些东欧国家的学生，常把"ying"发成"yin+g"等。汉语双音节词或多音节词的重音往往在最后一个音节上，所以英语国家的学生，常把汉语的"后重"词读成"前重"，如把"食拿"读成"食堂"（中国人与他们相反，如把"dicing hall"读成"dining hall"）。

因此，当交际者对母语以外另一种（或几种）语言的知识（包括语音、词汇、句法）增长时，其语言能力也会相应增长，当交际者对交际对方语码兴趣增长时，其语言能力也会相应增长。

2. 文化能力

文化能力也就是交际者获取相关文化和交际知识的能力。文化能力的获得是一个复杂的过程，受制于多种因素的变量。当交际者对不同的文化的了解增长时，其文化能力也相应增长。这种了解包括跨文化交际中交际双方对相互文化取向、价值观念、世界观以及生活方式等有关知识的了解。与此同时，交际者还需增长其对与作业程序相关知识的了解以及获取信息的技能，以提高其文化能力。另外，当交际者的社会身份以及社会角色多样性增长时，其文化能力也相应增长。并且随着交际者自身所必备的素质的提高，其文化能力也将相应提高。这类素质包括自我调节，对文化差异高度敏感，以及对非言语行为有高度的意识性。当交际者的文化能力提高时，其跨文化交际能力也相应提高。

3. 相互交往能力

相互交往能力也就是交际者在实际交往中为达到有效交际所应具备的恰当运用语言行为和语用规则的能力。相互交往能力的提高与如下四个变量密切相关，即语言行为能力、交往规则的掌握、交往姿态以及有效控制能力。

（1）当交际者的语言行为能力提高时，其相互交往能力也相应提高。语言行为能力即交际者对语言的社会功能，语言对情景的适应性规则的掌握的能力。

（2）当交际者对交往规则或语用规则的掌握有所增加时，其相互交往能力也相应提高。交往规则是指会话合作原则，人际交往礼貌面子原则和方略、语篇组织规则、话轮结构、毗邻对偶结构以及衔接与连贯等语用规则。掌握并正确运用这些规则有助于达到有效的交际，特别是在跨文化交际的场合。

（3）当交际者的交往姿态提高时，其相互交往能力也相应提高。"交往姿态"是指某一交际者对其交际对方持有正确态度的能力。所谓正确的态度即对他人的交往言行持有描述性和非评价性的态度。

（4）当交际者的交往控制能力提高时，其相互交往能力也相应提高。交往控制能力即如何插话，参与交往以及如何开始和结束交往以达到有效交际的能力。此能力使交际者不仅达到了自己的交际目的，而且也在最大限度上满足了他人的交往需求。

因此，当交际者的相互交往能力提高时，其跨文化交际能力也相应地得到提高。

4. 认知能力

认知过程至少包含三个相互关联的方面，即描写、解释和评价。不同文化群体的成员拥有各不相同的认知方式和认知标准，许多人以自己文化的认知方式和标准去描写、解释和评价他人文化成员的言行，这势必会造成严重的交际失误。还有一些人在交际时不能正确地区分这三个重要的阶段，而超越描写或解释阶段，直接进入解释或评价阶段。

首先，当交际者克服民族中心主义、定式、偏见和歧视的能力提高时，其认知能力也相应提高。有些交际者很容易以自己的文化为标准，对不同的行为评头论足，不自觉地产生民族/群体中心主义倾向，造成交际失误或文化冲突。可见，在跨文化交际中采取非评价性或非判断式的认知，或多描述别人的行为是何等重要。

其次，当交际者对"跨文化意思赋予过程"的本质的了解增长时，其认知能力也相应增长。"意思赋予过程"是认知过程的一个重要组成部分。"意思赋予"被看作一种推理行为，通过意思赋予过程，交际者可以将对方的行为以及周围环境同其所传递的信息统一起来。当然，不同文化成员对同一行为的赋予也不尽相同。

最后，当交际者对认知方式的了解增长时，其认知能力也相应增强。认知方式是指人们从环境中抽象出信息，储存信息，并将其分类的方式。文化塑造了其成员的认知方式，因此不同文化成员的认知方式也迥然不同。

总之，当交际者的认知能力提高时，其跨文化交际能力也相应地得到提高。

（二）情感和关系能力系统

基本交际能力系统使交际者在一定程度上获得了彼此的理解，然而此系统无法帮助交际者达到感情上的沟通并建立良好的交际关系。因此，有效的跨文化交际也要求交际者具有情感和关系能力。

1. 当交际者的情感能力提高时，其跨文化交际能力也相应提高

这里谈及的情感能力主要是指移情（empathy）能力而不是同情（sympathy）能力。尽管同情和移情都有设身处地为别人着想的意思，但同情者仍然以自己的文化为标准来解释和评价别人的行为，即立足点仍然是本民族的文化。然而，移情者不是以自己的经验和文化准则作为解释和评价别人行为的标准，他必须设身处地、将心比心、推己及人。移情是以别人的文化准则为标准来解释和评价别人的行为。

要想提高情感能力，交际者应该增强学习东道国语言和文化的愿望与决心，提高其移情敏感力，并能主动分享东道国成员的喜、怒、哀、乐，同时还应持有一种对东道国社会以及他们自身的肯定和尊敬态度。

2. 当交际者的关系能力提高时，其跨文化交际能力也相应提高

关系能力即交际者建立、维系某一交往关系，并通过在此关系中交际双方的彼此适应与满足而达到有效交际的能力。关系能力的提高需要交际双方的共同努力，当交际双方彼此自主和亲密交往的需要得到更多满足时，其关系能力也相应提高。当交际双方相互吸引、相互信任增长时，其关系能力也相应提高。另外，当交际者对对方需求的满足增长时，其关系能力也相应提高。并且，关系能力的提高也可通过提高交际关系网络的一体化来得以实现。

这样，交际者便能做到在不同场合下不拘一格，富有创造性，灵活机动，圆融变通，以变应变，有效地进行感情沟通和维系良好的交际关系。

（三）情节能力系统

情节的定义：情节是被谈话人当作一套完整交际惯例（communicative routines），它们独立于其他语篇，而且有一套独特的言语和非言语规则，它们是

重复性的，是可以预测的，它们尤其具有一套可以辨认的开始和结束的序列，人们也可以把情节看成某一特定情境中的交际双方行为的相互协调的过程。情节系统包括四个组成部分：脚本、目的、交往规则以及话题与交往场景。

1. 当交际者的情节能力提高时，其跨文化交际能力也相应提高

首先，当交际者所能达到对方的期望增长时，其情节能力也相应增长。所谓期望显然是指某一文化中的人们所具备的常识性的知识，这种常识或期望好比戏剧性的脚本，因此也被称为情节行为之脚本。这种人们为了实现社会期望或依据"脚本"所规定行为顺序做事或说话的能力，是在交际中实现情节行为必不可少的。

其次，在某一特定的情节中，交际者要达到某一目的，当交际者实现心目中的交际目的的能力提高时，其情节能力也相应提高。

再次，第三种能力是遵循特定情景中的交往规则的能力即如何开始、如何结束谈话、如何对对方的谈话作出反应等。作为一种情节能力，这些规则不仅是知识，而且作为交际者要达到的有效交际的技能，不论是何种规则，它们都是交际者协调彼此间行为的有力手段。只有交际者之间进行理性的协调，才会产生合理的交流，而合理的协调又以交际者之间的合作为前提。

最后，当交际者对话题与交往场景的了解增长时，其情节能力也相应增长。场景是指日常会话中人们反复重复的话题，这些适应于特定场景的、惯常和礼仪性的会话行为板块就是交往情景。因此，充分了解话题与交往场景可以有助于交际者消除跨文化交际中的误解和失误。

2. 当交际者有效超越脚本、目的和交往规则的能力提高时，其超级情节能力也相应提高，从而提高其跨文化交际能力

有时，交际者为达到其特殊的交际目的，灵活地超越常规，实现有效的交际。

交际者超级情节能力的提高与如下五个因素密切相关，当交际者结束某一项交际事件的能力、"解释"的能力、变位交际的能力，重建交际环境的能力，以及交际地位提高时，其超级情节能力也相应提高。其中，"解释"是说明人们所处的世界和人们的行为是合乎逻辑的一种重要方式，它们也是人们用来协调某一特定情节中交际双方行为的有效手段。

（四）策略能力系统

策划方略是在交际过程中，由于语言或语用能力有缺陷，达不到交际目的或造成交际失误时所采用的一系列补救方略。其中包括语码转换策略、近似语策略、合作策略等。语码转换可用于词汇或篇章等方面，为了达到有效交际的目的，转换语码可以从交际双方共享的一种语言中选择。近似语策略是指采用语义近似的词语或语篇填补因语言能力缺陷所造成的空白，具体方略有：①笼统化（用较模糊、概括的词语等代替说话人的未知项）；②释意（用迂回或笨拙的描述弥补语言能力之不足）；③重新组构（说话人不能完全表达自己感情时所采用的一种新的结构来完成交际目的）。合作策略是交际双方共同解决交际失误或失败时采用的方略，双方使用已知的语言知识、语用规则、文化知识等共同解决困难。

总之，在交际时，因语言能力或语用能力差，或临时出现交际障碍时，交际双方可以通过以上几种手段来解决问题，及时"排除故障"。

二、跨文化交际能力的培养

（一）跨文化交际能力培养的模式和层次

从以上分析可以看出，跨文化交际能力是一个异常复杂的变动系统。这就相应地带来了跨文化交际能力培养的难度和复杂性。

在过去的跨文化交际研究中，越来越多的人认识到，目的语使用的"适宜性"是在跨文化交际的框架中定义的，显然目的语使用的适宜性与跨文化交际能力的培养有直接关系。以往的跨文化交际能力的几种培养模式无论是构成三分模式、行为中心模式还是知识中心模式，虽然各有特长，但都或多或少地具有难以处理跨文化交际的多元性、发展性的局限，在新的条件下，跨文化交际能力的培养模式应具有以下特点：其一，它是以文化意识（cultural awareness）的培养为中心，所谓文化意识，指的是对文化多元性的意识和对文化差异的宽容态度，对异文化成员的共情能力，以及对自身文化价值观念及行为方式的觉察和反省。这种文化意识应能帮助交际者主动获取、深层次地处理文化知识，并在跨文化交际行为方面具有更多的灵活性和创造性。其二，这种培养模式应注重态度和情感层面，也包括认知层面，特别是批判性的反思能力。其三，它并不局限于目的语文化，而是通用于与任何他文化成员之间的人际交往。按照这种要求，人们将跨文化交际能力的培养分为跨越和超越两个层面。

文化的"跨越"是指：目的语文化知识和交际技能的获得，立场、情感、行为模式从本族文化转移到目的语文化。这种转移可能是暂时的，也可能是长期的。跨越的前提是，文化之间有固定的、硬的量限。文化跨越与交际者受目的语文化的"濡化"程度（或者说对母语文化的认同程度）有关，正是由于文化跨越是以两种文化固定的、硬的界限为前提，在跨文化交际能力的培养时，对文化特征的过分强调可能会使交际者误以为这些特征便是事实本身，从而在交际过程中生搬硬套，忽略具体的交际情境和个体，这样的培养模式所建起的不是沟通交际者之间的"桥"，而是阻碍交际的"墙"，这种愿望和结果之间的冲突，构成了"跨文化交际悖论"。因此，跨越不应成为跨文化交际能力培养的最终目标。

作为跨文化能力培养的另一层面，文化的"超越"有这样几层含义：第一，意识到文化的差异或定型的存在，但不为其束缚；第二，能够以开放、灵活、有效的方式进行跨文化交流；第三，在跨文化交际中"生产性"（productively）地建构自我认同（self-identity）。"超越"是高于"跨越"的跨文化交际能力培养的目标。

在生产性的学习中，出现了新的东西（认识、情感、行为、人的成长）。人本主义心理学家亚伯拉罕·哈洛德·马斯洛（Abraham H. Maslow）的一段话，阐明了这种生产性的关系：达到一定的深度之后，发现人的共性与发现人的个性是一致的。成为（学习如何做）一个完全人意味着以上两种过程的同时进行，人们了解（主观体验）自己是谁……了解我们与他人的差异，这同时意味着了解我们作为人类的一分子与人类其他分子有何相像，即了解我们与他人的共性。

如果跨文化交际者在交际时超越了文化之间的界限，也就达到更灵活、更多元、更高境界的人际关系视角，获得了比单独的本民族文化、目的语文化都要宽阔的视野、更高层次的认识和更深的共情能力，一句话，就获得了整体意义上的成长。

"跨越"是最直接的、表面的跨文化交际能力，是"器"（表现、技能）。"超越"是深层的、终极的跨文化交际能力，是"道"。跨越的焦点是对具体的跨文化的理解和有关交际能力的提高，超越的焦点是获得一般的、整体意义上的文化意识以及反思的、宽容的态度。

跨越可以是超越的准备，在进行跨文化交际能力的培养时，交际者不免会从某些广为流传的文化定型开始。随着对目的语文化的了解增多，具有开放心态和反思意识的学习者将会逐渐看到跨文化的许多层次。他们会从众多的可能因素中作出选择，整合到自己的自我认同中。另外，跨文化交际能力的发展也可能停滞于"跨越"阶段，这样的情况更容易发生在具有"非生产性取向"的交际者身上。因此，跨文化交际能力的培养方面，在"跨越"文化时特别需要有"超越"的眼光。

（二）跨文化交际能力培养的方法和途径

培养交际者的跨文化交际能力，仅仅有本体论的分析还是不够的，要想真正把交际者的跨文化交际能力的提高落到实处，还必须从方法论的层面上加以研究，正是由于跨文化交际能力系统本身的复杂性和培养模式的多元要求，决定了跨文化交际能力培养方式的多样性，可以从以下几个方面对跨文化交际能力进行培养。

1.加强对比

人总是在一定的语言文化环境中生长的，受特定语言文化的影响，其一言一行必然带有某种语言文化的印记，来自不同语言文化背景的人们在进行交际时，难免会遇到大大小小的障碍，因为世界上没有哪两种语言文化会是完全一样的，总有着或多或少的差异，许多人们习以为常的现象，对于异文化的人来说，可能很奇特，甚至很难理解，这是因为缺乏对语言文化差异的了解。

从跨文化交际语用失误的实际情况看，很多语用失误，至少是那些可以找到根源的，除了粗心和一时疏忽，大部分是由于母语的干扰造成的。这些干扰既有语言系统本身的干扰，也有语言文化的干扰，交际者只有从跨文化现实出发，认真地把母语和目的语进行具体比较，才能了解语误究竟在哪里。单纯地站在母语或目的语的角度去研究这个问题，就不能正确地分析跨文化交际时的语用失误或冲突问题。因此，加强不同语言之间的对比，是增进双方彼此了解的重要途径，当然也是提高跨文化交际能力的有效方法。显然，根据语用失误的来源，对比也就相应地有不同语言系统本身之间的比较，也有母语和目的语之间的文化比较。不论是语言系统本身的对比还是文化之间的比较，都是一项非常庞大的工程，但又是每个跨文化交际者的必修课。相对而言，语言系统本身（语言、词汇、语法等）的对比较之文化之间的对比更明快、更直观，也更易于操作。语用文化指的是语言的文化规约即语言运用同社会情境和人际关系相联结起来所必须遵循的规约。交际者只有善于将母语同目的语进行对比，才能更清楚地认识它们之间的差异，才能正确分析文化交叉后的种种误解和冲突，避免跨文化交际中出现语用失误，提高跨文化交际能力。

关于比较，有几点值得人们注意：首先，要坚持对等的原则。对比的目的是比出差异，而不是为了发掘不同语言文化的优劣表现，更不是评判不同语言文化之间孰高孰低，既不能认为某种语言及其文化是绝对优越的，也不要把自己的语言文化看得高于一切，所以对比的成败关键在于能否排除民族优越感、模式化和文化偏见。对比的目的只是为了促进不同文化之间的充分了解和平等友好的交往。其次，对比的对象应是语言文化之间主导方面的差异和冲突。也就是被一个民族共同认可的标准语言（如汉语的普通话）及其文化特征，是当前绝大多数人所遵循的，在外交场合使用的语言和文化习俗。在对比差异和冲突时必须明确：揭示和对比差异的目的不是扩大矛盾，更不是"捏造"差异，而是实事求是地揭示隐含在交际行为之中的可能引起文化误解和文化冲突的差异，以求得双方相互理解，求同存异，创造进行相互交往的共同基础。再次，对比的方法主要是纵向、横向两条线比，纵向比是为了解释现实，横向比是为了认清特质。对跨文化交际能力的培养来说，横向比更重要，找到了差异，培养才更有针对性、目的性，效果才更好。最后，还要注意，对比的基础是对对象的全面了解。要想对比就必须对母语和目的语及其文化进行深入考察、仔细研究和客观真实的描述，从复杂多变的语言文化现象中找出尽可能多地反映其特质的合适的事例，并作系统的观察和记录。

2. 扩大获取文化信息的渠道，加快文化适应的速度

在从一种文化进入另一种文化，与另一种语言文化背景的人进行跨文化交际时，交际者不可能一下子对交际对象了如指掌，也不可能在极短的时间内完全适应一种新的文化环境，从这一点说，跨文化交际过程本身就是一个了解与适应的过程。因此怎样扩大跨文化交际中文化获取的渠道，全面了解异文化，尽快缩小对目的语文化适应的时间是减少或预防跨文化交际语用失误、顺利完成交际的重要途径，也是培养和提高跨文化交际能力的重要途径。

从文化获取的渠道来看，有口头的言语交际，有书面的言语交际，有宏观的、有微观的、有静态的、有动态的、有语言的、有非语言的、有直接的、有间接的……可以通过交际者的有意观察，也可以通过实地调查，还可以求助于文献等林林总总，不一而足。就某一种渠道而言，还可以再划分出若干个方面，比如口头言语交际中还可以分出称呼、介绍、闲聊、问候、致谢、恭维、道歉、评论、禁忌、请求、允诺、告别、电话等。只要交际者留心注意，生活中到处都是文化信息的通道，交际者要想较快地提高跨文化交际的能力，扩大信息来源的渠道是非常重要的方面，如果交际者把自己封闭起来，与异文化绝缘，切断与异文化的通道，这样的交际者只是一个文化的孤家寡人，他的跨文化能力的培养也就无从谈起。当然，在扩大文化信息通道的时候，要尽可能地多选择文化信息密集、覆盖面广且具有典型民族特色文化的信息通道，进入这些信息通道后，就可以从中获取大量的能较好地提高跨文化交际能力的素材。比如对中国人来说，要想高强度地获得西方的文化信息，阅读外国的优秀文学作品就是一个很好的文化来源渠道。对此，胡文仲先生曾有一段全面的论述：

文学作品往往能够提供最生动、最具体、深入、全面的材料，使读者从中得到对于西方文化的有血有肉的了解。文学作品之所以生动具体，是因为它提供了事情发生的背景和场合，每个人都存在他（她）的身份以及他（她）与其他人的关系。之所以说它深入是因为优秀的文学作品中从来不停留在表面，而是深入人物的感情和心理状态中。之所以说它全面是因为文学作品涉及社会的各个方面，从社会的最底层到达官贵族、富商大贾，从历史到现今，从主流文化到多种亚文化，从白人社会到少数民族社会。从这个角度看，可以说没

有任何其他材料可以替代文学作品。阅读文学作品的另一个特点是读者的感情与书中人物融合在一起，亲身体会人物的喜怒哀乐，完全进入作者所制造的氛围，在不自觉中汲取了文化营养。

由此可见，阅读文学作品能给人种种间接的生活体验，接触到许多文化信息，其生动性与深刻性使人经久不忘。一个交际者的文化信息渠道越多，获取的信息量越丰富，他对该文化的了解也就越全面、越深刻，他就可能比较快地融入异民族语言文化环境中去，与对方进行顺利的交际，尽可能少地减少文化的语用失误。

但是，一个人即便有丰富的异文化知识，对文化差异了解甚多，在跨文化交际中，未必马上活学活用、取得立竿见影的效果。因为跨文化交际能力的获得是一个文化适应过程、心理适应过程，不同的人对新环境、新的交际对象，具有不同的心理适应阶段，对文化差异的敏感性也有一个由浅到深的过程。

对跨文化交际者来说，他们的价值观念、伦理道德、思维方式等都是在本民族文化熏陶下培养起来的并逐渐形成一种固定模式，在用目的语交流时，由于母语烙印的客观存在，必然会有种种不适应的感觉。

3.语言教学与文化教学相结合

（1）教学导向。随着语言学界对交际法全面深入的探讨，在跨文化交际的研究中，已形成一个共识：语言教学不能只教语言，不教文化，交际能力不仅体现于使用语言的语法的正确性上，而且表现于语言行为的得体性上。语言教学的目的是培养学生用这种语言进行交际的能力，而交际能力的培养与相关的文化因素的教学有着密切的关系，在学习一种语言时，如果不学习这种语言中所包含的文化因素，不了解使用这种语言的社会文化规约，在交际中就不可能正确地运用这种语言进行理解和表达。因此，对语言教学与文化教学相结合的研究对于跨文化交际能力的培养来说具有重要意义。语言教学与文化教学相结合，还因为语言本身既是文化的主要载体，同时又是文化的一大组成部分，只教语言不谈文化，实践上行不通，而且必定会影响语言知识与语用技能的传授和习得。显然，这里的文化因素教学与一般的文化课既有联系又有区别，一般所说的文化课主要从宏观的角度介绍文化，而语言教学中的文化教学，主要是为提高学生的跨文化交际能力服务的，它所关注的文化因素与语言的表达和理解密切相关，它必须紧紧围绕四个重要前提：语言的、教学的、对外的、交际的。语言教学中的文化，必然优先考虑隐含在语言中的文化因素，也就是交际文化是制约交际的文化规则。

文化因素教学既然是为培养学生的交际能力服务、为交际的得体性服务，那么它显然属于语言教学的范畴。因此，语言教学与文化教学相结合，必须以语言教学为本位进行研究、导入。所谓语言教学为本位，就是把结构、功能、文化三者结合起来，统一于语言教学的框架之中，而且应该组织在同一层面上。因而语言教学中的文化导入方式，主要不是说教或灌输，更多的是让学生参与，是学生对一种文化的吸收、接受、认同，以消除跨文化交际的障碍。语言教学中文化导入目的，是为了让学生能比较准确地把握语言形式中的文化信息及其深层含义，能在不同的交际情景中达到较为完美的交际效果。鉴于此，语言教学中的文化导入，乃是语言教学中不可分割的一部分，换言之，是语言教学的有机组成部分，必须以语言教学为出发点，而不是以传授多少文化知识为出发点。人们必须克服一种倾向：讲授语言，常局限于介绍语言规则；讲授文化，常偏重于一种文化的风貌讲解描述。如果为了特定的教学对象和教学目的，那也无可厚非，但对跨文化交际者来说，特别是在基础教学阶段，就有点隔靴搔痒。主要问题还在于语言与文化应该如何结合。人们的教学导向应着眼于建立一个立体的语言教学结构，注重文化的导入，但不是语言教学的转移，而是语言教学的深化，必须毫不动摇地坚持语言教学与文化教学结合中的语言教学的主体地位。这是培养跨文化交际能力的必然要求。

（2）教学原则。

① 整体性原则。把文化纳入语言教学的框架和轨道，从单纯的语言教学向文化知识倾斜，使两者从分离走向结合，这是"以语言教学的整体目标为依据的"。具体地说，在总体设计、教材编写、课堂教学、语言测试四大环节中语言与文化始终作为一个整体而存在。因为人们的目标是培养学生的跨文化言语交际能力，在一定的文化规约指导下的言语交际，因此人们必须把语言和文化当作一个整体来看待。以这个观念去指导实践，就会避免语言教学中的某些缺憾。其实，文化本身也是一个整体，文化的特性是类多量大，内容庞杂。如

果没有整体意识，那么庞大的文化内容应从哪点下手呢？同时，文化的可塑性大于语言的可塑性，因此在整体把握上又增加了难度。人们强调整体意识，就是要树立从宏观着眼、微观入手、做到纵横结合、点面结合。注意纵的面就是要照顾到文化的系统性和覆盖面，在文化因素的教学中，面的覆盖性也并非包罗万象，太多太泛的文化专题，学生无法承受，在覆盖面的前提下，文化讲述应是求精不求全，求粗不求细，求简不求繁。文化教学如果只把握了纵的面，没有横的点的考虑是不全面的，还必须考虑点与面的结合。面是覆盖性，点是深入性。所谓点，至少有三方面的含义：第一，从语言学习者的整体要求出发，配合语言要素教学，提高他们的交际能力；第二，面是坐标，点是达到坐标的桥梁。由点到面，先立足于点，然后才能深入到面；第三，为了划分教学层次，需要点的坐标。

同语言符号系统一样，文化也是一个系统，在生活中，人们对文化现象习焉不察或察而不究，没有什么系统的认识，但对外语学习者来说，必须对文化现象进行系统地分析和归纳，把文化项目放在文化系统中去认识，这样就可以避免学生在接受目的语文化时"只见树木，不见森林"。我们为学生提供的应该是全面的、完整的、真实的文化背景知识，学生只有把握了文化的体系性，才能在某一具体的文化场景中得体地进行语言交际。

② 阶段性和层次性（循序渐进的原则）。语言学习有一个逐步积累和提高的过程，必须遵循由浅入深、由易到难、循序渐进的原则，这是符合人们接受知识、掌握技能的普遍规律的。在语言教学中，不论是语言形式、功能还是情境都要循环递进，词汇（主要指词义）由简单到复杂；语法由简到繁，功能项目和交际情境也要由简单到复杂，由周围的小环境向整个社会环境逐步扩展。按照学生实际交际的缓急先后，选择最急需、最常用而语言形式又较容易的功能项目进行教学。不同阶段的语言形式、情境要循环递进，同一阶段的各个不同的功能项目、语言形式和情境也要循环递进。语言教学要遵循由浅入深、循序渐进的规律，文化导入也一样，语言教学的初、中、高层次阶段对文化的需求是不同的。实践证明，初级阶段主要是通过语言教学主渠道进行文化导入，即文化融于语言教学中，中级阶段除了融于语言教学中的文化内容，还应进行文化规则的讲授及一些文化内涵的揭示。可开设适量的浅近的符合相当

于这一语言层次的文化专题课，但这些专题课的主要任务是促进学生交际能力的提高，因此原则上仍以交际文化为主。到了高级阶段，除了中级阶段的内容，还应有选择地开设较为系统的文化课，使学生理解所学文化规则所反映的文化内涵，即不仅知其然，还要知其所以然。但人们进行教学的一个整体思想还是以培养跨文化交际能力为宗旨。因此，文化教学应贯穿于语言教学的始终，并主要融于语言教学之中。

③ 文化渗透性原则。这里的文化渗透不是指一种文化向外族文化渗透，更不是一种文化通过渗透要同化外族文化，而是指语言教学中如何把握文化导入的问题。

文化的导入不是简单的语言课加文化课，或是几个文化项目的相加。知识与技能总是相互联系、相互渗透和互为作用的，语言和文化相结合本身就是一种渗透。在语言教学中重视文化因素导入，特别是在初、中级阶段，并不是一定要分门别类地进行教学，它们是你中有我、我中有你，各水平层次都应努力把文化传授渗透语言中。只有这样，才能有效地提高学生的语言表达能力。语言在社会化过程中有两方面功能：一是习得者通过语言而习得那种语言的社会观念和文化；二是习得者在语言的运用中表达出这些观念和文化。社会观念与文化知识就编织在语言结构内，它们结合起来形成一种理解框架。每个框架包含着什么信息需要、应该传达，用什么恰当方法传达，什么信息不该、不必传达。语言是传递信息的工具。而这个工具里融合着众多的文化信息，文化渗透于语言中，而语言又渗透于文化氛围中。

语言教学和文化教学都有层次性，但语言文化的层次只是相对的，不能把层次界定得百分之百清楚。承认层次间的交叉，看到层次间的渗透，使教学在整体把握的前提下，根据学生的接受能力、培养目标、课程学时、师资条件等做灵活调整。也就是说，文化的客观性与文化导入的主动性、灵活性结合。

在文化导入中要让学生积极参与，参与就是一种渗透方式。在教学中，让学生在交际性目标的引导下有针对性地进行讨论、提问、即兴问答会话、设置情景会话等，特别是对他们感兴趣的问题，让其各抒己见，教师作以归纳性引导和有目的的对比。做到课堂教学交际化，恰当地表达自己真实的思想、情感和见解。这是课堂教学最终要达到的目的。此外，课堂内的文化导入还可适当地与课堂外的社会实践活动相结合，组织学生观看录像、参观、游览、访问等，使他们有机会在社会实践中参与，增强他们的感性认识，潜移默化，加深他们对异文化的印象，加快他们对异文化的感知与掌握。

需要强调的是：在新的历史条件下，语言教学与文化教学结合原则，会不断地发展，以上只是一个很粗略的设想，难以穷尽，而且见仁见智，很多方面还有待于人们不断挖、不断创新。但无论哪种原则，都必须牢牢把握服务于跨文化交际能力的培养这一总目标，偏离这一目标，就与语言与文化教学结合的出发点背道而驰了。

总之，只有全方位、多角度、多途径地去培养提高交际者的跨文化能力，在跨文化交际中建立起两种文化模式之间的协调机制，才能更好地预防语用失误的发生，保障双向沟通渠道的畅通无阻。

思考题：

1. 常见的词汇语用失误都有哪些方面？

2. 你是如何理解跨文化交际能力的？

3. 讲一讲法律文体的语义特征。

第八章

跨文化交际下的不同文体翻译

第一节　旅游文体翻译

一、旅游文本的特点

旅游文本属于应用文本范畴，其特点是形式多种多样，内容五花八门、包罗万象，体裁类别丰富多彩，如旅游城市指南、旅游产品宣传广告、旅游景区景点介绍、旅行社简介，以及包括酒店、餐饮、交通在内的众多旅游设施与服务的介绍等。就文本类别及特点而言，旅游文本属于呼唤型文本，讲求创意，用词新颖，言简意赅，具有很强的感染力和吸引力，意在激发旅游者的旅游体验兴趣；而各类海外旅游接待企业的宣传手册或旅游景点简介等则属于信息型文本，旨在向旅游者提供与旅游产品、服务和设施有关的准确信息，但也注重用词生动形象，同时具有一定的描述性和呼唤感召力。

旅游文本的另一个特点就是往往承载着大量的文化信息，而中西方文化之间存在的巨大差异不可避免地会给旅游文本的翻译工作带来诸多的困难。

二、旅游文本翻译的总体原则

旅游文本翻译属于应用文体翻译，或叫实用文体翻译。一般来说，应用文的翻译应该考虑到文本的功能。当然，不同的应用文体有不同的功能，譬如科技文体的功能和合同文体的功能有着很大的差异。但是，不论翻译哪种应用文体，都需要突出翻译的交际功能。在改革开放、经济迅猛发展的今天，中国的翻译工作者经常要面对应用文类的翻译，常见的有公共告示或揭示语、旅游宣传资料、广告及产品介绍、会议讲话稿等。请求译者翻译的人自然是希望这些译文能在译语语境中实现某种功能，达到某种目的。英译旅游宣传资料则是以外国友人为对象，介绍中国旅游业及旅游资源，吸引他们来华旅游，发展我国旅游业。本书认为，翻译旅游文本的总体原则如下。

（一）遵循旅游文本的功能和目的，忠实地传达原文的实质性信息

实际上，古今中外的翻译家都非常重视翻译的功能，翻译应该实现在译文中的功用。鲁迅等人主张利用翻译来丰富中国的现代白话文，改造当时的中国社会，实际上就是要发挥翻译在语言变化和社会改良中的功能。在西方，从古罗马时期开始，翻译家们就特别重视翻译的功能，如马尔库斯·图利乌斯·西塞罗（Marcus Tullius Cicero）在谈及翻译的时候就指出，自己是作为演说家而翻译，即主张活译，从而使译文打动读者或听众。

总之，功能理论的主要内容是译者在整个翻译过程中的参照物不应是对等翻译理论所关注的原文文本及其功能，而应是译文在译入语言和文化环境中的功能。为达到这一目的，译文必须首先在译入语境中产生意义并发挥作用；另外，译文还要照顾与原语间的关联，对原文保持一定的"忠实"关系。旅游文本的目的旨在吸引目的语的读者，所以翻译这样的文本首先要考虑其在译入语中的功能和目的。旅游资料的功能是通过对景点的介绍、宣传，扩展人们的知识，激发人们旅游、参观的兴趣。因此，旅游文本翻译的最终目的就是通过传递信息来吸引旅游者。外国游客远道而来，吸引他们的并不只是花草树木、亭台楼阁，景点所蕴含的深厚文化往往更令他们着迷。因此，翻译要考虑到旅游文本的这一特点，在译文中要体现其宣传的语气。有鉴于此，翻译旅游文本首先要遵循该文本的功能和目的，在忠实地传达原文实质性信息（如景点名称、交通、食宿、游览路线等信息）的基础上，注重旅游文本的宣传、广告效应，从而使译文吸引更多的译入语读者前往所介绍的地区游览观光。

（二）遵循旅游文本的文本类型，在译文中体现广告宣传的语气

在翻译旅游文本时还要清楚旅游文本属于何种文本类型，因为不同的文本类型翻译的策略也不尽相同。重视文本类型的划分是很多翻译理论家倡导应该重视的问题。卡尔·布勒（Karl Bühler）将语言功能划分为"说明"

（represent）、"表达"（express）和"吸引"（appeal）三种功能。卡特琳娜·莱斯（Katharina Reiss）根据语言的这三种功能，将文本划分为"注重内容"（content，focused text）、"注重形式"（form-focused text）、"注重对读者的吸引"（appeal，focused text）三种文本类型；纽马克（Newmark）将文本类型划分为三类，即"表达型"（expressive）、"信息型"（informative）和"呼唤型"（vocative）。但是她认为很少有文本只属于一种类型，大多文本同时包含这三种功能，只是其中一种占主导地位。按照纽马克的分类，其中，表达型包括文学、权威声明、自传、个人通信等；信息型包括科技、商业、工业、经济类的报告、文章、论文、备忘录、纪要等；呼唤型包括通知、指令、宣传、推销、流行小说等。从以上对文本类型的划分可以看出，旅游文本更属于信息型和呼唤型。

实际上，不能否认，旅游文本虽然也提供必要的信息，但同官方文献、经贸合同、法律文书、科技文章等信息类文体相比，旅游文本更具有其特殊性，即该种文本的"呼唤"性质，也就是说，信息和呼唤功能两者之间呼唤功能占主要地位，将旅游文本归类为"呼唤型"也是很多学者的共识。旅游翻译注重的应是原文与译文间的信息内容和文体功能的对等，而不是语言形式上的对应，更不是展示语言文化异质性的场所。它的功能更像广告，目的是吸引游客，最大限度地取得旅游产品的预期效果。

（三）迎合目的语读者的文化和审美诉求，灵活处理文化和美学信息

旅游文本是非常重要的广宣文体。由于旅游文本往往要介绍某一旅游目的地的历史、风俗习惯等，所以其中蕴含着丰富的文化信息，但是由于中英两个民族在文化方面存在很多差异，在审美和思维方面也存在很大的不同，因此在翻译中要考虑到这种文化和审美差异。在谈到中文旅游材料的英译时，汉、英民族不同的文化背景造就了各自旅游文体独特的语言风格和读者喜闻乐见的形式。一般而言，英语旅游文本大都行文简明实用，语言直观通达，具有一种朴实自然之美，不像汉语那样追求四言八句，讲究工整对仗、言辞华美。因此，旅游英译不比文学翻译，它只是一种大众读物，读者对象多为国外普通游客，其意图就是要让国外旅游者读懂看懂并喜闻乐见，从中获取相关的自然、

地理、文化、风俗方面的信息，因而翻译时必须注重译文的实用性和特殊性，注意内外有别。

要处理好旅游资料中大量的文化信息，译者必须要以偏向译语、侧重读者的方向为准则。也就是说，译者不能生搬硬套目的语，以及读者不熟悉的原文文化和审美信息，让目的语读者屈从就范于原语的文化和审美思维，这样虽然表面上忠实地传达了原文的信息，但实际上达不到旅游宣传推介的目的。尤其是汉译英的时候，由于中华民族独特的艺术审美思维，汉语旅游材料中往往引经据典，多使用古诗、成语典故以及更多地使用修辞手段达到宣传的目的，译者要根据情况灵活处理，译者既不能不顾及英语的表达习惯和读者的接受能力，让英语就范于汉语的概念和意象，追求语言文字和信息量的"对等"转换，也不能因两种文化的差异造成"词汇空缺"而经常回避困难。中文旅游材料中的文化处理要遵循两个原则，即以中国文化为基准，以译文读者为导向。也就是说在不忘宣传中国文化的同时，也要不拘泥于原文，要围绕向读者传达信息这一目的进行。本文认为，如果生搬硬套地翻译原文中的文化信息，有时可能会损害读者的阅读兴趣，从而就达不到旅游宣传的目的，因此在翻译过程中，应根据具体的文化现象灵活地处理，在尽可能保存原文文化信息的情况下更大地追求满足译文读者的文化信息和审美预期，从而达到翻译宣传的目的。

第二节　法律文体翻译

广义而言，法律文体通常包括宪法、法律、行政法规、条令、条例、条约、合同书、协议书、契约、遗嘱、文凭、各类证书、规程等。这些内容都以法律文书的形式固定下来，即以文字的形式固定下来。这类专用于法律文书的语言，具有一定的特点，被称为法律语言。

一、法律文体的语义特征

（一）法律术语的"单义性"特征

"单义性"是指一个术语只表示一个概念的特性。法律术语的"单义性"特征，是指一个法律术语在某个法系或法律体系中只表示一个法律概念，而这一法律概念反过来又只能用这个法律术语来表示的这种特征。法律用语与日常用语不同，在日常用语中，同义词或近义词的使用非常广泛。文学语言中甚至鼓励使用同义词或近义词，以便使文学作品变得更加丰富多彩、韵味无穷。但在法律语言中，为使语义精密、明确、固定，则应避免使用同义词或近义词。与日常用语相比，法律术语的"单义性"特征是显而易见的。有些词，在日常用语中是同义词或近义词，一旦成为法律术语即呈现出"单义性"。

（二）类义词

类义词是指词类相同且语义上有着某种联系的一组词，常通过"and"或"or"等连词组合在一起，并常常出现在句子的同一位置，用来表示类似但不同的含义。这些词易被人误认为是同义词或近义词，但根据法律术语的"单义性"特征，知道它们既非同义词也非近义词。

（三）对义词

对义词是指词语的意义相互矛盾、相互对立，即词语所表示的概念在逻辑上具有一种矛盾或对立的关系的词。帕尔墨（Palmer）将这种一一对应的词称为对义关系词（relational opposites）。法律专业术语的这类对义现象是由法律工作的性质决定的。一般来说，法律工作的对象往往是利害关系相互对立的两个方面，如刑事案件中的正义与邪恶、行为人与受害人；民事案件中的原告与被告；经济合同中的甲方和乙方等。这就决定了法律术语不可避免地存在着大量的对义词。

二、法律翻译工作者应具备的条件

（一）一丝不苟的工作态度

俗话说：法律非儿戏。法律文件的翻译，非严肃认真对待不可。失之毫厘，谬以千里。有时只不过错在一个字、一个标点的翻译上，但也有可能造成严重的法律后果。如在下例中：

The L/Cs shall be opened by a Chinese bank accepted by Party A and be payable in Swedish Kronor（SEK）with a bank to be appointed by Party A.

原译：信用证应由甲方接受的一家中国银行开出，并应以瑞典克朗付给甲方指定的银行。

上例中，"a Chinese bank"可以是任何一家中国的银行（即在中国注册成立的、具有中国企业法人资格的银行），但被错译成"中国银行"（Bank of China）。原来申请人对开证行可有多种选择，但现在则只能找中国银行了。因此，正确的译文应为："信用证应由甲方接受的一家中国的银行开出，并应以瑞典克朗付给甲方指定的银行。"

（二）良好的中英文基础

要做好法律翻译工作，译者须有良好的源语和目的语语言基础。源语语言基础的好坏直接关系到对原文的理解。理解是翻译的基础，是翻译过程中最关键的一个环节，对原文缺乏透彻的理解，就谈不上忠实、通顺地用目的语将原文表达出来。

（三）熟悉法律专业知识

目前起草英文法律文件的律师多数是学英美法的，而起草法律文件所依据的法律又是中国法律，这就要求法律翻译工作者既要熟悉中国法律又要熟悉英美法律，而且是懂得越多越好。懂得越多，翻译起来就越有把握，越少出现错误。

三、法律与法律语体语言

法律是指由国际组织、国家或地方制订，体现统治阶级意志或国际共同利益，以强制力保证其实施的行为规范的总和，包括宪法、法律条文、法令、行政法规、条例、规章等。现代汉语中，"法律"一词有广义和狭义之分。广义的"法律"指法律的整体，就我国现在的法律而言，它包括作为根本法的宪法、全国人大及其常委会制定的法律、国务院制定的行政法规、某些地方国家机关制定的地方性法规等。狭义的"法律"仅指全国人大和人大常委会制定的法律。在英、美两国，法律的职能广泛地深入社会活动和日常生活的各个方面，它涉及国家的社会活动、企业团体间的经济活动和家庭个人的日常生活。从立法到司法，从契约到租赁，从保险到期货，所有这些活动都需要一种专门的语言来记录和规定，这种语言便是法律语体语言，专用于法律文本，而且具有以下明显的特点。

（一）平实性

法律文本一般规定了缔约各方的权利和义务，以及有关人员必须遵守的法规。这就要求法律文本的条款只允许有一种解释，不能有任何漏洞和歧义。因此在法律文件中，全部的语言必须是客观的、现实的，全部的内容必须字面化、外表化。在语言上应讲究平实，剔除语义含糊、文辞不当之处，杜绝含蓄表达、结构混乱，以免造成引申的理解或推理的理解。

（二）庄重性

法律语体语言是法律规范的表达形式，法律的根本属性对法律语体语言提出了特别的要求——法律语言必须具有庄重的色彩。它不能采用文学笔调，不能追求艺术风格，不能运用修辞手段，甚至不宜使用形容词之类的附加成分。

（三）规格性

法律条文经过起草人的历年推敲，经过使用人（包括律师在内）的反复检验，凡语意较含糊、文辞易生歧义之处已一一剔除，最终形成了一种特别的语言格式。这种格式一旦形成，以后的法律文件起草人只需如法炮制，而不必另辟蹊径，而法律文件使用人（包括律师等）便按图索骥。他们墨守成规，唯恐脱离了久经考验的法律行文规则就会造成意想不到的歧义、误解或疏漏，这样，法律语言便走向高度的规格化。

由此可见，法律的使用在语言上很讲究。无论在法律的哪种领域——政府法规、法庭活动或者约束我们日常活动的文件（合同、转让证书、规章、法令）——人们面临的最基本原则是：法律的措辞实际上就是法律。法律语言的使用者对语言表达中细微之处的重视程度是任何别的领域的语言使用者所无法相比的。

四、法律英语的功用

从社会语言功能的角度来看，法律英语的一个非常重要的作用是它的施为功能（performative/illociitionary function）。英国哲学家约翰·奥斯汀（John Austin）在美国哈佛大学所做的演讲"论言有所为"（How to Do Things with Words）从哲学的角度对语言交际的本质做了解释。奥斯汀在演说中指出，有些话语不起"报道"（report）或"表述"（statement）的作用，因而无须区分语句的"真"或"假"；它们一说出来就是一种行为。他认为有些句子并不用于陈述事实或描述事实，而是用来做事，即言有所为。由此他把有些句子区分为"叙述句"和"施为句"。而法律语言的一个作用就是对所规定的法律的强制执行（compulsory enforcement）。例如，当某人经法院宣判为有罪时，那么无论此人是否真的有罪，他就成了有罪之人。再如，一对合法夫妇一经某权威部门的书面或口头准许离婚，那么从今往后，两人将不具有作为夫妇所拥有的权利和义务。

从法律功用的角度来看，法律英语是表述法律的工具。法律中的术语、短语乃至大量的话语，其所指都是由法院所确定的，并不代表普通英语的所指。英国和美国属于普通法系国家，普通法（common law）是法官制定法（statute），并以判例为基础的法。普通法系国家追求的是"遵循先例原则"，即法院对某一类事实确定一项原则，在以后的案件中可适用于同样一类的事实。在此背景下，法官在对某个案件判决时所选用的词语以及他们通过该词语所表达的真实意图与普通英语中所表示的含义往往是不同的。

五、法律英语翻译方法改革策略

（一）译语语言要准确、严谨、专业

法律专业术语是法律英语的重要组成部分，且法律英语中大量存在古英语、外来语与一般单词的特别用法，在将中文法律文本转换为英文时，既要传达原意，也要专业、地道，因而要求译者准确理解并使用法律专业术语，了解法律文本常用词的法律意义与法律文本常用拉丁语，掌握古体词的基本含义与用法。

（二）固定结构与固定用法的翻译

法律英语文本中常用一些固定的结构表达特定的含义，因而这需要译者做有心之人，多多阅读英文原版法律文件，这样在翻译时这些固定搭配就会自然流于笔端。

（三）多用名词化词语与被动语态

汉语表达中动词占优势，而法律英语文本多使用由动词或形容词加上词缀转化而来的名词化词语表述行为或动作，因此它们都包含了动词或形容词的意义。

所以在将汉语法律文本转换为英文时，在保证译文"准确严谨、清晰简明、前后一致、语言规范"的前提下，应尽量将这类动词译成名词化词语。同样，在符合以上标准的前提下，可将中文表达中的主动语态多译为被动语态，以突出译文的专业地道与法律的公正客观。

六、法律英语翻译方法

（一）重复译法

为了清楚地表达法律条文和规则，避免产生歧义，法律英语翻译还经常采用重复译技巧。例如：

In any arbitration proceeding，any legal proceeding to enforce any arbitration award and in any legal action between the Parties pursuant to or relating to this Contract.

在根据本合同进行或与本合同有关的双方之间的任何仲裁程序中，在为执行根据本合同进行或与本合同有关的双方之间的任何仲裁裁决的任何法律程序中，以及在根据本合同进行或与本合同有关的双方之间的任何法律诉讼中……

上述例句在翻译时将短语"根据本合同进行或与本合同有关的"重复了三次，这样的重复很有必要，突出了法律英语语言的严谨性。

需要注意的是，重复并不是任意的、毫无原则的，为了确保法律英语翻译的准确性，只有在不得不重复的时候才可以酌情对某些表述加以重复，否则应该尽量避免没有意义的重复，确保法律语言的言简意赅。

（二）词性转换法

英语和汉语在词的分类以及词类的语法功能上比较相似，但是在英语中可以充当某个句子成分的词类相对较少，如英语中充当主语的只有名词、代词或相当于名词的动名词或不定式，充当谓语的只有动词；而汉语的情况则完全不同，名词、动词、形容词都可以作主语、谓语、宾语以及表语。因此，在翻译法律英语过程中，译词词性与原词词性未必相同，需要进行词性的转换，即使用词性转换法来进行处理。例如，英语的名词有时需要译成汉语的动词，英语的形容词需要译成汉语的副词；而汉语的动词需要译成英语的名词，汉语的副词需要译成英语的形容词，这样才符合译文的语言表达习惯。转换词性是翻译中较常用的手段，灵活的词性转换处理可使译文通顺流畅，否则将变得晦涩难懂。当然，词性转换的前提是忠于原文，在不改变原文意思的前提下进行。因此，在法律英语翻译中，应该根据具体情况灵活使用词类转换技巧。例如：

Neither party hereto shall be responsible for the failure of the performance hereunder if caused by war, fire, flood, embargo, explosion, shortage of materials, prohibition of import and export, judicial or governmental restrictions, strike or other labor troubles, or any other causes beyond the control of the party.

该句中的名词结构prohibition of import and export, the failure of the performance别被译为动词"禁止进口或出口""不能执行"。再如：

The Parties agree that any restructuring shall not adversely affect the economic interests of the Parties.

双方同意，任何重组不得给双方的经济利益带来不利影响。

该句中的英文名词affect被转换为中文名词"影响"。相应地，英文副词adversely被转换为中文形容词"不利"。

（三）语序调整法

语序调整法即改变原文的词语顺序，按译语的表述方式，依照时间先后、逻辑关系将原文的顺序加以调整，有时甚至需要全部打乱，重新排列。语序调整法在法律英语中的使用十分普遍。这主要是因为英语和汉语语言结构的不同，在翻译时，需要将原句中的某个成分或某些成分在译句中的位置进行变动调整，从而使译文意思更清晰明了。例如：

The Company will retain its full power and authority to use such inventory and assets and to continue to conduct its business after the transfer of the purchased interest and will not violate any PRC laws and regulations.

原译：在转移购买权益后，公司将保留其使用上述存货和资产的充分权力和授权与继续经营其业务，并且不会违反任何中国法律和条例。

改译：本公司将保留使用上述存货和资产以及在转移购买权益后继续经营其业务的充分权力和授权，并且不会违反任何中国法律和条例。

上例改译在表达方面做了些变通，打破了原文的结构模式，用目的语的习惯方法来表达，使译文明白流畅。再以下文为例，如拘泥于原文的句型结构，就很难有条不紊地将译文的意思表达清楚。

The amount is equal to "Net Anticipated Profit" of the Company for a period equal to the lesser of（a）five（5）years folilowing the termination of the Joint Venture Contract and（b）the remainder of the joint Venture Term（as such term may have been extended pursuant to applicable laws and regulations）. discounted to its present value.

原译：该款额相等于公司在与（a）合作经营合同终止后五（5）年，及（b）合作期限的剩余部分（该期限可能已根据适用法律和条例延长），两个期间中较短者相等的合作期内的"预期净利润"的金额，该金额已贴现为其现值。

改译：该款额相等于公司在下述（a）或（b）时段内（两时段中以时间较短者为准）的"预期净利润"的折现金额：（a）合作经营合同终止后五（5）年，及（b）合作期限（该期限可能已根据适用法律和法规延长）内的剩余部分时间。

（四）长句拆译法

法律英语中有很多信息量较大的长句。在翻译时，为了厘清各个句子的复杂关系，可以采用拆分法，即切断原文句子，化长为短，或者将原文拆散，重新组织。只有这样，才能使译文正确、通顺、自然。例如：

If the seller has given an express undertaking relating to the goods which is stated to have effect for a certain period of time，whether expressed in terms of a specific period of time or otherwise，the limitation period in respect of any claim arising from the undertaking shall commence on the date on which the buyer notifies the seller of the fact on which the claim is based，but not later than on the dale of the expiration of the period of the undertaking.

如卖方就货物提出明确保证，说明在某一期间内有效，不论是否有具体期间，由于这种保证而引起的请求权的时效期限，应自买方将请求权所根据的事实通知卖方之日起算，但不得迟于这种保证期间届满之日。

在翻译该例时，译者根据汉语的表达习惯将其进行了拆分，通过逗号的使用使得译文意思更加明朗化。

第三节　科技文体翻译

科技翻译，作为一种翻译实践，古今有之，算不上什么新创举，但作为翻译学相对独立的一个分支，却有一定的新意。

一、科技英语的文体特点

对于科技英语或者说专业英语，大多数人都认为就是一般英语加上一些专业词汇。实际上，科技英语在文体和语法结构上都有着很多与日常英语迥然不同的特点。科技文章文体的特点是：清晰、准确、精练、严密。那么，科技文章的语言结构特色在翻译过程中如何处理，这是进行英汉科技翻译时需要探讨的问题。

（一）词汇特点

科技英语并非一种新的英语，而是全民语言用于理、工、农、医等自然题材时所产生的语言变体。虽然它有一些特有的专业词汇，但是基本词汇多属于英语共核部分。因为科技英语的目的是传播科技知识、论证原理、得出结论，对每一个观点都要提出严格的论据。所以，在论证过程中，一定要有条理、层次分明地把握事物的内在规律，将论证过程准确无误地体现在自己的著作中。因此，科技英语词汇无论在用词还是造句方面都具有特色。

科技英语的词汇分为3类：纯科技词汇、通用科技词汇和半科技词汇。

1.纯科技词汇（即在不同专业中使用的专业技术词汇）

这种词汇在科技英语中出现频率最低，其特点是严谨、规范、词义单一、使用范围狭窄，而且多是国际上通用的，所以专业程度很高。例如，hydroxide（氢氧化物）、isotope（同位素）、diode（二极管）、carburetor

（汽化器）等。

2.通用科技词汇（即不同专业都要经常使用的通用词汇）

这种词汇在科技英语中出现频率较高，词汇量也较大，其特点是词义比较单一，使用范围较纯科技词汇而言相对广一些。例如：frequency（频率）、density（密度）、magnetism（磁性）、height（高度）、speed（速度）等。

3.半科技词汇（即在科技英语中使用的普通词汇）

这种词汇在科技英语中出现频率最高，量也极大，较难掌握。半科技词汇除本身的基本词义外，在不同的专业中又有不同的词义，其特点是词义繁多、用词灵活、搭配形式多样、使用范围极广，如feed（喂养/馈电、供水、输送、加载、电源）、ceiling（天花板/上升能力、上限）等。

（二）科技英语词汇的构词方式

科技英语词汇的构词方式有很多，本部分就举例以下几个方面进行论述。

1.缩略法（Abbreviation）

缩略词形式多样，翻译时有多种方式可采用，可意译或音译，也可照搬加以注释，甚至是完全照搬。对于有些已经广为流行的缩略语，可将其视为科技新词，如radar（Radio Detecting and Ranging无线电定位与测距）可取其音"雷达"；laser（Light Amplification by Stimulated Emission of Radiation受激辐射式光频放大器），曾被译为"镭射"，现已取其意译作"激光"。采取意译时要"简洁"，否则就体现不出缩略词的优势了。

缩略词在此也指除首字母缩略词之外的缩略形式。对于那些原形冗长复杂的缩略词，完全照搬原意来翻译会让人很难接受，可采取"中西合璧"的方式处理，如AIDS，通过音译加注释译作"艾滋病"，充分体现了中文意、形、义相结合的特点。此外还有IP地址、BASIC语言等。

随着现代科技的迅猛发展，越来越多的英文缩略词直接进入汉语词汇中，最典型的如BBS（Bulletin Board System电子公告牌系统）、UFO（Unidentified Flying Object不明飞行物）、VCD（Video Compact Disc激光视盘）等，这些词汇已成为汉语的一部分，翻译时可直接照搬。

2. 词缀法

词的最小意义单位是词素，词素可分为自由词素和黏着词素。自由词素本身具有完整意义，可以独立成词，如iron、pump、steel等，它们可以不依附于其他词素而独立存在。黏着词素没有完整的意义，不能单独出现在句子中，它们只能依附于其他词素上才能表示出其意义。黏着词素的主要功能是在构词中充当词缀。词缀又分屈折词缀和派生词缀。屈折词缀起语法标记作用，它们依附于其他词素或单词，但不构成新的词汇，如名词复数标记–s/–es和动词过去时标记–ed等。派生词缀和别的词素（或单词）搭配可构成新的单词（派生词）。由此可见，词缀法是科技英语词汇扩充的基本手段，英语派生词缀和别的词素（或单词）搭配可构成新的单词。这一特点使科技词汇不断推陈出新，以满足科技发展的需要。

3. 合成法

合成法即将两个或两个以上的旧词合成一个新词，通常有合写式（无连字符）和分写式（有连字符）两种：

（1）合写式。

backdoor

后门

bitmap

位图

（2）分写式。

bug–free

无故障

close–circuit TV

闭路电视

cut–and–paste software

剪贴软件

Digital–to–Analog

数模转换器

合成词的翻译可取直译法，即将两个合成语素的词义直译，做偏正连缀，必要时可适当增词。

4.词首字母缩略词

词首字母缩略词是通过把几个词的首字母进行合并而构成的新词，如：ISV（International Scientific Vocabulary）、RAR（Radio Acoustic Ranging）和FACP（Fully Automated Computer Program）等。随着计算机的普及和国际互联网的广泛使用，词首字母缩略词越来越多地出现在英语中，如MORF（Male OR Female）、FAQ（Frequently Asked Questions）、FYI（For Your Information）等。缩略词缩短了一组相关词汇的冗长排列，在交流过程中具有简洁、明了的优势，这种构词手段在语言学上符合省力原则，为方便交流起到积极的作用。但同时也需要指出，词首字母缩略词有时也会在交际者之间造成理解困难，或引起误解，从而妨碍交流的有效进行，甚至导致纠纷的产生。例如，词首字母缩略词FTP有多种解释，国防工业出版社出版的《英汉技术词典》就罗列了5条：Factory Test Plan，Field Test Procedures，Florida Test Procedure，Fuel Tanking Panel，Functional Test Procedure。可见，这种词汇极易引起交际者不同的理解。

二、科技英语翻译的标准

一个完美的科技文体的译文，必然是原文语言、本族语言和科学知识三者高度统一的产物。首先是掌握原文语言。掌握原文语言的目的在于正确理解原文的精神实质。没有对原文的正确理解，根本谈不上对原文的正确表达。其次是要掌握本族语言。掌握本族语言的目的，在于正确表达原文的精神实质。只有对原文的正确理解而没有恰到好处的汉语表达形式，也是无济于事的。除掌握语言外，科技翻译工作者还有一个熟悉科学技术知识的任务。熟悉科学知识的目的在于使翻译能够更好地接近科学技术实际。

（一）忠实于原文

所谓忠实于原文，就是要完整、准确地表达原文的思想内容和核心问题，这是对科技翻译的首要的、也是最起码的要求。原作的内容是客观存在的，译者的任务就是要把这种客观存在原封不动地传达给非原文读者。翻译虽然是语言的一种再创作，但毕竟和纯粹的创作有着本质上的区别。译者必须忠实于原作，绝不可自作主张，对原作随意地进行篡改、增删，因为这样做可能曲解原作。

（二）语言通顺易懂

译者要用通顺易懂的语言表达原作的科技内容，所用的术语和词汇必须是本专业读者普遍应用的。句子结构要规范，不得保持与译文语言不相容的原文结构形式。译者固然可以吸收和创造性地运用新的表现方法，但是必须在汉语基本词汇和基本语法的基础上加以融化后运用，不得违反或破坏汉语的规范性。

在翻译实践中，人们应尽量遵循"忠实"和"通顺"这两个标准。但在二者不可兼得的情况下首先要考虑前者，即忠实准确地传达原作的意思，因为科学的灵魂是"真"，科技翻译的灵魂是"准确"。在医学文献翻译中，一字之差就可能断送病人性命；在工程技术翻译中，一个数据失误可能导致重大的技术事故。如果译文基本准确，只是文字略显粗糙，还是勉强过得去的；但如果译文与原文出入太大，即使语言再简洁规范，也得推倒重来。因此，"忠实"是科技翻译的根本和前提，而"通顺"是实施科技翻译达到完美的一种手段和途径。

译者要准确地表达原作的科技内容，就必须摆脱原文语言形式的束缚，适当地改变原文的词类、语序和句子表达形式，用规范的汉语表达原作的科技内容，使译文达到或接近翻译标准。

三、科技语体语言的适用范围及表达方式要求

（一）适用范围

科技英语是一种基本的语体类型，当人们谈科技英语的范围时，实际是就所有表达科技内容的语文体式的言语运用而言的。这个范围非常广泛，包括

科学技术的专著、学术论文、科学技术报告、实验报告、总结、教材、科学考察报告以及有关的读书笔记等。如果从科学性考虑，那么各种普及性的通俗科技读物也应包括在内。

（二）表达方式要求

科学关注客观的陈述、逻辑的论证和准确的描述，因此，科学强调客观性、系统性和准确性，这对科技语言提出了特别的要求。科技语言不能完全使用语言表达形式，因为语言表达形式在科技语体语言中存在着三个不足之处：

1. 语言的复杂性

语言是一个极其复杂的信号载体系统。它拥有数十万个单词和繁复的语法规则，使得句式和词语呈现多变状态。因此，有时就不能够准确无误地记录科技成果信息，也不能让后来的科学工作者准确地认识并接受科技成果。

2. 语言的模糊性

语言中的每一个实词都是对具体事物、状态或动作的概括，而每个虚词都是对各种句法结构关系的概括。概括的词语只能大致地反映事物的特征和范围，缺乏精密，也不全面。因此语言就有了模糊性，而这种模糊性恰恰是科学英语所不能容的。

3. 语言的歧义性

语言讲究用有限的语言单位去表现无限复杂的客观事物，这就使得语言呈现出多义性，运用起来，常常出现语言的歧义现象。而科学的语言最讲究精确。

四、科技翻译工作者的基本素质

（一）译者要通晓英语并能正确地运用汉语

这是透彻理解原文的前提和确切表达原作的条件。译者应拥有丰富的词汇量，具有系统的外语词法和句法知识，具有处理复杂语言现象的能力。如果不具备这个起码条件，靠一知半解，甚至连蒙带猜，那么不要说对于复杂长句，就是在一些相当浅显的句子面前，也会束手无策。即使硬译出来，译文也必然错误百出。

（二）熟悉相关的翻译理论、掌握常用的翻译方法和技巧

这同样是从事科技英语翻译工作必不可少的要求之一，这也将是本书所要重点讲述的。此外，译者还要关注翻译领域的新理论、新方法以及发展动向。

（三）译者要有高度的责任心和认真的工作态度

科技翻译是一项技术性很强的工作，译者必须有一丝不苟、严肃认真的工作态度。下笔之前，应反复推敲，字斟句酌；完稿后，要有自我否定的精神，要善于从各个不同角度对自己的译作提出疑问，不厌其烦地进行检查和校改。

（四）具备良好的科学素质和丰富的科技知识

译者要不断吸收和丰富自己的科学文化和专业技术知识，只有对原文涉及的内容了解得越多、知识越丰富，对原文的理解才能够越深刻，译文的表达也就越准确、越到位。

（五）具有扎实的英语基础和较高的英语阅读能力

能准确地理解英语原文是保证翻译质量的一个基本条件，因此译者需要不断提高自己的英语水平，充分了解科技英语的特点，掌握更多的相关背景知识。

总之，外语水平和科技知识可以保证译文的"忠实和准确"；汉语水平和翻译技巧则可保证译文的通顺流畅；而认真的工作态度又会使这两个方面更加完美。当然，要在以上几个方面都尽善尽美也确非易事。在一般情况下，外语出身的译者在语言知识方面造诣较高，但在表达科技内容时不易做到准确；技术出身的译者在本门业务方面游刃有余，但在语言的理解上可能失之粗疏。这就要求每一个译者要根据自己的具体情况，弥补不足，逐步提高自己的翻译水平。

五、科技英语的翻译方法

翻译是用一种语言将另一种语言表达出来的方法，想要把语言文字所包含的意义准确地表达出来，除要对科技文体的语言特点以及翻译原则有所了解外，还应掌握丰富的翻译方法。本部分就从词汇、句子、篇章三个方面对科技文体的翻译方法进行探究。

（一）科技英语翻译方法改革策略

1.语义层面的功能对等

每种语言都有各自的特性，科技英语有其专用的术语、句型和篇章结构，在翻译时译者需要考虑到英汉两种语言的语义差别、词语使用的语境及搭配，从而用符合科技规范的术语准确地予以翻译。忠实的翻译无须达到两种语言间词汇和语法的一一匹配，只需再现作者的原意，因此对原文的理解和鉴赏是翻译的基础，对意义的分析也就成为翻译过程的中心。

2.文化层面的功能对等

在科技英语的翻译中，词汇和句子层面的对等是实现功能对等的基础，同时也不能忽略文化因素对语篇翻译的影响。翻译中文化因素的重要性要高于纯语言层面的差异，文化语境对语篇的理解起到至关重要的作用，因此译者要将文化语境纳入语篇的横组合关系中，对译文做适度的文化调整，以实现翻译的动态对等。

3.科技英语翻译中人际意义的实现

科技文本在向读者传递科技信息的同时也体现着一定的人际关系，作为科技文本的两个参与者，传递信息的作者与普通读者之间存在一种权势关系。一方面，科技文本的作者由于拥有更多的专业知识，想保持或加强自身的权势地位；另一方面，他们又希望自己的观点被普通读者接受，希望与读者保持平等信任的关系。系统功能语言学认为，人称在文本中主要起指称作用，通过对人称系统的选择，说话者确定自己在语境中的地位，并建立了与听话者之间的关系。科技文本属于信息型文本，旨在说服读者接受既定的事实和知识，因此，科技英语多采用第一人称代词或第二人称代词来建立与读者的交互，根据所要传达的信息动态地调整与读者的关系，以达到说服读者的目的。

（二）科技英语翻译方法

1. 词汇翻译方法

（1）形象译法。在科技英语中为了更好地表达某些词的形象，常使用一些字母或者词来对其进行描述。形象译法主要分为以下几种。

① 用汉字表达形象。例如：

T–plate

T字钢

I–steel

I字钢

② 用字母等表达形象。例如：

Z–been

Z形梁

X–tube

X形管

O–ring

O形环

（2）引申译法。引申指的是在原文意义的基础上将词汇的意义进行延续或者扩展。引申译法主要涉及两种具体形式，即由具体意义向抽象意义引申和由抽象意义向具体意义引申。例如：

beacom

信号灯——警告过程

bank

银行——存储块区

（3）转换译法。

① 转译为动词。由于英汉语言表达的差异性，一个英语句子往往只含有一个谓语动词，汉语句子中的动词则相对多一些，因此在翻译中经常将一些英语中的名词、形容词、副词以及介词等转换为汉语中的动词。例如：

Despite all the improvements, rubber still has a number of limitations.

尽管改进了很多，但合成橡胶仍有一些缺陷。

High precision implies a high degree of exactness but with no implication as to accuracy.

高精度意味着高度的精确度，但并不表明具有准确性。

② 转译为形容词。科技英语中的名词和动词有时也可以转换为形容词。例如：

Gene mutation is of great importance in breeding new varieties.

在新品种培育方面，基因突变是非常重要的。

Earthquake are closely related to faulting.

地震与断层的产生有着密切的关系。

2. 句子翻译方法

（1）长复句的翻译方法。长复句在科技文章中十分常见，其翻译也十分重要。关于长复句的翻译，这里主要介绍以下几种翻译方法。

① 倒译法。有些科技英语长复句的顺序与汉语的表达顺序正好相反，此时长复句的翻译就要采用倒译法。例如：

The design, fabrication, and testing of micro—fabricated shear sensors for aerodynamic measurements is mainly discussed in the chapter.

本章节主要讨论用于气动测量的微型剪切传感器的设计、制造和测试。

② 调序法。调序也是科技英语常用的一种翻译方法。所谓调序，就是将英语长句进行分拆和语序调整。由于英汉语言的巨大差异，因此在翻译科技英语长复句时，可在正确理解和传递原文信息的前提下，将原句进行分拆，以使译文与汉语的表达习惯相吻合。例如：

As has beensaidt, manufacturing processes can be generally, classified as unit production with small quantities being made each time and mass production with large numbers of identical items or products being produced.

原译：前面说过，生产过程可以笼统地分为每次生产少量工件的"单件生产"，和生产大量规格相同的工件或产品的"批量生产"。

改译：前面说过，生产过程可以笼统地分为单件生产和批量生产，单件生产就是每次生产少量的工件，批量生产就是生产大量的规格相同的工件或产品。

③ 反译法。反译作为一种常见的翻译手段，在科技翻译中十分常见。所谓反译就是通常所说的反面着笔翻译法，即把原文中肯定的表达形式译成否定形式，或把原文中否定的表达形式译成肯定形式。例如：

There are many other energy sources in store.

还有很多种其他能源尚未开发。（肯定形式译为否定形式）

In the high altitude snow and ice remain all year.

海拔高的地方冰雪常年不化。（肯定形式译为否定形式）

④ 分译法。分译法就是在翻译的时候，将长句化整为零，按意群将句子切分开，译成分句或独立句。利用分译法翻译长难句可以基本保留原句语序，顺译全句，减少漏译的可能。例如：

At intervals along the main span, cast-steel cable-bands are attached to the cables, gripping them firmly and excluding moisture from them, and from these bands suspenders of wire-rope or chains hang down.

沿主跨每隔一段距离，在钢缆上安装铸钢卡箍。卡箍要卡紧，且不让水分渗入。吊索和链条的一端从固定这些卡箍上悬挂下来。

⑤ 综合法。在翻译长复句时，如果仅采用上述单一的方法将很难翻译准确，此时就可以采用综合法，即运用上述翻译方法对句子进行综合处理，这样可以使译文更加准确、严谨。例如：

As the science of gene expression grows, we may be able to create genes that can turn themselves off after they have gone through a certain number of cell divisions or after the gene has produced a certain amount of the desired product.

随着基因表达科学的发展，人们也许能够创造这样一些基因：当它们经过了一定次数的细胞分裂后，或者当它们产生了一定数量的合乎需要的产品之后，这种基因能够自行衰亡。

（2）被动语态句的翻译。被动语态句是科技英语中常见的句型，这种句子的翻译有很多方法，可以翻译成汉语被动句，也可以翻译成汉语主动句和无主句。

① 译成被动句。英语的被动语态要强调语义，如果汉语译文也想强调这层意思时，就应用被动语态的表达式。除了用"被……"的汉语表达式，还可以用"把……、受……、用……、给……、靠……、遭……、得到……、予以……、为所……、由……来……"的汉语被动句式来表达。例如：

How long will it be before black and white sets are found only in the museum?

还要经过多久，黑白电视才会被送进博物馆呢？

② 译成主动句。科技文章中并不是所有的被动语态句都可以译成汉语被动句，根据实际要求，科技文章中英语被动语态的句子可随汉语的表述习惯翻译成相应的主动句。例如：

Pointers are used to build data structures.

指针用来创建数据结构。

③ 译成判断句。科技文体中的被动句还可以译为汉语中的判断句，也就是"……是的"的句式，给人一种"判断"的口吻。例如，

Many car engines are cooled by water.

许多汽车发动机都是用水冷却的。

（三）语篇翻译方法

1. 忠于原文格式

科技文体的格式比较固定，科技英语文体具有逻辑性强、结构紧密等特点。因此，译者在翻译时也应严格遵守科技英语文体的格式，准确地将译文表现出来。

2. 注重语篇连贯

科技英语文体具有严密的逻辑性，文章的内容联系非常紧密，科技英语文体中含有一些明显的语言符号，这些语言符号将整个语篇连接为一个整体。在翻译时，译者应注意语篇的连贯性。

第四节　文学文体翻译

文学作品以语言文字为工具形象化地反映客观现实，属于表情型文本。文学作品的创作是一个形象思维的过程，因此与运用逻辑思维创作的学术论著有着根本的区别。根据形象塑造、体裁结构、语言运用和表现方法等方面的不同，文学作品可以归为四个大类：诗歌、小说、散文和戏剧。

一、文学体裁的特点

（一）形象性

文学作品的基本特征首先表现为形象性，文学作品展现的不是抽象的概念和刻板的公式，而是具体感性的生动画面。

（二）主观性

文学作品以艺术的方式诠释世界，来源于生活而又不是生活的复制。文学作品可以虚构、可以想象、可以对客观现实进行加工和变异，因此文学作品中的人物、事物和景物往往折射出作者的个人视角，体现着作者的个人情感和主观意识。

（三）审美性

文学作品诉诸情感，侧重于审美创造。因此，文学作品在描写事物、人物和景物时会动用一切有效的语言手段，特别是修辞手段。例如，比喻（figuration）、比拟（comparison）、夸张（hyperbole）、对仗（parallelism）等，使读者如见其人、如闻其声、如临其境，获得审美的情绪体验。

（四）多样性

文学作品的多样性表现为三个方面：第一，文学的题材范围可以说是无边无际的，伦理、历史、法律、政治、经济、科技等任何一个领域中的人物和事件都可能进入作品，成为描述的对象。文学作品在描述物象时的深度和广度也是无边无际的，由表及里、由此及彼、由古及今、由实及虚，涉及外貌、声音、色彩、形状、质地、感官反应、心理活动等各个方面。第二，文学的语言范围极其宽泛，涉及正式语、非正式语、口语、书面语、行业语、俚俗语、方言等各种语域。第三，文学作品的风格极其多样。一方面，文学作品由于时代、背景、体裁和题材的不同而具有不同的风格特点；另一方面，每一个作家又具有自己独特的个人风格。例如：

① In the cemetery the heat was aggressive and personal. The grizzled old priest that ceased speaking but the clamour has not subsided and the sun beat through it Like a flail.

墓地里的高温咄咄逼人，令人不快。头发花白的老牧师已经停止了讲话，但是喧嚣的感觉挥之不去。阳光像连枷一样从喧嚣中穿击而过。

② She was attractive in a forthright way, and famously loquacious, especially when there wasn't much to say. And she had that tottery, extraordinarily ugly walk that is affected by English women of the royal class.

她的坦率给她带来了魅力。她的健谈是有名的，尤其是在没什么可说的时候。她走路的样子带着英国贵族妇女所特有的痕迹，步态别扭，姿势格外难看。

③ Charlotte came towards him. He looked into her face and saw that there was a power of acquired self-knowledge that has steadied her eyes'once prodigally sensitive and unsettled gaze.

夏洛蒂走到他的身边，他端详着她的脸，发现她的脸上带着一种自我了解的神情，由此而产生的信心使她从前那敏感而游移的目光变得坚定起来。

④ Outside, the wind of autumn was hissing in the last dry leaves; the sound was not, despite anything the poet might have said, like sobbing violins, but like the muffled percussion of riveted cymbals.

外面，秋天的风嗖嗖地吹过树上最后的枯叶，并不像诗人笔下如泣如诉的小提琴，而是发出发闷的撞击般的声音。

⑤ After the bad temper of boarding had receded and the train had been

289

going for half an hour, Charlotte felt an unmistakabl festive air creep into the compartment and found it answered in herself by the double exhilaration of her journey.

火车开动了半小时之后，刚上车时的烦躁渐渐消失，夏洛蒂清晰地感觉到一种欢快的气息开始在车厢里弥漫，她心中对于这次旅行所怀有的双重喜悦也不禁油然而生。

⑥ Peter Gregory kicked the door of the dispersale hut closed behind him with the heel of his boot. He sensed the iciness of the air outside but was too well wrapped to feel it on his skin. He looked up and saw a big moon hanging still, while ragged clouds flew past and broke up like smoke in the darkness. He began to waddle across the grass, each step won from the limits of movement permitted by the parachute that hung down behind as he bucked and tossed his way forward.

彼得·格里高里用靴子的后跟一踹，小屋的门在他身后关上了。他意识到空气中的寒意，但他全身上下裹得很严，所以他的皮肤并不能感觉到冰冷。抬头望去，一轮大大的月亮悬挂在天空，残云缕缕掠过，在黑夜中烟雾一样散开。他拖着沉重的双腿蹒跚着走过草地，拖在身后的降落伞使他每走一步都很吃力。

二、文学作品的翻译策略

对于文学作品的翻译，翻译界有一句经验之谈：看似容易译时难。

文学作品不同于论述文，它的主题思想不是直白地摆出来，而是隐藏在故事情节之中。为了对作品有一个总体上的把握，在理解阶段译者需要做充分的准备工作，查阅大量的有关参考资料，分析作家的创作意图和思想倾向，了解作品的时代背景，掌握作品的总体构思和发展脉络。在表达方面，文学作品也具有相当的挑战性。

文学的翻译是用另一种语言，把原作的艺术意境传达出来，使读者在读译文的时候能够像读原作一样得到启发、感动和美的感受。

一般来说，值得翻译的文学作品都是质量较高的，而一部好的文学作品总是有动人的情感、深刻的内涵、深邃的意境、强烈的感染力和浓厚的艺术效果，看过之后在人们的心里能留下难忘的印象，令人回味无穷。在翻译时，如果不能传达原作的神韵，即使文字忠实、通顺，也不是合格的翻译。

关于文学的翻译标准，可以说众说纷纭、莫衷一是。虽然不同的译者有着不同的看法，但都无法回避文学翻译在语言、艺术审美、社会功能和文化功能等方面的基本问题，比如怎样对待原作，是"忠实"还是"再创造"？是致力于原作的文字形式转换的对等，还是寻求艺术效果传达的近似？是"异化"还是"归化"？如何处理和协调作者风格和译者风格？如何发挥翻译主体的作用和保持客观性？如何认识文学翻译的目的、功能和艺术本质？如何衡量、评价一部译作的成功与否？

从翻译策略上说，在翻译文学作品时，译者要尽量靠近原作者，高度重视原文的表现形式。在文化现象的处理方面，译者应尽可能地采取异化的手法。文学翻译可以说是一个艰苦的再创造的过程，译者需要做大量的准备工作，深入了解作品的社会、历史和文化背景，分析作品的主题和内涵，熟悉作者的思路、意图、写作习惯以及创作风格等。例如：

① She stood at the window with her hands gripping the sill，and knew in her heart that they were into something now，something hard. She was afraid，and her teeth began to chatter until she tightened her jaws.

她站在窗前，两只手抓着窗台，她心里知道要出事了，要出大事了。她很害怕，牙齿开始咯咯地打架，她只好使劲绷住下巴。

②"they said they're going to take him down and run more test on him, Ann. They think they're going to operate. They can't figure out why he won't wake up. It's more than just shock or concussion，they know that much now. It's in his skull，the fracture，it has something，something to do with that，they think. So they're going to operate. 1 tried to call you，but I guess you've left the house. "

"Oh，God，"she said. "Oh，please. Howard，please. "She said，taking his arms.

"他们说要把他带下去再做几项检查，安，他们说可能需要手术。他们搞不懂他怎么还不醒过来。这可能不只是休克或者脑震荡，他们开始怀疑了，他们觉得这和他头骨上那道口子有关系，所以他们想动手术。我本来要给你打电话的，不过我想你可能已经出门了。"

"噢，上帝呀，"她说，"不能啊，霍华德，不能啊。"她抓住霍华德的胳膊。

③"Hello,"she said, and she heard something in the background, a humming noise. "Hello!"she said, "For God's sake,"she said. "Who is this? What is it you want?"

"Your Scotty. I got him ready for you,"the man's voice said. "Did you forget him?"

"You evil bastard!"she shouted into the receiver. "How can you do this, you evil son of a bitch!"

"Scotty,"the man said. "Have you forgotten about Scotty?"Then the man hung upon her.

"喂，"她说，她听到背景里什么东西的轰鸣声。"喂！"她说，"看在上帝的份上，"她说，"你是谁？你到底要干什么？"

"你的斯科蒂，我给你弄好了，"那个男人的声音说，"你把他忘了吗？"

"你这个混蛋！"她冲着听筒吼起来，"你怎么可以这样，你这个魔鬼！"

"斯科蒂，"男人说，"你把斯科蒂给忘干净了吧？"男人一下把电话挂了。

④"He was hit by a car Monday morning. We've been waiting with him until he died. But, of course, you couldn't be expected to know that, could you? Bakers can't know everything—can they, Mr Baker? But he's dead. He's dead, you bastard!"

"星期一早上他被车撞了，我们一直守着他到最后。不过你当然不知道这些了，对不对？面包师哪能什么都知道呢，对吧，面包师先生？可是他死了，他死了！你这个杂种！"

⑤ They ate rolls and drank coffee. Ann was suddenly hungry, and the rolls were warm. and sweet. She ate three of them, which pleased the baker. Then he began to talk. They listened carefully. Although they were tired and in anguish, they listened what the baker had to say. They nodded when the baker began to speak of loneliness, and of the sense of doubt and limitation that had come to him in his middle years, To repeat the days with the ovens endlessly full and endlessly empty.

他们吃着面包卷，喝着咖啡，安忽然觉得饿了，面包卷的味道温暖又带着甜意，她一口气吃了三个，使面包师很高兴。然后他就开始说话了，尽管他们疲惫不已、痛苦不堪，他们还是用心地听着面包师的倾诉，不断点头表示理解。面包师讲到自己的孤独，讲到步入中年后的疑惑和局限感。烤箱满了又空，空了又满，日复一日，年复一年，永远没个尽头。

思考题:

1. 什么是旅游文体，如何正确翻译？
2. 法律文体翻译过程中应注意哪些事项？
3. 说一说科技英语的文体特点是什么？
4. 文学作品的翻译策略都有哪些？

参考文献

［1］吕晓红.跨文化背景下的英语翻译探索［M］.北京：北京工业大学出版社，2020.

［2］欧敏鸿.跨文化视域下英语翻译的解读［M］.天津：天津科学技术出版社，2020.

［3］胡锦芬.跨文化交际视野下的商务英语翻译研究［M］.北京：中国纺织出版社，2020.

［4］程炜丽.跨文化视域下的英语翻译策略研究［M］.长春：吉林大学出版社，2020.

［5］李丽丽.跨文化视角下英语翻译障碍及对策［M］.长春：吉林出版集团股份有限公司，2020.

［6］唐昊，徐剑波，李昶.跨文化背景下英语翻译理论研究与实践探索［M］.长春：吉林人民出版社，2020.

［7］郑帅.跨文化视域下英语影视翻译创新研究［M］.长春：吉林出版集团股份有限公司，2020.

［8］陈莹，吴倩，李红云.英语翻译与文化视角［M］.长春：吉林人民出版社，2020.

［9］许丽云，刘枫，尚利明.大学英语教学的跨文化交际视角研究与创新发展［M］.北京：中国商务出版社，2020.

［10］杨芊.跨文化视野下的英汉比较与翻译研究［M］.长春：吉林人民出版社，2020.

［11］史艳云.大学英语中的跨文化交际［M］.长春：吉林人民出版社，2020.

［12］李侠.英汉翻译与文化交融［M］.成都：电子科技大学出版社，2020.

［13］李瑞玉．基于文化差异背景下的英汉翻译研究［M］．长春：吉林大学出版社，2020.

［14］赵艾，马艳丽．英语翻译与文化交融［M］．哈尔滨：东北林业大学出版社，2020.

［15］秦文．英语文化与翻译研究［M］．长春：吉林出版集团股份有限公司，2020.

［16］夏荥．跨文化教育与翻译能力的培养［M］．长春：吉林人民出版社，2020.

［17］陈媛．跨文化交际中的翻译理论与实例［M］．长春：吉林出版集团股份有限公司，2020.

［18］王珺．跨文化视域下的英汉翻译策略探究［M］．长春：吉林大学出版社，2020.

［19］高磊．融入文化因素的英语翻译多维研究［M］．长春：吉林出版集团有限责任公司，2020.

［20］张烨．基于跨文化交际的复合型英语翻译人才培养研究［M］．北京：中国书籍出版社，2019.

［21］郭文琦．基于跨文化交际视角下英语翻译技巧与方法研究［M］．北京：北京工业大学出版社，2019.

［22］冷锦英．英语翻译跨文化视角及技巧实践［M］．长春：吉林出版集团股份有限公司，2019.

［23］石磊．跨文化视角下的广告英语翻译［M］．沈阳：辽海出版社，2019.

［24］翟莲．跨文化旅游英语及其翻译探索［M］．北京：中国原子能出版社，2019.

［25］温红霞．旅游英语翻译实践与跨文化交际［M］．延吉：延边大学出版社，2019.

［26］罗捷．跨文化视域下的英语翻译研究［M］．北京：中国纺织出版社，2019.

［27］杨铁芳，王琴，董娇．跨文化视角下英语翻译障碍及对策研究［M］．长春：吉林人民出版社，2019.

［28］张慧.跨文化背景下的专门用途英语翻译［M］.郑州：郑州大学出版社，2019.

［29］赵冰.跨文化传播视角下的英语翻译策略与技巧［M］.北京：化学工业出版社，2019.

［30］王潇杨.跨文化语境下的英语翻译策略研究［M］.长春：吉林大学出版社，2019.

［31］张琼芳，吴锦文，王向菲.基于跨文化交际人才培养的大学英语阅读与翻译教学研究［M］.长春：吉林出版集团股份有限公司，2019.

［32］黄净.跨文化交际与翻译技能［M］.天津：天津大学出版社，2019.

［33］杨莉.跨文化交际翻译教程［M］.北京：中国纺织出版社，2019.

［34］刘宓庆.文化翻译论纲［M］.北京：中译出版社，2019.

［35］王端.跨文化翻译的文化外交功能探索［M］.北京：中国广播影视出版社，2019.

［36］李攀攀.跨文化交际与翻译理论研究［M］.长春：吉林大学出版社，2019.

［37］盛辉.语言翻译与跨文化交际人才培养策略研究［M］.长春：东北师范大学出版社，2019.

［38］张富民.文化交融视域中的英语翻译研究［M］.北京：光明日报出版社，2019.

［39］何冰，姜静静，王婧.现代跨文化英语教学与课程设计研究［M］.长春：吉林人民出版社，2019.